고려대 디지털인문융합연구원
디지털인문학총서 02

인문학의
데이터 분석과
디지털 콘텐츠

고려대 D-HUSS사업단 편

보고사
BOGOSA

서문

　본서 『인문학의 데이터 분석과 디지털 콘텐츠』는 고려대 디지털 융합인재양성사업단(Digital-HUSS)이 간행하는 디지털인문융합연구원 '디지털인문학' 총서의 제2권에 해당한다. 총서 제1권은 본 사업단이 일본의 국제일본문화연구센터와 학술교류하면서 두 기관의 교수들이 발표한 글을 모아 편집한 연구서이다. 제1권은 한·일 공동출판으로 기획하다 보니 두 번에 걸친 심포지엄의 발표논문을 중심으로 편집하게 되어 실제 본 사업단의 정규 교과목과 비교과 프로그램, 그리고 학생들의 국제적 공동 성과의 발표 내용을 실을 수 없었기 때문에 바로 이 책을 기획하게 된 것이다.

　먼저 본 사업단에서는 디지털과 전통적인 인문학의 주제를 접목·융합하여 다양한 형태의 정규수업과 이를 보완하기 위한 비교과프로그램을 운영하였다. 그중에서 참여 학생을 중심으로 하여 책임교수, 대학원생, 경우에 따라서는 최근에 박사학위를 취득한 차세대 연구자가 하나의 팀을 이루어 LAB 프로젝트를 실시하였다. 국문학, 중국문화, 일본문화, 스페인문화, 역사학, 사회학, 언어학, 법학 분야에서 문제해결형 프로젝트를 참여 학부생-대학원생-차세대연구자-책임교수를 망라하는 LAB의 형태로 실습과 프로젝트 결과를 도출하고자 하였다. 이의 결과물은 학부생들로서는 처음으로 한국 디지털인문학협

의회(KADH), 스페인어문학회, 한국언어학회, 한국일본학회 등의 전문 학회에서, 나아가 PNC(Pacific Neighborhood Consortium)과 같은 국제학술대회에서 성과발표를 하였다.

특히 이러한 참여학생들의 성과는 5개 대학으로 구성된 Digital-HUSS의 글로벌캠프에서도 나타났다. 2024년 7월 본 사업단은 일본에서 오랫동안 디지털인문학 연구와 교육 분야에 그 성과를 축적해 온 리쓰메이칸(立命館)대학 아트·리서치센터(アート·リサーチセンター), 국제일본문화연구센터(国際日本文化研究センター), 일본 정보처리학회(情報処理学会)의 '인문과학과 컴퓨터 연구회', 인간문화연구기구(人間文化研究機構)와 더불어 학부생과 대학원생을 중심으로 하는 '한일 차세대 디지털인문학 공동발표회'를 개최하여 본 사업단 참여학생 6개팀 18명이 성과발표를 진행하였다. 이 공동발표회는 사업단에서 실습한 내용을 국제적으로 발신할 수 있는 장이었을 뿐만 아니라 일국을 뛰어넘어 디지털과 인문과학의 접목을 해외 학생과 더불어 시도할 수 있었던 매우 의미 있는 자리였다. 이러한 업적은 인문계 학부생으로는 거의 그 유례가 없는 SCOPUS에 등재된 국제학술지에 3팀, 한국연구재단 등재지(KCI)에 2팀이 연구논문을 게재하는 성과를 올리기도 하였다.

본서 『인문학의 데이터 분석과 디지털 콘텐츠』는 바로 본 사업단 참여학생들의 이러한 성과를 중심으로 하여 본 사업단 책임교수, 연구교수, LAB 프로젝트에 참여하였던 대학원생들의 공동 성과를 하나로 엮은 것이다. 전체적으로 제1부 '인공지능 시대와 디지털 리터러시', 제2부 '디지털 콘텐츠와 데이터'로 구성하여 총 10편의 성과를 담았다.

먼저 제1부의 1장 「AI 시대의 한국어 음성 처리에 대한 인문학적 제언」(전태희)은 억양구 경계 실현을 중심으로 AI 시대에서 인문학이 지닐 수 있는 가치를 조명하고자 한 글이다. AI가 '인간'의 지능을 보다 충실히 구현하기 위해서는 데이터의 확충과 알고리즘 개선뿐 아니라 인간의 의사소통 도구로서의 '언어'에 대한 심도 있는 인문학적 이해가 뒷받침되어야 함을 밝히고자 하였다. 2장「한국어 시각 가추 추론: AI 언어 모델의 개연성 이해 능력」(한선아, 원종빈, 권은재, 송상헌)은 한국어 기반 언어 모델의 시각 가추 추론 능력을 정량적으로 분석한 글이다. 시각 가추 추론은 주어진 관찰을 바탕으로 가장 그럴듯한 가설을 도출하는 논리적 과정으로서, 모델은 네 가지 가설의 개연성을 올바르게 추정하였으며 그럴듯한 가설을 선택하는 이진 선택 과제의 정확도는 약 80%였는데 이 연구는 모델의 추론 능력의 잠재력과 한계를 모두 보여주고자 하였다. 3장「인공지능과 현대시: 수용 가능성과 문학적 가치」(유현종, 김성빈, 육지완, 박연수, 정유진)는 생성형 AI가 발전함에 따라 문학 창작 분야에서 인간과 AI의 협업 가능성이 확대되고 있는 가운데 효용론적 관점에서 AI 생성 현대시 텍스트를 독자가 어떻게 받아들이는지를 양적, 질적으로 탐구함으로써 AI 문학의 성립 가능성과 윤리적 문제를 논의하고자 하였다. 4장「데이터 리터러시와 인문융합 교육의 실천」(박려정)은 데이터가 현시점의 경제와 사회 전반을 이끄는 핵심 자원임을 강조하며 데이터 기반 인문융합 교육의 필수성을 주장한 글이다. 또한, 디지털 전환 시대에 인문학의 새로운 가능성을 모색하고 실천적 인재 양성을 위한 비전을 제시하고자 하였다.

제2부의 5장「디지털 시대 속 구비 문학의 전승과 현대적 재해석」(장준혁, 이태민, 나해빈, 김선우)은 나무위키가 현대 디지털 환경에서 구비문학의 역할을 어떻게 수행하고 있는지, 그리고 구비문학이 온라인 공간에서 어떻게 전승되고 있는지를 구비문학의 주요 특징인 익명

성, 보편성, 대중성, 상호작용성, 단순성이라는 다섯 가지 측면에서 분석한 글이다. 이를 통해 나무위키 가 현대적 문맥에서 구비문학의 재현 및 새로운 아카이빙 형태로 기능할 수 있는 가능성을 탐구하고자 하였다. 6장 「조선시대 인사 데이터 구축과 활용 방안」(서민주, 류호연, 김의겸, 최필중, 손영신, 김강훈)은 조선시대, 특히 조선후기 이조(吏曹) 에서 관장한 인사 데이터를 축적한『정사책』의 데이터베이스화와 이를 통한 다양한 연구의 가능성을 탐색한 글이다. 이 연구에서는『정사책』을 DB화하기 위해 DB의 저본을 찾고 기록 형태 및 내용에 따라 『정사책』의 내용을 분류하였으며, 설정한 기준에 따라 DB를 구축하고 새로운 연구의 가능성을 탐색하였다. 7장 「한국 고전서사 재창작물의 인물 관계 및 수용자 반응 연구」(정채연, 김현진, 임민영)는 미디어 시장에서 콘텐츠 IP 확보가 중요해지면서 이미 대중에게 친숙한 고전서사를 기반으로 한 다양한 작품들이 등장하고 있는 점을 주목하여 고전서사 「심청전」을 바탕으로 한 재창작물을 대상으로 서사 중심의 정성적 분석을 넘어 댓글 데이터에 대한 빈도 분석, 토픽 모델링, 감정 분석을 통해 현대 수용자의 반응 양상을 다각도로 탐구한 글이다.

8장 「텍스트마이닝으로 보는 일본 문학관의 관광적 양상」(권민혁, 정유진)은 일본의 문학관과 그 주변의 지역 관광자원이 어떤 방식으로 상호작용하여 관광 패턴을 형성하는지를 분석하기 위해 DMR Topic Modeling과 Heatmap을 활용하여 이를 실증적으로 논증하고자 한 글이다. 9장 「일본 시티팝의 대중서사와 소비자의 욕망」(강민정, 김지우, 신민경, 유하영, 이상혁)은 2017년을 전후로 한국에서 일본 시티팝에 대한 관심이 급증한 현상에 주목하여, 1980년대 일본 시티팝의 가사와 2020년대 한국인 시티팝 소비자의 블로그, 유튜브 댓글 분석을 시도하였다. 이를 통해 당대 일본인과 현대 한국 대중의 시티팝 소비 특징을 규명하고 한국에서 일본 시티팝이 활발하게 소비되고 확산된 원인을 파악하고자 하였다. 10장 「문호 붐에 따른 문학관의 변용에 관한 고찰: 문호 관련 데이터베이스와 디지털 지도의 구축을 통해」(허은지, 이연우, 양성윤)는 문학작품이나 문호를 소재로 한 일본의 '문호물' 콘텐츠가 인기를 끌고 있는 상황에서 이를 '문화자원'으로서 활용하는 문학관이 방문객과 어떻게 상호 작용하면서 공공적 활동을 시도하고 있는지를 탐구한 글이다. 대표적인 콘텐츠인 「문스독」과 「문알」에 관한 정보를 기반으로 '문호물 데이터베이스'를 구축하여 두 작품의 차이와 문학관과의 콜라보 경향성을 분석하고, 디지털 지도를 활용해 문학관과 문호물 간 콜라보 빈도와 전시 특징을 파악하였다.

최근 디지털사회의 진전과 인공지능(AI)의 비약적인 발전으로 인해 인문학의 각 분과학문 분야에서도 디지털과 인문학을 접목하여 인문학의 지평을 확장하려는 연구가 급격히 증가하고 있다. 그러나 이러한 연구는 박사학위를 받은 전문 연구자들에 의해 수행되는 경우가 대부분이며, 많은 경우 여전히 분과학문이라는 단위 속에서 이루어지고 있는 것도 사실이라 할 수 있다. 본서 『인문학의 데이터 분석과 디지털 콘텐츠』는 분과적인 개별 학문분야를 뛰어넘어 실제 본 사업단 참여 학생들이 다양한 방면에서 인문학의 데이터를 분석하고 디지털 기반 위의 콘텐츠를 어떻게 처리할 것인가에 대해 프로젝트를 실시하였는데, 이러한 학생 집필자의 아이디어와 시각이 잘 녹아 있는 책이라 할 수 있다. 그리고 본서가 단독의 연구서로서는 미흡한 점이 많음에도 불구하고 학부생, 대학원생, 차세대연구자, 교수진이 함께 실습의 공간을 마련하여 인문학 데이터를 둘러싼 다양한 디지털 분석을 시도했다는 점에서 그 의의는 결코 적지 않은 것으로 사료된다.

　소속 학과에서 당연히 수반되는 교육과 연구, 행정 업무에 더하여 융합인재양성사업단에서 소속 학과보다 더한 기획 업무와 교육지도를 수행하며 이러한 글을 지도해 주신 본 사업단 책임교수님 및 연구교수님들께 무엇보다 감사의 말씀을 전해드리며 또한 진지하게 프로젝트를 수행하여 해당 분야의 성과를 만들어준 학생 필자들께도 평소 표현하지 못한 고마운 마음을 전하고 싶다. 그리고 학생들이 디지털과 인문학, 사회과학이 융합된 새로운 유형의 교육을 경험하고 다양한 비교과 프로그램을 통해 자신의 아이디어를 실천할 수 있도록 이 사업을 지원해 주신 교육부와 한국연구재단 관계자께도 심심한 감사 말씀을 드린다. 마지막으로 바쁜 스케줄 속에서도 이 책의 편집과 출판을 기꺼이 허락해준 도서출판 보고사에 이 자리를 빌려 감사의 말씀을 드리는 바이다.

2025년 2월
고려대학교 디지털 융합인재양성 사업단
단장 정병호

목차

서문…3

제1부
인공지능 시대와 디지털 리터러시

제1장 AI 시대의 한국어 음성 처리에 대한

인문학적 제언 ·· 전태희 / 15
억양구 경계 실현을 중심으로

1. 서론 ··· 15
2. 한국어 억양구 경계 실현의 양상 ······················· 19
3. 구어 상황에서의 억양구 경계 실현과 효과적 의사소통 ·············· 29
4. 한국어 음성 처리에의 시사점 ···························· 39
5. 결론 ··· 47

제2장 한국어 시각 가추 추론 ··············· 한선아·원종빈·권은재·송상헌 / 48
AI 언어 모델의 개연성 이해 능력

1. 서론 ··· 48
2. 이론적 기반 ·· 51
3. 연구 방법 ··· 57
4. 결과 ··· 68
5. 실험 ··· 70
6. 논의 ··· 73
7. 결론 ··· 75

제3장 인공지능과 현대시 ··········· 유현종·김성빈·육지완·박연수·정유진 / 84

수용 가능성과 문학적 가치

1. 서론 ··· 84
2. AI 문학 텍스트 생성과
   독자의 문학적 수용 가능성에 관한 연구 ························· 89
3. 대중의 AI의 문학 텍스트에 대한 반응 ························· 109
4. AI와 인간의 공존 가능성: 창작과 윤리적 과제 ················ 110

제4장 데이터 리터러시와 인문융합 교육의 실천 ············· 박려정 / 115

1. 들어가며 ·· 115
2. 데이터와 함께 하는 오늘 ······································ 117
3. 미래를 여는 데이터 학습 ······································ 120
4. 인문학과 데이터 기반의 융합교육 ····························· 123
5. 지·산·학의 협업 사례 ··· 126
6. 데이터 큐레이션 교육 사례 ···································· 129
7. 나가며 ··· 137

제2부
디지털 콘텐츠와 데이터

제5장 디지털 시대 속 구비 문학의 전승과
현대적 재해석 ······························· 장준혁·이태민·나해빈·김선우 / 141
나무위키와 한국민족대백과사전 비교 분석을 중심으로

1. 서론 ··· 141
2. 연구 데이터와 연구 방법 ······································ 142

3. 연구 결과 ···································· 143

4. 결론 ······································· 152

제6장 조선시대 인사 데이터 구축과 활용 방안

·························· 서민주·류호연·김의겸·최필중·손영신·김강훈 / 155

1. 서론 ······································· 155

2. 『정사책』 자료 현황 ···························· 161

3. 『정사책』 데이터 구축 ··························· 168

4. 『정사책』 자료의 활용 방안 ······················ 175

5. 결론 ······································· 188

제7장 한국 고전서사 재창작물의 인물 관계 및

수용자 반응 연구 ·················· 정채연·김현진·임민영 / 191

「심청전」을 중심으로

1. 시작하며 ···································· 191

2. 인물 관계 분석 ······························· 193

3. 수용자 반응 분석 ····························· 203

4. 마치며 ····································· 211

제8장 텍스트마이닝으로 보는

일본 문학관의 관광적 양상 ················· 권민혁·정유진 / 213

온라인 여행 리뷰(クチコミ)에 나타나는 일본 전국 문학관과
지역 관광자원과의 관계를 중심으로

1. 서론 ······································· 213

2. 연구 방법 ··································· 219

3. 분석 결과 ··································· 224

4. 결론 ······································· 247

제9장 일본 시티팝의 대중서사와
소비자의 욕망 ················· 강민정·김지우·신민경·유하영·이상혁 / 249
1980년대 전후의 일본과 2020년 전후의 한국

1. 들어가며: 한국에서의 일본 시티팝의 유행 ································· 249
2. 연구 대상 및 방법 ··· 251
3. 일본 시티팝의 대중서사 ··· 256
4. 일본 시티팝에 대한 현대 한국 소비자의 감상 ······················· 267
5. 인공적 이상(理想)과 도시라는 '공간감각' ···························· 274
6. 결론 ··· 278

제10장 문호 붐에 따른 문학관의 변용에
관한 고찰 ································· 허은지·이연우·양성윤 / 289
문호 관련 데이터베이스와 디지털 지도의 구축을 통해

1. 서론 ·· 289
2. 「문호물 데이터베이스」를 통해 본 문호물 성격 차이 ················ 293
3. 문호물과 더불어 변화하는 문학관 ······································· 301
4. 지역적 특성에 따른 문학관과 문호물 팬의 상호 작용 ··············· 311
5. 결론 ·· 317

집필진 소개 ··· 321

제1부

인공지능 시대와 디지털 리터러시

제1장
AI 시대의 한국어 음성 처리에 대한 인문학적 제언

억양구 경계 실현을 중심으로

전태희

1. 서론

2012년 ImageNet 대회에서의 딥 러닝 기반 모델 AlexNet의 대성공, 2016년 AlphaGo[1]가 최정상급 바둑 기사 이세돌을 상대로 거둔 압승, 2022년 말의 ChatGPT 출시로 이어지는 트랜스포머[2] 기반의 언어 모델들의 등장은 AI(Artificial Intelligence) 기술의 잠재력을 대중과 학계에 각인시켰다. 특히 Chat GPT로 대표되는 LLM(Large Langage Model) 기반 생성형 AI의 대성공은, 언어학 연구에 새로운 가능성과 도전을 동시에 제시하고 있다.

여러 차례의 부침을 겪었던 AI 연구의 역사를 되돌아보면, 2020년대

---

[1] Silver, D., Schrittwieser, J., Simonyan, K., Antonoglou, I., Huang, A., Guez, A., ... & Hassabis, D. Mastering the game of go without human knowledge. *nature*, 550(7676), 2017.

[2] Vaswani, A., Shazeer, N., Parmar, N., Uszkoreit, J., Jones, L., Gomez, A. N., ... & Polosukhin, I. Attention is all you need. *In Advances in neural information processing systems*, 2017.

의 AI의 성과는 분명 괄목할 만하다고 할 수 있다. 그런데 AI가 인간의 지능을 모방하도록 설계된다는 점에 초점을 맞추면, 현 시대의 AI, 좀 더 정확하게는 딥 러닝 기반의 AI들의 행동 방식은 인문학자의 시선에서 보기에 '인간'적이지 않다. ChatGPT를 통해 대중적으로 널리 알려진 LLM을 예로 들자면, LLM이 비상식적으로 여겨질 정도로 많은 양의 데이터를 요구한다는 점에서 인간과 다르다. LLM이 충분한 성능에 도달하기 위해서는 인간이 평생을 바쳐도 다 보기 어려운 분량의 데이터들을 학습해야 하는데, 이에 비해 인간 아동은 훨씬 적은 데이터만으로도 언어를 무리 없이 습득한다.[3] 이러한 실정은 이미지, 음성 등을 다루는 다른 AI에 대해서도 마찬가지이다. 인간 지능의 모방을 표방하면서도 인간과 상당히 다른 방식으로 학습하여 성능 향상만을 추구하는 데에 아무런 문제가 없을지, 또 현재의 수준을 뛰어넘는 새로운 돌파구(breakthrough)를 마련하는 것이 가능할지에 대해서는 인문학적 관점에서 의문이 남는다.

본고는 이와 같은 문제 의식에 기반하여 AI의 시대에서 언어학이 어떠한 방식으로 기여할 수 있을지를 음성학적 관점을 중심으로 하여 고찰해 보고자 한다. 이를 위해 억양구 경계 실현(intonational phrasing)이라는 언어 현상을 한국어에 주목하여, 텍스트 처리에 비해 상대적으로 연구가 미진한, 음성 처리(speech processing)에 대한 시사점을 논해 볼 것이다.

억양구(intonational phrase, IP)[4]는 언어의 리듬을 형성하는 운율 단

---

3) 인간의 언어 습득에서 나타나는 이러한 특성이 바로 생성 문법에서 주장하는 '자극의 빈곤(Poverty of Stimulus)'이다. Chomsky, N. *Knowledge of language: Its nature, origin, and use*. New York, 1986.

위의 하나이다. 예를 보이면 다음과 같다.

    (1)   저는 연어를 좋아해서 // 연어 초밥만 만들었어요 ///[5]

                                        (전태희, 2023: 215)[6]

  (1)에서[7] 억양구는 총 2회 나타나는데, 발화의 경계를 제외하면[8] '좋아해서', 즉 절(clause) 경계에서 나타나는 것이 확인된다. 이처럼 억양구 경계는 절 경계에서 실현되는 경우가 많은데, 절은 통사론의 단위로서 중요할 뿐 아니라, 하나의 덩어리(chunk) 내용을 담는다[9]는 점에서 의미론적으로도 중요하다. 즉 억양구 경계 실현은 음운론, 음성학의 관심사에 그치는 것이 아니라, 언어학 전반에 걸쳐 중요성을 지니기 때문에 연구의 가치가 높다고 할 수 있다.

  이처럼 억양구 경계 실현은 언어의 통사·의미 구조와 상관관계를 보이나, 오직 언어적 요인에 의해서만 그 실현이 결정된다고 볼 수는 없다.

---

4) 억양구는 쉽게 말해, 휴지(pause)가 뒤따르는 끊어 읽기의 단위라고 할 수 있다.

5) //는 억양구 경계, ///는 발화 경계를 나타낸다. 구어의 발화(utterance)는 한국어 운율 단위의 최상위 단위로, 대체로 문어의 문장에 대응될 수 있는 단위이다. 발화는 억양구들이 모여 이루는 상위 단위이므로, 발화 경계는 곧 억양구 경계가 된다.

6) 전태희, 「한국어 자유 발화 억양구 경계 실현에 관한 연구」, 고려대학교 박사학위논문, 2023. (같은 논문에 해당하는 부분은 연도, 쪽수만 표기)

7) 본고에서 제시한 예들은 필자의 졸고(전태희, 위의 논문)에서 가져온 것으로, 20대 남녀 표준어 화자가 발화한 자유 발화 자료의 일부이다.

8) 발화의 경계는 자동적으로 억양구 경계가 나타나는 위치이므로, 발화 마지막 억양구는 발화 중간의 억양구와는 질적으로 다르다. 따라서 이하에서 다루는 억양구 경계 실현은, 특별한 언급이 없다면 발화 중간의 억양구 경계 실현을 가리킨다.

9) Givón, T. *Syntax: A Functional-Typological Introduction. Vol. 1.* Amsterdam, Philadelphia: John Benjamins, 1984.

> (2) 그냥 // 미친 듯이 일만 하고 // 참 // *어*[10] 그러니까 일하는
> 기계도 아니고 // 그런 생각이 되게 많이 들었어요 ///
>
> (전태희, 2023: 3)

가령 (2)에서는 발화 중간에 억양구 경계가 4번이나 나타나고, 그중 '그냥'과 '참' 뒤에서는 절 경계가 아님에도 억양구 경계가 나타나고 있다. 여기서 나타나는 억양구 경계는 통사론, 의미론적 요인보다는 화자가 뒤에서 할 말을 생각하느라 시간을 버는 와중에 실현된 것으로 보인다.[11] 이는 구어의 산출이 입력(말할 내용)과 출력(음성)의 단순한 함수적 관계가 아님을 보여 주는 것이다. 여기에 주요하게 영향을 미치는 것 중 하나가 인지적(cognitive) 요인인데, 구어 상황에서 화자는 끊임없이 새로운 발화를 계획해 나가야 하고, 그에 대한 부담으로 인해 실제 언어 산출에서 억양구 경계 실현이 다양한 방식으로 나타날 수 있다.

이하에서는 한국어의 억양구 경계 실현의 양상을 다각적으로 살피고, 그러한 인문학적 통찰이 AI 시대에 어떠한 의미를 지닐 수 있을지 고찰해 본다. 먼저 제2, 3장에서는 우선 한국어 자유 발화에서 나타나

---

10) * *는 담화 표지(discouse marker)를 나타낸다. 담화 표지는 '의미론적 차원에서 불필요한 표현이나 기존의 의미, 기능에서 새로운 기능을 획득하게 된 표현이 언어 사용 또는 담화 차원에서 새롭게 존재 이유를 갖고 사용되는 것'으로 정의되며(전영옥, 「한국어 담화표지의 특징 연구」, 『화법연구』 4, 한국화법학회, 2002), 보다 일상적인 표현으로는 간투사라고 할 수 있다. 담화 표지의 유형, 기능 등에 대해서는 송인성, 「국어 담화표지의 기능과 운율」, 고려대학교 박사학위논문, 2015를 참고할 수 있다.

11) (2)의 발화에서는 3개의 절 '그냥 미친 듯이 일만 하고', '그러니까 일하는 기계도 아니고', '그런 생각이 되게 많이 들었어요'가 쓰였다. 그러나 이것들의 결합을 하나의 문장이라고 하기에는 다소 어색하며, 화자가 떠오르는 생각을 적당히 나열하고 있음을 짐작된다. 이러한 예를 통해 억양구 경계 실현에 통사·의미론적 요인 외의 다른 무언가가 작용함을 알 수 있다.

는 억양구 경계 실현의 복합적 양상을 전태희(2023)을 기반으로 하여 점검한다. 이를 통해 억양구 경계 실현이 단순히 통사·의미 구조를 반영하는 데 그치지 않고, 실시간적 발화 계획이 이루어지는 구어 상황 속에서 보다 효과적인 의사소통을 도모하고자 하는 화자의 의도가 반영되어 있음을 살필 것이다. 제4, 5장에서는 나아가 이러한 인문학적 통찰이 보다 '인간'적인 AI 기반 음성 처리 기술에 어떠한 기여를 할 수 있을지를 논해 보고자 한다.

2. 한국어 억양구 경계 실현의 양상

본격적인 논의에 앞서 한국어의 운율 구조와 억양구에 대해 간략히 살피고 넘어가도록 하겠다.

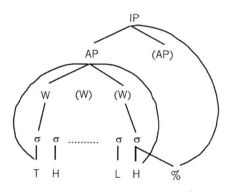

[그림 1] 표준 한국어의 운율 구조[12]

---

12) Jun, S. K-ToBI (Korean ToBI) labelling conventions: Version 3. *Speech Sciences*, 7-1, 2000.

　　[그림 1]은 Jun(2000)에서 제시하는 한국어의 운율 구조로, 여러 운율 연구들에서 표준적인 것으로 받아들여진다. 문법 단위인 형태소, 단어, 구, 절 등과 마찬가지로, 운율 단위에도 음절(σ, syllable)이 모여 음운 단어(W, phonological word)를 이루고, 음운 단어가 모여 다시 강세구(AP, Accentual Phrase)를,[13] 강세구는 억양구(IP, Intonational Phrase)를 이루는 계층 구조가 있다는 것이다.[14]

　　한국어에서 억양구 단위의 형성은 억양구 경계에서 나타나는 특징적인 운율 특성에 의해 확인된다. 억양구의 마지막 음절은 경계 성조(boundary tone)이라고 불리는 특징적인 음높이 패턴을 보이고, 그 끝 음절에서는 어말 장음화(final lengthening)라고 하는 장음화 현상이 나타나며 보통 물리적인 휴지(pause)가 뒤따른다.[15]

　　단어, 구 등의 문법 단위의 분석이 대부분의 경우에 명확한 데에 반해, 억양구 경계 실현은 수의적인 측면이 있다는 데에서 뚜렷한 차이가 있다. 가령 앞선 (1)의 예는 중간의 절 경계에서 한 번 끊어 읽음으로써 억양구 경계가 실현되었으나, 전체를 하나의 억양구로 끊임없이 발화하거나, 더 작은 억양구를 이루며 끊어 읽는 것이 얼마든지 가능하다. 그럼에도 불구하고 운율 단위와 통사 단위의 관련성을 탐구한 여러

---

13) 신지영, 『한국어의 말소리(개정판)』, 박이정, 2016에서는 Jun(2000)의 강세구에 대응되는 용어로 음운구(phonological phrase)를 제안한다. 강세구라는 용어가 한국어가 강세 언어라는 오해를 불러일으킬 수 있기 때문이다(신지영, 위의 책, p.231.). 본 연구에서도 신지영(2016)의 관점에 동의하지만, 본 절에서는 불필요한 혼동을 방지하기 위해 원전의 용어인 강세구를 제시한다.
14) 그림에서는 드러나지 않으나, 억양구들이 모여 다시, 문어의 문장과 비슷한 지위를 갖는, 발화(utterence)를 이룬다고 보는 것이 일반적이다.
15) 신지영, 위의 책, p.256.

연구들[16]을 통해 억양구는 주로 절(clause)과 그 경계가 일치하는 것으로 논의되어 왔다.

전태희(2023)에서는 대규모 독백 자유 발화를 통해 한국어의 억양구 경계 실현 양상을 실증적으로 점검하였다. 여기서는 억양구 경계 실현이 이루어지는 위치와 실현된 억양구 경계의 운율적 특성에 주목하였다. 이를 위해 발화의 문장 성분, 절의 통사·의미 유형 경계에서의 억양구 경계 실현율, 그리고 실현 위치에 따라 억양구 경계의 운율적 특성이 어떻게 달라지는지를 면밀히 분석하였다. 아래에서는 그 주요한 발견들을 개괄하도록 한다.

1) 억양구 경계 실현 위치의 전형성

한국어 자유 발화에서의 가장 전형적인 억양구 경계 실현 위치는, 발화의 통사·의미 구조상 상위 경계에 해당하는, 접속절(대등/종속 접속절) 경계와 정보 구조에서의 화제(topic) 경계인 것으로 드러났다. 먼저 접속절 경계에서는 80% 이상의 높은 억양구 경계 실현율이 나타났는데, 실례를 살피면 다음과 같다.

(3) 가. 천사가 하는 말이 있고 // 악마가 하는 말이 있어요 ///

---

16) Nespor, M., & Vogel, I. *Prosodic phonology*. Foris, Dordrecht, 1986.
Pierrehumbert, J. B. *The phonology and phonetics of English intonation*(Doctoral dissertation, Massachusetts Institute of Technology), 1980.
Selkirk, E. On derived domains in sentence phonology. *Phonology*, 3, 1986.
Truckenbrodt, H. On the relation between syntactic phrases and phonological phrases. *Linguistic inquiry, 30(2)*, 1999.

나. 아무렇지 <u>않게 행동을</u> 하더라구요 ///

(전태희, 2023: 184)

(3가)의 '있고'는 대등 접속절의 경계로 억양구 경계가 실현되었다. 그러나 '절'이라고 하여 항상 억양구 경계가 실현되는 것은 아니다. (3나)의 '아무렇지 않게'는 종속 접속절로,[17] 여기서 연결 어미 '-게' 는 '방식'의 의미 기능을 지니며 해당 절이 다른 문장 성분에 의존적임 을 드러낸다. 이런 경우는 접속절임에도 억양구 경계 실현율이 40% 에도 미치지 않았다. 즉 형식적으로 억양구 경계 실현에는 단순히 접 속절 표지인 연결 어미의 유무만이 중요한 것이 아니라, 발화 전체의 통사·의미 구조가 관여함을 알 수 있다.

억양구의 길이의 측면에서도 경계 실현 위치는 중요하다.

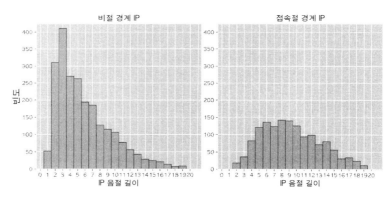

[그림 2] 억양구 음절 길이 분포 (전태희, 2023: 185)

---

17) (3나)의 '아무렇지 않게'와 같은 절을 '종속 접속절'로 볼지 '부사절'로 볼지는 국어학 의 오랜 논쟁 중 하나이다. 이에 대한 논의는 본고의 범위를 벗어나므로, 편의상 연결 어미가 나타나는 모든 절을 '접속절'로 처리하고, 그중 대등적 연결 어미 이외의 연결 어미가 나타나는 것을 '종속 접속절'로 처리하도록 한다.

　　[그림 2]는 비절 경계에서 경계가 실현된 비전형적 억양구과 접속
절 경계에서의 전형적 억양구의 길이 분포를 비교한 것이다. 전자는
3음절 내외의 짧은 억양구가 많은 반면, 후자는 5-10 음절을 중심으
로 하여 상대적으로 긴 억양구들이 많이 나타난다. 이처럼 억양구 길
이를 통해서도 억양구 경계 실현 위치에 따른 전형성과 비전형성이
드러난다고 할 수 있다.

　　한편, 한국어에서 전형적으로 '은/는'이 결합한 문두 명사구로 실현
되는 것으로 알려져 있는, '화제'의 경계 역시 억양구 경계 실현율이
70% 정도로 매우 높았다.

　　(4)　가. 제 취미는 // 여행입니다 ///
　　　　 나. 째즈는 // 화성악을 아직 // 못 배워서 // 잘하 // 지는
　　　　　　 못하고요 ///

(전태희, 2023: 86)

　　(4)의 예들은 모두 화제 경계에서 억양구 경계가 실현된 예이다.
한 가지 더 주목되는 것은 절 경계 억양구에 비해 억양구가 충분히
길어지지 않은 상황이더라도, 화제 경계에서 억양구 경계가 빈번히
나타난다는 점이다. (4가)와 (4나)에서 화제 경계 억양구는 각각 4,
3음절로 굉장히 짧은데, 이는 [그림 2]의 비전형적 억양구와 비슷한
수준이다.

　　이상을 통해 억양구 경계 실현이 단순히 절 경계 여부 혹은 억양구
의 길이에 의해 결정되는 것이 아니라, 발화의 통사 · 의미 구조와 긴밀
하게 관련됨을 확인할 수 있다.

2) 억양구 경계 운율적 특성: 경계 성조의 분포와 기능

억양구 경계 성조 역시 전형적 위치에서 실현된 억양구인지 아닌지
에 따라 차이를 보였다. 우선 억양구 전체의 경계 성조 분포를 살피면
다음과 같다.

[표 1] 분석 대상 전체의 억양구 경계 성조 분포 (전태희, 2023: 124)

경계 성조	H%	HL%	HLHL%	L%	LH%	LHL%	합계
빈도 (%)	1,039 (25.7)	730 (18.0)	1 (0.0)	1,731 (42.8)	53 (1.3)	491 (12.1)	4,045 (100)

[표 1]에서 L%가 가장 많이 쓰이고 그 다음으로 H%, HL%, LHL%
이 많이 쓰인 것을 볼 수 있다.[18] 일단 빈도만을 볼 때는 저조(L%)가
가장 일반적인 억양구 경계 성조인 것처럼 보인다.

그렇다면 L%는 전형적 억양구, 즉 접속절이나 화제 경계와 같이
발화의 통사·의미 구조상 상위 경계에서 실현되는 억양구 경계 성조로
볼 수 있을까? 이와 관련해, 억양구 경계 성조와 발화의 통사 구조에
대해 논한 안병섭[19]을 참고할 수 있다. 여기서는 다음의 (5)와 같이,
최상위에 L%(저조) 최하위에 H%(고조)가 있는 위계를 제시한다.

---

[18] 경계 성조 기호에서 H%는 억양구 끝음절의 음높이를 올리며, L%는 내리며 발화하는
    것을 의미한다. 둘 이상의 영문자가 쓰인 것은 한 음절에서 음높이의 굴곡이 나타나는
    성조들로, 가령 HL%은 끝음절 음높이가 높아졌다가 낮아지는 경계 성조를 가리킨다.
[19] 안병섭, 「국어 운율부의 구조와 기능에 대한 연구」, 고려대학교 박사학위논문, 2023.

(5) 발화 비종결 경계 성조의 위계 (안병섭, 2008: 128)
　　　L% 〉 HL% 〉 H%

(6) 가. 거센 조류와 HL% // 어둠까지 겹쳐 L% // 초동대처가 HL%
　　　　 // 사실상 불가능했다고 설명한다 /// (안병섭, 2008: 128)
　　　나. [[[[거센 조류와] 어둠까지] 겹쳐] [초동대처가 [사실
　　　　 상 불가능했다고]]] 설명한다][20]

　(5)에 비추어, 가령 (6)의 '(거센 조류와 어둠까지) 겹쳐'가 통사
구조상 최상위 경계이므로 L%가, 그 내부의 '(거센) 조류와'는 더 낮
은 위계의 HL%가 나타난다는 설명이다.
　그러나 대규모 자료를 관찰한 바에 따르면, L%을 전형적인 억양구
경계라고 하기는 어려웠다.

(7) 비전형적 위치의 억양구 경계에서 L%가 실현된 예
　　　가. 그리고 <u>여름 방학을 L%</u> // 보내고 // *지금* *이제* 겨울
　　　　 방학을 맞이하고 있습니다 ///
　　　나. 저는 오늘 // 제가 // [<u>참여하고 있는</u>] L% // 소모임에
　　　　 대해 말하려고 합니다 ///
　　　　　　　　　　　　　　　　　　　　　　　(전태희, 2023: 192)

　(7)의 밑줄 친 부분들은 모두 비전형적 위치의 억양구로, (7가)의
'여름 방학을'은 목적어, (7나)의 '제가 참여하고 있는'은 관형어로
쓰인 관형절이다. 이처럼 L%의 빈도 자체는 높으나, 실제로는 비전형

---

20) [ ]는 통사 구조를 도식화한 것으로, 안병섭(2008)의 표기를 따른 것이다.

적 억양구들에서 쓰이는 경우들이 많았다.

이러한 발견에 착안하여 억양구 경계 성조의 분포를 억양구 경계의 실현 위치에 따라 살피면 흥미로운 결과를 얻을 수 있다.

> (8) 억양구 경계 실현 위치에 따른, 주요 경계 성조의 분포와 기능
>
> 가. 전형적 위치: 접속절 경계
>
> H%: '나열' 절 경계 억양구에서 많이 쓰이며, 대등한 절이 계속 연결될 수 있음을 드러낸다.
>
> HL%: '배경' 절 경계 억양구에서 많이 쓰이며, 선후행 절이 느슨하게 연결됨을 드러낸다.
>
> 나. 전형적 위치: 독립어, 화제 경계
>
> L%: 독립어, 화제 경계에서 많이 쓰이며, 후속 발화 부분과의 강한 통사·의미적 독립성을 드러낸다.
>
> 다. 기타 비전형적 위치
>
> L%: 비전형적 억양구(부사어, 관형어 등의 경계 억양구)에서 많이 쓰이며, 억양구 경계가 비전형적 위치(선후행 요소가 통사·의미적으로 긴밀한 위치)에서 실현되었음을 드러낸다.
>
> (전태희, 2023: 197)

(8)에서는 억양구 경계 실현의 위치를 기준으로 주요한 경계 성조의 분포와 기능을 제시하고 있다. 여기서 주목되는 것은, 동일한 경계 성조일지라도 어느 위치에서 실현된 억양구의 경계 성조인지에 따라 그 기능이 달라질 수 있다는 것이다. 가령 L%는 독립어, 화제 경계와 같이 통사·의미적으로 상위 경계에서의 전형적 억양구에서, 통사·의미적으로 하위 경계에서의 비전형적 억양구에서 전혀 다른 기능을 한다.

결론적으로, 억양구 경계 성조와 그 의미 및 기능을 논하기 위해서는 억양구 경계 실현 위치의 전형성이라는 측면을 반드시 고려해야 한다고 할 수 있다.

3) 억양구 경계 운율적 특성: 끝음절과 후행 휴지의 지속 시간

억양구 끝음절의 장음화와 후행 휴지의 유무, 그리고 각각의 지속 시간은 경계 성조와 더불어 억양구가 갖는 시간적 경계성을 결정짓는 요소이다. 그런 만큼 경계 성조에서와 마찬가지로, 이들에 대해서도 억양구 경계 실현의 위치에 따른 차이, 즉 발화의 통사·의미 구조 내에서 어떠한 위치에서 실현되었는지에 따른 차이가 있는지 확인해 보는 데에 의미가 있을 것이다.

그런데 끝음절과 후행 휴지의 지속 시간은 화자가 처해 있는 상황, 심리 상태, 성별, 연령 등에 따라 달라지는 발화 속도의 영향을 받을 수 있다. 따라서 단순히 억양구 끝음절과 후행 휴지의 지속 시간의 절대적인 수치를 비교해 보는 것보다는, 이들을 상대적인 관점에서 비교해 볼 필요가 있다.

이러한 점을 고려하여, 억양구 후행 휴지의 지속 시간을 끝음절 지속 시간으로 나눈 값인 '후행 휴지/끝음절'을 이용해 억양구 경계의 시간적 경계성을 확인할 수 있다. 그 결과는 흥미롭게도 억양구 경계 실현율과 '후행 휴지/끝음절'의 순위가 거의 같은 것으로 나타났다. 실례를 살피면 다음과 같다.

(9) 가. 지금 팬쓰스포츠를 학교에서 하는 것만으로는 // 실력 향상
      의 한계를 느껴 <u>가지고 {237ms}</u> // (350ms) 지금 동아리
      사람들이랑 같이 {565ms} // (533ms) *그* 외부 동호회를
      나가고 있어요 /// (전태희, 2023: 201)
    나. [[지금 팬쓰스포츠를 학교에서 하는 것만으로는] //
      실력 향상의 한계를 느껴 가지고] //
      [[지금 동아리 사람들이랑 같이] //
      그 외부 동호회를 나가고 있어요] ///

  (9가)는[21] 억양구 경계 실현과 끝음절, 후행 휴지의 지속 시간을
보인 것이고, (9나)는 억양구 경계가 실현된 부분들에 대해서 통사적
위계를 보인 것이다.[22] 여기서 '가지고'에서 나타나는 두 번째 억양구
경계는 발화 내부에서 가장 큰 경계가 되는 첫 번째 절 '지금 팬쓰스포
츠를 ... 느껴 가지고'의 경계이다. '지금 동아리 사람들이랑 같이'에서
나타나는 세 번째 억양구는, 두 번째 절 '지금 동아리 ... 나가고 있어
요' 내부의 부사어 경계에서 그 경계가 실현되었다. 다시 말해, '가지
고'의 경계가 '같이'의 경계보다 통사적으로 위계가 높고, 억양구 경
계 실현의 측면에서도 실현이 빈번히 이루어지는 전형적 위치라고 할
수 있다. 그리고 여기서 전자는 후행 휴지가 끝음절에 비해 약 1.5배
만큼의 지속 시간을 보이는 반면, 후자는 후행 휴지와 끝음절의 지속
시간이 거의 같게 나타나고 있다.
  위와 같이 억양구 경계가 더 전형적으로 실현되는 위치일수록 후행

---

21) 여기서 { }는 억양구 끝음절, ( )는 후행 휴지의 지속 시간을 나타낸다.
22) 즉 (8나)는 발화 전체에 대한 완전한 통사 분석은 아니다.

휴지가 끝음절에 비해 길게 나타나는 경향성은 문장 성분, 절의 통사·의미 유형에 대한 비교에서 거의 일관되게 유지되었다. 이러한 결과는 억양구 경계의 운율적 특성(경계 성조, 끝음절 및 후행 휴지의 지속 시간)이 억양구 경계 실현 위치의 전형성과 밀접한 상관관계를 보여주는 것이다. 또한 후행 휴지와 끝음절이 보이는 시간적 경계성은, 각각이 갖는 절대적 지속 시간이 아니라, 이들 사이의 상대적인 관계에 의해 결정되는 것임을 알 수 있다.

3. 구어 상황에서의 억양구 경계 실현과 효과적 의사소통

앞선 장에서 억양구 경계 실현이 발화의 통사·의미 구조를 정교하게 반영하고 있음을 확인하였다. 그러나 이와 관련된 모든 현상들을 언어 구조적인 측면만으로 설명할 수는 없다. 언어 구조가 유일한 결정 요인이라면 동일한 내용의 발화에 대해서 항상 동일한 억양구 경계 실현이 나타나야 하겠으나, 억양구 경계 실현은 화자, 상황 등에 따라 얼마든 달라질 수 있고, 심지어 동일한 화자가 똑같은 내용을 다른 방식으로 발화할 수도 있다.

이는 억양구 경계 실현이 반드시 지켜져야 하는 규칙이라기보다는, 화자가 구어 상황에서 실시간적으로 발화를 계획하고 산출하는 과정 중에 나타나는 인지적 처리 과정의 결과물이기 때문이다. 이러한 관점에서 본 장은 화자와 청자가 구어 상황에서 억양구 경계 실현을 통해 어떠한 방식으로 효과적인 의사소통을 도모하는지 살피고자 한다.

1) 억양구 경계 실현을 통한 정보 단위의 분절

주지하듯 절은 하나의 덩어리(chunk) 내용을 담는[23] 정보 단위이다. 그런데 그 경계에서 억양구 경계 실현이 전형적으로 이루어지기는 하나, 접속절 자체가 항상 하나의 억양구에 그대로 대응되는 것은 아니라는 점이 주목된다. 이는 인간이 지니는 생리적, 인지적 한계로 인해 끊어 읽기 없이 하나의 절을 계속 발화할 수 없기 때문이다.

이러한 관점에서 억양구의 길이 자체를 살필 필요가 있다. 우선 접속절 경계 억양구는 음절 길이로는 평균 9.3음절인데, 어절 길이에 대해서도 분석을 해 보면 흥미로운 발견을 할 수 있다.

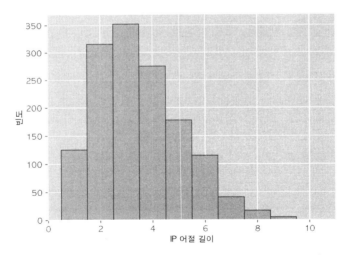

[그림 3] 접속절 경계 억양구의 어절 길이 분포 (전태희, 2023: 233)

23) Givón, *op. cit,* pp.258~263.

위의 [그림 3]에서 전형적 억양구인 접속절 경계 억양구는, 어절로
는 길이는 평균 3.5어절이며 2-4어절 정도인 것들이 대부분임이 확인
된다. 인간의 작업 기억 용량이 4개 내외의 토큰으로 알려져 있는 것[24]
을 고려하면 굉장히 주목되는 결과이다. 즉 화자들이 작업 기억 용량을
벗어나지 않도록 하면서 억양구의 길이를 조절하는 것임을 알 수 있다.

한 가지 더 주목되는 것은 이러한 길이가 전형적 억양구, 즉 접속절
억양구에서 한정된다는 사실이다.

> (10) 가. 그래두 // [나름 // 열심히 해 볼려고] // [여러 가지
> 강습법도 // 혼자 공부하고 있습니다] ///
> 나. [제가 // [크리스마스만 되면은] // 여자 친구와 // 데이
> 트를 해 오곤 했었는데] // *어* [내일은 여자 친구와
> // *어* 남이섬으로 드라이브를 갈까 합니다] ///
>
> (전태희, 2023: 236)

(10가, 나)에서는 모든 접속절 경계에서 억양구 경계가 실현되었다.
중요한 것은, 하나의 절이 여러 억양구로 나뉘어 있음에도 접속절 경계
억양구가 다른 억양구에 비해 길이가 길다는 것이다. (10가)에서 첫
번째 절 '나름 // 열심히 해 볼려고'는 2, 7음절 및 1, 3어절, 두 번째
절 '여러 가지 강습법도 // 혼자 공부하고 있습니다'는 8, 10음절 및,
3, 3어절로 분절이 되어 있다. (10나)에서 두 번째 절 '여자 친구와

---

24) Cowan, N. The magical number 4 in short-term memory: A reconsideration of
mental storage capacity. *Behavioral and brain sciences*, 24(1), 2001.
Cowan, Nelson. *Working memory capacity*. New York: Psychology Press, 2005.

// 데이트를 해 오곤 했었는데'는 5, 11음절 및 2, 4어절, 세 번째 절 '내일은 여자 친구와 // 남이섬으로 드라이브를 갈까 합니다'는 담화 표지 제외 시 8, 15음절 및 3, 4어절로 분절된 것을 볼 수 있다.

이러한 현상에 대한 하나의 가설로, 한국어가 핵심인 서술어를 중심으로 그와 관련되는 보충어가 좌측에 위치하는 좌분지(left-branching) 언어임을 고려하여 설명해 볼 수 있다. 즉 구어 상황에서의 인지적 한계로 인해 하나의 절이 여러 억양구로 나뉘어 발화될 수도 있으나, 그렇다고 하더라도 서술어 및 그와 긴밀하게 연관되는 보충어들은 항상 절 우측에 나타난다. 따라서 이러한 핵심 요소들에 대해서는 9음절, 4어절 내외라는 안정된 길이로 발화를 하고, 인지적으로 부담이 되는 나머지 내용에 대해서는 미리 끊어 읽기가 이루어지는 것으로 볼 수 있다.[25]

종합하자면, 전형적인 접속절 경계 억양구는 평균적으로 9음절, 4어절 내외로 나타나 인간의 작업 기억 용량과 밀접한 상관관계를 보인다. 이는 구어 상황에서의 화자의 인지적 한계에서 비롯되는 것이며, 한국어의 좌분지 구조와의 관련성의 영향을 받은 것일 수 있다. 이러한 사실들은 억양구 경계 실현이 단순 음성학적 현상이 아닌, 발화 계획과 정보 단위의 분절과 밀접하게 관련됨을 보여 준다.

2) 억양구 경계 실현을 통한 발화 구조의 신호화

앞선 절의 논의를 고려하면, 전형적 억양구와 달리 비전형적 억양

---

[25] 이러한 가설에 대해서는 후속 실험을 이용한 면밀한 검증이 요구된다고 하겠다.

구의 경계 실현은 무작위적으로 보일 수 있다. 만약 전형적 억양구와 무작위적 억양구의 경계 실현이 무작위적이라면 청자의 입장에서 굉장히 부담이 될 수 있다. 어떤 억양구 경계가 발화의 통사·의미 구조상 상위의 경계에서 실현된 것인지 아닌지를, 전체 발화를 계속 기억하면서 화자의 의도를 판단해야 할 것이기 때문이다. 그러나 어떤 언어의 모어 청자라면 대부분의 경우에 모어 화자가 발화의 내용을 쉽게 이해할 수 있다는 점을 통해, 인간의 언어가 그토록 비효율적으로 만들어져 있지 않음을 알 수 있다.

그렇다면 구어 상황에서 화자와 청자는 어떠한 방식으로 발화의 구조를 표현하고 이해할 수 있는 것일까? 해답은 억양구의 운율적 특성에 있는데, 아래에서는 화자가 어떠한 방식으로 억양구의 운율적 특성을 활용하는지 살펴보도록 하겠다.

우선 비전형적 억양구 경계 실현은 크게 인지적 한계로 인한 것과, 비전형적인 통사·의미 구조를 드러내기 위한 의도적인 것 두 가지로 나눌 수 있다. 전자에 대해 화자는 억양구 경계의 시간적 경계성을 이용해 비전형성을 드러내는데, 예를 살피면 다음과 같다.

(11) 가. [처음 복학하고 와서는] {307ms} // (789ms) *이제*
　　　 [중앙 동아리가 돼 가지고] {226ms} // (1098ms) *음*
　　　 {522ms} // (380ms) [여자들도 많이 들어오고] {170ms}
　　　 // (552ms) [사람들이 {286ms} // (0ms) 굉장히 많아졌어
　　　 요] {170ms} /// (525ms)

　　 나. [제가 {319ms} // (844ms) [크리스마스만 되면은]
　　　 {250ms} // (0ms) 여자 친구와 {220ms} // (224ms) 데이
　　　 트를 해 오곤 했었는데] {275ms} // (429ms) *어* [내일은

> 여자 친구와 {282ms} // (175ms) *어* 남이섬으로 드라이
> 브를 갈까 합니다] {250ms} /// (477ms)
>
> (전태희, 2023: 238-239)

(11가)에서 밑줄 친 부분에서 절 '사람들이 굉장히 많아졌어요'는 두 개의 억양구로 나뉘어 발화되었다. 특징적인 것은 중간의 억양구 경계에서 후행 휴지가 실현되지 않았다는 점이다. 반면에 그 앞에 나오는 억양구 경계에서는 후행 휴지가 모두 실현되었고, 담화 표지 '음'을 제외하면, 지속 시간도 끝음절에 비해 후행 휴지가 길게 나타난다. (11나)의 밑줄 친 부분들의 첫 번째 억양구 경계는 절 내부에서 실현된 것인데, 흥미롭게도 억양구 끝음절과 후행 휴지의 지속 시간이 큰 차이가 없거나 오히려 끝음절이 더 길게 나타난다.

이를 통해 앞선 장에서 단순히 수치적으로만 비교했던 결과가 지니는 진정한 의미를 알 수 있다. 즉 화자는 인지적, 생리적 요인 등으로 인해 비전형적 위치에서도 억양구 경계를 하게 되는데, 이때 전형적 억양구에서와 다른 운율적 특성을 그러한 실현을 드러낼 수 있다. 쉽게 말해, 일반적이지 않은 방식으로 끝음절을 후행 휴지보다 길게 실현함으로써, 원래 끊어 읽기에 적절하지 않은 위치에서 끊어 읽기가 나타났음을 신호화하는 것으로 볼 수 있다.

다른 유형으로는, 화자가 의도적으로 비전형적인 통사·의미 구조를 발화했음을 드러내기 위한 방편으로 비전형적 억양구 경계 실현을 하는 경우가 있다.

(12) 가. 그 아르바이트생 남자 아르바이트생 친구들하고 // 저희
// [지상에 있는] L% {511ms} // (116ms) [써빙하는
] 친구들하고 같이 // 술 먹으러 놀러 가요 ///

나. [그것의 장점을 // *어* 강화하고 // 단점을 보완하면 //
훨씬 더 // 좋은 사람이 될 수 있지 않을까] L% {303ms}
// (340ms) 생각합니다 ///

다. 아주 영특하고 // 귀엽고 // 되게 // 어쩔 때는 [짜증나고
서운하게] L% {348ms} // (313ms) 저를 만드는 그런 //
야속한 강아지랍니다 ///

(전태희, 2023: 240, 241, 243)

(12가)에서는 관형절이 연쇄되는 구조가 나타난다. 여기서 '지상에 있는'과 '써빙하는'은 모두 '친구들'을 수식하는데, 일반적으로 관형어와 그 피수식어 사이에서는 억양구 경계가 거의 실현되지 않는다. 그러나 중간에 억양구 경계가 없다면 청자가 위와 같은 복잡한 구조를 이해하는 데 어려움이 있을 수 있으므로, 해당 위치에서 억양구 경계를 실현하고 경계 성조로는 주로 발화 종결 부분에 쓰이는 L%를 사용한 것으로 보인다. (12나)는 인용절 '그것의 장점을 ... 있지 않을까'가 인용 조사 없이 쓰인 경우이다. 인용절의 경우 그 자체로 하나의 완결된 문장 및 발화가 될 수 있기 때문에, 발화 중간에서 쓰이는 경우 청자의 입장에서 인용된 부분인지 아닌지 판단이 어려울 수 있다. 그러나 위와 같이 인용절 경계 억양구에서 발화 말에서 주로 쓰이는 L%로 경계성을 드러낸 후, 그러면서도 끝음절에 비해 후행 휴지를 길지 않게 실현함으로써 발화 말이 아님을 표지할 수 있다. (12다)의 밑줄친 부분은 '저를 짜증나고 서운하게 만드는'이 도치된 것으로 볼 수

있는데, 이 역시 시간의 흐름에 따라 선형적으로 발화를 들을 수밖에 없는 청자의 입장에서 이해가 어려울 수 있는 구조이다. 여기서 화자는 도치된 '짜증나고 서운하게' 경계에 발화 말에서 주로 쓰이는 L% 를 비전형적으로 사용함으로써 청자가 주의하도록 하면서, 후행 휴지를 끝음절에 비해 짧게 가져가는 방식으로 후속 발화를 자연스럽게 이어가고 있다.

이상의 예들은 텍스트라면 문장 부호 등에 의해서 쉽게 파악될 수 있으나 말로만 들었을 때 쉽게 파악되지 않을 수 있는 것들이다. 그러나 화자는 억양구 경계 실현이라는 운율적 표지를 활용하여 발화의 구조를 청자에게 효과적으로 전달할 수 있다. 즉 억양구 경계 실현은 단순히 발화의 구조를 그대로 반영하는 것뿐 아니라, 효과적인 의사소통을 위한 화자의 전략이 담겨 있는 것이라고 하겠다.

3) 점진적 발화 산출에 의한 억양구 경계 실현

마지막으로 살필 것은 점진적 발화 산출과 관련된 억양구 경계 실현이다. 주지하듯 구어 상황에서의 발화는 모든 발화 계획이 완료된 후 산출되는 것이 아니라, 발화의 계획과 산출이 동시에 점진적으로 이루어진다. 어떠한 발화에 대해서는 굉장히 유창하다고, 또 다른 발화에 대해서는 굉장히 어눌하다고 느끼게 되는 것도, 이러한 처리 속도가 개인이나 상황 등에 따라 차이를 보이기 때문이다.

중요한 것은, 모어 화자의 발화에서 나타나는 비유창한 발화가 언어 능력 자체가 부족한 데에서 기인한다기보다, 실시간적인 구어 처리 상황에 따른 인지적 부담 때문이라는 것이다. 그리고 모어 청자라면 이러한 발화에 대해, 유창하지 않다고 느낄 수는 있겠으나, 큰 어려움 없이 이해가 가능하다는 것이다. 구어 상황에서 화자는 이러한 인지적 한계를 극복하며 의사소통을 원활히 이어 나가고자 하며, 여기에 주요하게 이용되는 것 중 하나가 바로 억양구 경계 실현이라고 할 수 있다.

실례를 살피면 다음과 같다.

> (13) [요새 배우는 악기는 // 기타이고] H% // [기타를 / 잘 배우고] H% // [코드도 많이 익히고] H% // 처음에는 // 잘 되지 않았는데 // 쪼끔 손에 익고 // 손에 굳은살도 백이다 보니까 // [다른 음악도 // 열심히 칠 수 있게 됐고] H% // 점점 알아 가면서 // 흥미를 느껴 가서 // *음* // *음* // 그런 점에서 // 되게 요새 // 많이 // 연습하는 것도 즐겁고 // 연습 시간도 많이 늘고 // 레쓴 시간이 기다려지고 있습니다 ///
>
> (전태희, 2023: 251)

(13)에서 [ ]로 표시된 절들에는 연결 어미가 '-고'가 쓰이고 있다. 일반적으로 하나의 발화 안에서 '-고' 절 연쇄가 나타나면, 가령 '명수는 노래를 잘 부르고, 민수는 춤을 잘 춘다.'와 같이, 절들이 대등 접속하는 것으로 분석할 수 있는데, (13)의 발화는 그렇게 보기 어렵다. 여기서 화자는 요즘 배우는 악기임, 기타와 관련해 무엇을 배우고 있음, 실력이 얼마나 늘었음 등의 내용들을 나열하고 있는데, 일반적인 대등 접속문에서처럼 절들이 유기적으로 연결되었다기보다는 당장 생각나는 사실들을 그저 늘어놓고 있는 것으로 볼 수 있다.[26]

이러한 억양구 경계 실현에서는 크게 세 가지가 주목된다. 첫째,

단순 생각 나열의 절들 경계에서는 거의 예외 없이 억양구 경계가 실현된다는 점이다.[27] 즉 화자는 후속 발화를 계획하기 위한 시간을 벌기위한 용도로 이러한 억양구 경계 실현을 하는 것으로 볼 수 있다. 둘째, 특징적인 억양구 경계 성조가 나타난다. (13)의 '-고' 절 경계 억양구에서는 모두 H% 성조가 나타나는데, 일반적으로 발화 중간의 H% 성조는 발화가 지속될 것임을 신호화하는 것이다. 이를 고려하면 화자는 자신의 발언권을 유지하기 위해, 비록 매우 비유창한 발화가 지속되고는 있으나, 발화가 끝나지 않았음을 계속적으로 드러내는 것으로 볼수 있다. 셋째, 이러한 절들에서는 쓰이는 연결 어미는 '-고'와 '-는데'가 대부분이다. 흥미로운 것은 두 어미 모두 그 자체로 구어에서 가장빈번하게 쓰이는 연결 어미이면서, 다양한 의미 기능을 가질 수 있다는점이다. 가령 '-(으)려고'와 같은 어미는 '목적'이라는 한정적 의미기능을 갖는 반면, '-고'는 나열, 선행, 대조 등 다양한 의미 기능을가질 수 있다. 다르게 말하면 선후행 절 사이의 관계의 제약이 상대적으로 덜하기 때문에, 화자의 입장에서 부담 없이 일단 던져 놓고 볼수 있는 연결 어미라고 할 수 있다.[28]

정리하자면, 구어 상황에서 화자는 때때로 발화 계획의 어려움으로인해 비유창한 발화를 할 수 있으며, 이를 극복하고 의사소통을 효과적으로 이끌어 나가기 위해 노력한다. 이를 위해 선후행 절 사이의 통사

---

26) (13)의 억양구 경계를 그대로 실현하면서 전체 전사 내용을 따라 읽어 보면, 두서없는 비유창한 발화임을 쉽게 알 수 있을 것이다.
27) 이러한 절들을 모아 놓고 보았을 때 96.1%의 억양구 경계 실현율이 나타났다.
28) '-는데'에 대해서는 정보 구조에 관한 논의가 필요하나, 지면상의 한계로 생략한다. 이에 대한 자세한 논의는 전태희, 앞의 논문을 참고할 수 있다.

·의미적 연결을 느슨하게 가져갈 수 있는 연결 어미 '-고', '-는데'를 활용하는 동시에 경계 성조를 특징적으로 실현함으로써, 발화 계획을 위한 시간을 벌고 청자에게 현재의 발화가 충분히 정돈되지 않았음을 적극적으로 표현할 수 있다. 이를 통해서 억양구 경계 실현이 구어 상황에서의 복잡한 인지적 과정을 반영함을 다시 확인할 수 있다.

4. 한국어 음성 처리에의 시사점

본 장에서는 억양구 경계 실현에 대한 인문학적 통찰이 AI 시대의 한국어 음성 처리에 대해 어떠한 방식으로 기여할 수 있을지를 논해 볼 것이다. 간략히 근래의 음성 처리 기술의 개관하자면, 딥 러닝 시대 이전의 음성 처리는 주로 푸리에 변환(Fourier Transform), MFCC (Mel-Frequency Cepstral Coefficient) 등을 이용해 기계 학습에 필요한 자질(feature)들을 수동으로 추출한 후, HMM(Hidden Markov Model) 등 전통적인 기계 학습 모델을 활용하는 방식이 주류였다. 그 후 2010년대부터 딥 러닝 기반 AI가 본격화되면서 사람이 수동으로 설정한 자질의 중요성은 상대적으로 낮아지고, 컴퓨터가 데이터로부터 직접 자질을 추출하는 E2E(End-to-End) 방식이 활발히 이용되고 있다.[29]

음성 처리 분야에서도 여타 분야에서처럼 딥 러닝은 괄목할 성과를 보이며 기존 모델들과 차원이 다른 성능을 보여 주고는 있으나, LLM으

---

[29] 딥 러닝 기반 음성 처리 기술의 전반에 대해서는 Mehrish, A., Majumder, N., Bharadwaj, R., Mihalcea, R., & Poria, S. A review of deep learning techniques for speech processing. *Information Fusion, 99,* 101869, 2023을 참고할 수 있다.

로 대표되는 텍스트 처리에 비하면 여전히 갈 길이 멀다고 하겠다. 이는 일상생활에서도 쉽게 체감할 수 있는 부분이다. 예를 들어 동영상의 자동 자막이 전혀 맥락에 맞지 않게 출력되거나, TTS(Text-To-Speech)의 결과물에서 느껴지는 왠지 모를 부자연스러움 등은 많은 이용자들이 적지 않게 경험해 보았을 것으로 생각된다.

이와 관련해 Millet et al.[30]에서는 딥 러닝 모델의 문제점을 다루며 다음을 제시한 바 있다.

> (14) 인간의 두뇌와 구별되는 딥 러닝 모델의 특징[31]
>   ㄱ. 비상식적으로 많은 양의 데이터를 요구함
>   ㄴ. 정답에 대한 라벨이 필요함
>   ㄷ. 실제 감각이 아닌, 텍스트에 기반한 데이터를 이용함
>   ㄹ. 현저하게 많은 양의 메모리를 필요로 함

(14)에서 제시된 특징은 비단 음성 처리 모델뿐 아니라, 딥 러닝 기반 전반에 대해 지적될 수 있는 것들이다. 이 중 음성 처리의 관점에서 가장 주목되는 것은 (14ㄷ)이다. 즉 어떤 유형의 데이터를 처리하든 기본적으로 텍스트에 기반을 한다는 것이다. 음성 인식과 음성 처리의 대표 기술인 Speech-To-Text, Text-To-Speech는 그 이름에서부터 음성과 텍스트를 1대1로 대응시키려는 기술의 방향성이 드러

---

30) Millet, J., Caucheteux, C., Boubenec, Y., Gramfort, A., Dunbar, E., Pallier, C., & King, J. R. Toward a realistic model of speech processing in the brain with self-supervised learning. *Advances in Neural Information Processing Systems*, 35, 2022.

31) *op. cit.*

난다. 그러나 이러한 방식으로는 음성이 담는 복잡한 정보들을 간과하게 되며, 이는 곧 음성 처리 모델 사용 중 느껴지는 부자연스러운 경험의 원인으로 작용한다.

 이러한 텍스트 중심의 단편적 접근 방식은 현재의 음성 처리 기술의 가장 큰 한계로 지적될 수 있다. 이를 극복하기 위해서는 언어를 산출하는 주체인 '인간'에 초점을 맞출 필요가 있다. 앞서 살폈듯, 구어 상황에서 화자는 실시간적 발화 계획과 산출이라는 인지적 부담 속에서도 의사소통을 원활히 이어 나가려는 적극적으로 노력하며 이는 운율을 통해서 잘 드러난다. 그러나 현재의 음성 인식 기술은 이러한 '인간'적 특성에 대한 고려가 충분히 이루어지고 있지 않다. 이에 아래에서는 인문학적 관점에 입각해 음성 인식과 음성 합성에의 시사점들에 대해 논해 보도록 하겠다.

1) 음성 인식에의 시사점

 지금까지의 음성 인식 기술은 거칠게 말해 연속적인 음성 신호로부터 분절음을 추출해 내는 데에 초점이 맞추어져 왔다. 딥 러닝 시대로 오면서 wav2vec[32] 등의 진보된 모델들이 월등한 성과를 보여 주고는 있으나, LLM이 그렇듯, 이 역시 언어에 대해 선형적이고 분절적인 방식으로 접근하며 인간처럼 언어 구조의 계층성을 제대로 포착하고 있다고 보기는 어렵다. 쉽게 말하자면, 음성 신호를 순서대로 충실히 받

---

[32] Baevski, A., Zhou, Y., Mohamed, A., & Auli, M. wav2vec 2.0: A framework for self-supervised learning of speech representations. *Advances in neural information processing systems*, 33, 2020.

아쓰기하는 것이 현재 음성 인식 모델의 주안점이라고 할 수 있다.

이러한 방식으로는 구어, 특히 실질적으로 구어의 대부분을 차지하는 자유 발화를 처리하는 데에는 한계가 있을 수밖에 없다. 만약 구어에서 교과서에서 볼 법한 아주 정형화되고 문법적으로 완벽한 문장들만이 발화된다면, 현재로서도 LLM이 텍스트를 처리하는 수준의 높은 성능을 얻을 수 있을지도 모른다. 그러나 구어에서는 비문법적이라고 할 수 있는 발화들이 무수하게 나타난다. 가령 다음과 같은 예들이 있다.

> (15) 가. <u>그것은 상당히 {270ms} // (0ms) 혁신적이라고 볼 수 있는</u>
> <u>게 {170ms}</u> // (702ms) 보통 {530ms} // (0ms) 프로그래
> 머들은 자신의 프로그램에 {160ms} // (278ms) 덧댄다거
> 나 {230ms} // (0ms) 붙이는 것을 상당히 싫어합니다 ///
> 나. <u>그냥</u> {260ms} // (255ms) 미친 듯이 일만 하고 {346ms}
> // (615ms) 참 {361ms} // (1490ms) *어* 그러니까 <u>일하</u>
> <u>는 기계도 아니고 {400ms} // (671ms)</u> 그런 생각이 되게
> 많이 들었어요 ///
>
> (전태희, 2023: 3)

(15가)에서 밑줄 친 '그것은 … 있는 게' 부분은 하나의 명사구로서 주어에 해당한다. 이에 대해 문법적으로 적절한 서술어는 '…X이다'이다. 그러나 발화 마지막의 서술어가 '싫어합니다'로 나타나 소위 주어와 서술어가 호응하지 않는 비문의 구조가 나타나고 있다. (15나)에서는 밑줄 친 '-고' 절들이 얼핏 보기에 대등 접속절처럼 연결되어 있는 듯하다. 그러나 실제로 전사된 내용을 보면, '명수는 노래를 잘

부르고, 민수는 춤을 잘 춘다.'와 같은 식으로 '대등'하게 절들이 연결되어 있다기보다는 그저 생각나는 것들을 적당히 나열하고 있다는 인상을 받을 수 있다.

문제는 (15)와 같은 발화가 실제 구어, 특히 자유 발화에서는 매우 드물게 예외적으로 나타나는 것이 아니라 상당히 높은 빈도로 나타난다는 것이다. 실제로 우리가 일상에서 발화하는 것들을 전사해 놓고 그대로 읽어 보면, 소위 문법적으로 완벽한 문장을 찾는 것이 그렇게까지 쉽지만은 않다. 이뿐만 아니라 뉴스의 일반인들 인터뷰에서 보이는 자막에서 실제 발화와 자막이 그대로 대응되지 않는, 즉 좀 더 정제된 문장으로 자막을 제공하는 것을 자주 볼 수 있다는 점 역시 이에 대한 증거이다.

그렇다면 구어는 온갖 비문과 발화 실수로 점철된 불완전한 언어인가? 물론 답은 그렇지 않다. (15)와 같은 '이상한' 발화가 실제로 높은 빈도로 쓰임에도 해당 언어의 모어 청자라면 그 내용을 이해하는 데에 별 어려움이 없다.[33] 발화가 비록 문법적으로 완벽하지 않더라도, 화자는 억양구 경계 실현과 같은 운율적 요소를 통해 청자의 이해를 돕는 전략을 적극적으로 활용하기 때문이다.[34]

그러나 현재의 음성 인식 기술은 이러한 구어의 특성을 충분히 반영하지 못하고 있다. 가령 (15)와 같이 소위 비문적 요소가 많은 발화

---

33) 물론 (15)와 같은 발화가 많을수록 발화의 유창성이 떨어진다고 느낄 수 있겠으나, 그렇다고 해서 의사소통 자체가 성립하지 않는 것은 아니다.

34) 억양구 경계 실현이 청자의 이해를 돕기 위해 쓰이는 수단의 전부는 아니다. 여기에는 몸짓, 눈짓, 표정 등 다양한 것이 있을 수 있는데, 일단 본고는 '언어'적 측면에 초점을 두고 있으므로 이들에 대해서는 다루지 않는다.

에 대해 오직 텍스트화된 내용만을 바탕으로, 현재 수준의 언어 모델이 의사소통의 전체적인 맥락을 포착한다는 것은 매우 어렵다. 이를 극복하기 위해서는 억양구 경계 실현 등 운율적 요소들에 대한 적극적 고려가 필요하다. 이를 통해 언어 형식의 이면에 존재하는 인간, 즉 화자의 의도와 맥락을 파악할 수 있도록 해야 할 것이다.

또한 학습 시 이용하는 데이터에서도 자유 발화의 비중이 대폭 늘어야 한다. 실제 인간과 인간의 대화에서도 철저히 대본을 준비하여 낭독하는 경우는 극히 드물며, 인간관계에 대한 부담이 전혀 없는 기계에 말을 걸 때는 오히려 훨씬 더 편하고 비격식적으로 말을 할 것이다. 그리고 이에 따라 소위 비문법적이라 불리는 발화가 굉장히 쉽게 나타날 수 있다. 그러나 지금까지의 음성 처리 연구들에서는 주로 격식적인 데이터가 활용되어 온 것이 현실이며,[35] 보다 '인간'적인 음성 처리 모델을 구축하기 위해서는 실제로 기계가 더 많이 접하게 될 자유 발화 데이터를 보다 적극적적으로 활용할 필요가 있다.

2) 음성 합성에의 시사점

본 절에서는 음성 합성 기술들 중에서도 대표적이라 할 수 있는 TTS(Text-To-Speech)에 초점을 맞추고자 한다. TTS는 그 이름에서 알 수 있듯 텍스트 기반의 기술인데, 이 역시 다른 AI와 마찬가지로 딥 러닝 시대에 접어들며 상당한 수준에 이른 것이 사실이다. 그중에서

---

35) 물론 여기에는 자유 발화 데이터 세트를 구축하는 것이 훨씬 어렵다는 점이 작용했을 것이다.

도 분절음 수준의 합성은 인간과 비교하기 어려울 정도로 발전하였다. 그러나 여전히 인간의 발화와는 다름을 느낄 수 있게 하는 요소들이 존재하는데, 그중 대표적인 것이 끊어 읽기, 즉 억양구 경계 실현이다.

억양구 경계 실현과 관련해서는 앞서 살폈듯 경계의 실현의 위치와 그 운율적 특성이 중요하다. 이 중에서도 전자는 상대적으로 처리가 용이하다. 소위 비문이 빈번히 나타나는 구어와 달리, TTS는 텍스트 즉, 문어가 입력되기 때문에 일정 정도 문법적으로 정제된 입력이 주어질 수 있다. 그리고 텍스트에 대해서는, 비록 인간의 언어 처리와 다른 점들이 있으나, 언어 모델들이 상당히 충분한 성능을 보여 주고 있다. 따라서 입력된 텍스트의 구조를 분석해 어느 위치에서 억양구 경계가 실현될지를 포착하는 것은 비교적 쉬운 과업으로 볼 수 있다.

문제는 억양구 경계의 운율적 특성이다. 여기서는 끝음절의 지속 시간, 후행 휴지의 유무 및 지속 시간, 경계 성조 등 고려할 요소들이 굉장히 많은데, 이들에 대해 단순 선형적 관계를 도출해 내는 것은 사실상 불가능하며,[36] 언어 자체에 대한 분석이 필요하다.

이와 관련해 생각해 볼 수 있는 것 중 하나가, 앞선 장들에서 살핀 끝음절과 후행 휴지의 지속 시간 사이의 관계이다. 전태희(2023)의 주된 발견 중 하나는, 억양구 경계에서 드러나는 시간적 경계성은 끝음절과 후행 휴지의 절대적인 지속 시간이 아니라 그 둘의 상대적인 관계라는 점이다.

---

36) 심지어 심리 상태, 성별, 연령 등 다양한 요인들이 작용할 수 있는데, 이러한 언어 외적 요인들은 본고의 범위를 벗어나므로 다루지 않는다.

(9) 가. 지금 팬쓰스포츠를 학교에서 하는 것만으로는 // 실력 향상
       의 한계를 느껴 <u>가지고 {237ms}</u> // (350ms) 지금 동아리
       사람들이랑 <u>같이 {565ms}</u> // (533ms) *그* 외부 동호회를
       나가고 있어요 ///

(전태희, 2023: 201)

위의 (9가)는 제2장에서 보였던 것을 다시 가져온 것인데, 밑줄 친
것 중 '가지고'의 억양구 경계는 전형적인 것이기 때문에 끝음절에 비해
후행 휴지가 길게 나타나고, '같이'의 억양구 경계는 비전형적인 것이므
로 끝음절과 후행 휴지의 길이가 다르게 나타나는 것으로 설명한 바
있다. 즉 '가지고'의 억양구 경계에서 '고'가 237ms로, 후행 휴지가
350ms로 실현되는 것은 단순히 '고'라는 음절이 갖는 특성에서 비롯된
것도, 이것이 절 경계 억양구이기 때문인 것도 아니다. 이러한 실현이
이루어지기 위해서는, 억양구 경계 실현이 이루어진 위치가 전형적인지
혹은 비전형적인지에 대한 판단이 반드시 함께 이루어져야 한다.

TTS를 위시한 현재의 음성 합성 기술이 상당한 성과를 이룬 것은
분명한 사실이나, 억양구 경계 실현 등 운율의 측면에서는 여전히 보
완할 점들이 있다. 특히 억양구 경계 실현의 위치와 끝음절 및 후행
휴지 지속 시간 사이 관계 같은 것들은 굉장히 많은 문제들이 얽혀
있기 때문에 해결이 쉽지 않다. 이에 대해 단순히 데이터를 늘리고
더 무거운 모델을 사용하는 것은 근본적인 해결책이 되기 어려우며,
그 원인을 규명하기 위한 언어학적 분석이 반드시 뒷받침되어야 할
것이다.

5. 결론

　본고에서는 전태희(2023)을 바탕으로 하여 한국어 억양구 경계 실현의 주요 양상들을 다각적으로 살폈다. 그리고 이를 통해 지금까지의 음성 처리 기술들이 구어를 대상으로 함에도, 구어 정보의 일부에 지나지 않는 텍스트화된 내용에 의존적인 한계가 있음을 지적하였다. 또한 이러한 모델들에서 주로 활용되어 온 정제된 격식 발화 데이터뿐 아니라, 실제 구어 현실을 더욱 잘 반영하는 자유 발화 데이터가 보다 적극적으로 활용되어야 함을 논하였다.

　현 시대의 다른 딥 러닝 기반 AI 모델들과 마찬가지로, 음성 처리 모델들은 압도적인 데이터의 양과 연산 능력에 힘입어, 전통적인 모델들과 차원이 다른 성과들을 보여 주고 있다. 그러나 이러한 모델들이 정말로 '인간'의 지능을 충실히 구현해 내고 있는지에 대해서는 여전히 의문이 남는다. 이들은 음성을 다룸에도 여전히 텍스트에 의존적으로 설계되어 있으며, 계층적 구조를 갖는 인간의 언어를 선형적으로 처리하고 있기 때문이다.

　AI 기술을 통해 '인간'의 언어를 모델링하고자 한다면, 언어를 단순히 음성 신호나 텍스트의 연쇄로 취급하는 데에서 벗어나 인간의 언어 자체를 보다 심도 있게 이해할 필요가 있다. 즉 음성 신호나 텍스트 연쇄의 이면에는, 효과적인 의사소통을 목적으로 하는 화자와 청자가 노력이라는 보다 근원적인 기제가 있음을 반드시 고려해야 한다. 이러한 접근은 언어를 통해 인간을 이해하고자 하는 언어학적 분석을 배제한 채 이루어질 수 없으며, 이것이 바로 AI 시대에서 인문학이 지니는 중요한 가치 중 하나일 것이다.

제2장

한국어 시각 가추 추론

AI 언어 모델의 개연성 이해 능력

한선아 · 원종빈 · 권은재 · 송상헌

1. 서론

본 연구는 여러 상황의 개연성을 파악하여 멀티모달 언어 모델의 한국어 시각 가추 추론 능력을 정량적으로 분석하는 것을 목표로 한다. 가추 추론은 관찰을 바탕으로 가장 그럴듯한 설명을 제시하는 논리적 과정이다. 예를 들어, [그림 1]에서 주어진 멀티모달 관찰 $O1$(이미지와 이미지를 설명하는 문장)과 텍스트 관찰 $O2$(결과 문장)를 통해, 인간은 관찰한 이미지와 일반 상식을 사용하여 남자가 여자에게 짐이 아니라 자기 손을 내밀 것이라고 가추적으로 추론할 수 있다.

이 능력은 일반적으로 정보가 불충분한 실제 세계의 문제에서 AI 언어 모델이 그럴듯한 추론을 할 수 있도록 하기 위해 필수적이다. 또한 인간이 많은 정보를 시각으로 얻는 만큼, 추론에 필요한 단서는 명시적으로 주어지지 않고 시각적 인식을 통해 주어지는 경우가 많다. 이러한 맥락에서 가추 추론 과제의 일부로서 시각 가추 추론은 중요한 의미가 있다.

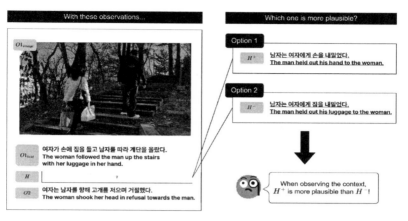

[그림 1] 시각 가추 추론의 예

이러한 중요성 때문에 언어 모델의 시각 가추 추론 능력에 대한 많은 연구가 진행되었다[1]. 그러나 대부분의 연구는 영어 데이터셋과 모델을 사용하여 수행되었으며, 한국어 시각 가추 추론을 다룬 연구는 없었다. 대규모 언어 모델(LLM)의 발전으로 GPT-4와 같은 최신 모델은 이미지 입력으로 한국어 가추 추론을 수행할 수 있게 되었다. 하지만 이러한 최신 모델들은 학습 데이터와 모델 구조가 투명하지 않다는 문제점이 있다. 또한 객관식 과제에서 모든 선택지에 대한 확률값을 제공하기에는 부적절하여 추론 능력에 대한 통찰을 얻기에 제한적이었다. 이는

---

[1] Liang, Chen, Wenguan Wang, Tianfei Zhou, and Yi Yang. Visual abductive reasoning. *Proceedings of the IEEE/CVF Conference on Computer Vision and Pattern Recognition,* 15565-15575. Institute of Electrical and Electronics Engineers, 2022. Liu, Jiacheng, Skyler Hallinan, Ximing Lu, Pengfei He, Sean Welleck, Hannaneh Hajishirzi, and Yejin Choi.. Rainier: Reinforced knowledge introspector for commonsense question answering. *Proceedings of the 2022 Conference on Empirical Methods in Natural Language Processing,* 8938-8958. Association for Computational Linguistics, 2022.

한국어 맥락에서의 시각-언어 이해와 투명한 확률 평가를 모두 제공하는 연구가 필요함을 역설한다.

이러한 연구적 공백을 메우기 위해 멀티모달 언어 모델이 한국어 가설 문장의 개연성을 정량적으로 추정하는 방법을 살펴보았다. 구체적으로, 한국어 이야기 완성 평가 데이터셋에서 두 가지 선택지(*Plausible, Implausible*) 중에서 더 그럴듯한 선택지를 선택하도록 이중 인코더 모델을 미세 조정했다. 그 결과, 약 79.81%의 정확도를 확인할 수 있었다. 이후 두 가지 선택지를 네 가지 선택지(*Groundtruth, Plausible, Implausible, Random*)로 확장한 결과, 모델은 *Groundtruth, Plausible, Implausible, Random* 가설 순으로 그럴듯한 정도를 제대로 추정하였으며, *Groundtruth* 가설 그룹과 *Plausible* 가설 그룹은 거의 구분하지 못하는 것을 확인할 수 있었다. (*Groundtruth* ≈ *Plausible* 〉 *Implausible* ≫ Random).

이러한 결과에 대한 추가적인 연구를 수행하여 모델의 능력을 면밀히 살펴보았다. 먼저, 모델의 입력을 제거하여 입력이 모델의 추론 과정에 미치는 영향을 검증하였다. 추가로, 정답을 제공하지 않았을 때 몇 명의 인간 검토자가 정답을 맞혔는지를 나타내는 인간의 타당성 점수(human reasonability count)를 기준으로 하여 모델의 추론 결과와 사람의 추론 결과를 비교하였다.

본 연구는 멀티 모달 언어 모델이 한국어 시각 가추 추론 과제를 어떻게 수행하는지 보여주었다. 본 연구는 모델의 정확도 확인을 넘어 추론 능력을 정량적으로 검증해 인공지능의 한국어 가추 추론 능력 향상을 위한 기반을 마련했다는 데 의의가 있다. 본 연구는 연구 환경의 중요한 공백을 메울 뿐만 아니라, 향후 한국어 멀티 모달 가추 추론의 발전을 위한 토대를 마련했다는 점에서 의의가 있다.

2. 이론적 기반

  가추 추론(또는 귀추법)은 불완전한 관찰에서 가장 그럴듯한, 그러나 검증되지는 않은 가설을 도출하는 논리적 과정이다. 따라서 가추 추론은 주어진 관찰과 가능한 설명 사이의 관계를 제시한다[2]. 예를 들어, 관찰 (1a)가 주어지면, (1b)가 (1c)보다 다음 사건일 가능성이 더 높다는 것을 쉽게 추론할 수 있다. 남자가 집에 가기로 할 수도 있지만, 준비운동을 한 후 물에 들어가는 행동이 더 그럴듯하기 때문이다.

(1) a. han namca-ka   swuyengcang aph-eyse
        cwunpiwuntong-ul
        oneman-NOM poo   in.front.of-LOC
        warm-up.exercise-ACC
        hay-ss-ta.
        do-PST-DECL
        'A man did warm-up exercises in front of the swimming
            pool.'
      b. ku namca-nun mwul an-ulo   tuleka-ss-ta.
        DET man-NOM   water inside-DIR   enter-PST-DECL
        'The man entered the water.'
      c. ku namca-nun cip-ey   ka-ss-ta.
        DET man-NOM   home-DIR   go-PST-DECL
        'The man went home.'

---

2) Viola, Tullio. Peirce on abduction and embodiment. *Pragmatism and embodied cognitive science: From bodily intersubjectivity to symbolic articulation*, Berlin: De Gruyter, 2016, pp.251~268.

Peirce는 가추 추론의 개념을 처음 소개하면서 새로운 지식을 생성하는 유일한 추론 과정으로서 가추 추론의 중요성을 강조하였다.[3] 이 능력으로 언어 모델은 실제 시나리오에서 누락된 정보를 채울 수 있는데, 수많은 문제에서 모델이 적절한 결론을 도출하기 위해 주어진 환경에서 새로운 가설을 생성해야 하기 때문이다. 또한 개연성(plausibility)의 개념은 확률로 해석될 수 있으며 언어 모델에 대한 현재의 확률적 접근 방식과도 유사하다. 따라서 가추 추론은 자연어 이해[4], 담화 처리[5] 등 다양한 과제에서 주목을 받고 있다.

시각적 인식(Visual Recognition)은 가추 추론의 기본 단서를 식별하는 데 중요한 역할을 한다. 인간은 대부분 시각적 인식을 통해서 관찰하고 정보를 얻기 때문이다. 따라서 직관적이고 빠른 가추 추론을 위해서는 시각적 인식 능력이 필수적이라고 할 수 있다. 그러나 시각적 추론의 근거는 일반적으로, 명시적으로 설명되지 않는다. 따라서 복잡한 시각적 장면에서 간결한 관찰 결과를 추출하는 능력은 실제 상황에서 매우 중요하다. 예를 들어, [그림 1]에서 적절한 가설을 세우기 위해 필요한

3) Peirce, Charles S. *Philosophical writings of Peirce*. New York: Dover Publications, 1955.

4) Bhagavatula, Chandra, Roman Le Bras, Chaitanya Malaviya, Keisuke Sakaguchi, Ari Holtzman, Hannah Rashkin, Doug Downey, Scott Wen-tau Yih, and Yejin Choi. Abductive commonsense reasoning. Paper presented at *2020 International Conference on Learning Representations (ICLR 2020)*. Online. April 26-May 1, 2020.

5) Ovchinnikova, Ekaterina, Niloofar Montazeri, Theodore Alexandrov, Jerry R. Hobbs, Michael C. McCord, and Rutu Mulkar-Mehta. Abductive reasoning with a large knowledge base for discourse processing. *Proceedings of the Ninth International Conference on Computational Semantics (IWCS 2011)*. 225-234. Association for Computational Linguistics, 2011.

핵심적인 근거는 남자는 짐을 들고 있지 않은 한편, 여자는 짐을 들고 있다는 것이다. 이는 남성이 여성에게 손을 내밀어 짐을 들어줄 수 있다는 것을 암시하며, 이는 그럴듯한 가설(H^+)을 뒷받침한다.

일반 상식은 실제 사건이 얼마나 그럴듯한지 추정하는 기준이 된다[6]. 이를 통해 시각적 인식으로 얻은 정보를 바탕으로 하여 그럴듯한 가설을 세울 수 있다[7]. 따라서 일상적인 가추 추론 과정에서 세계에 대한 암묵적 지식인 상식이 그럴듯한 가설을 만들고 평가하는 데 중요한 근거로 작용할 수 있기 때문에, 가추 추론에 상식은 필수 불가결인 요소이다. [그림 1]에서 인간은 그럴듯한 가설(H^+: "남자가 여자에게 손을 내밀었다")이 두 관찰 사이의 간극을 합리적으로 메워준다고 쉽게 판단할 수 있다. 왜냐하면 누군가 많은 물건을 들고 있어 힘들어할 때, 주변 사람들이 그에게 손을 내밀어 도움을 주는 것은 일반적이고 사회적인 행동이기 때문이다. 반면, 그럴듯하지 않은 가설(H^-: "남자가 여자에게 짐을 내밀었다")은 사회적 맥락에서 살펴보았을 때, 이미 짐을 가지고 있는 사람에게 짐을 추가로 제공하는 것은 사회적으로 적절하지 않다고 간주하기에 어색하거나 불합리한 가설이라고 할 수 있다. 그뿐만 아니라 여성은 이미 자신의 짐을 양손 가득 들고 있었기 때문에 짐을 더 옮길 수 있는 신체적 능력이 없음을 보여준다.

최근 몇 년 동안 언어 모델의 상식 추론 능력에 대한 연구가 활발히 진행되었다. 상식 추론을 위해 SWAG 데이터셋과 GLUE 벤치마크가

---

[6] Song, Sanghoun. How AI language models judge common sense. *Journal of Korean Linguistics* 105(0): 2023, pp.375~400.

[7] Choi, Yejin. The curious case of commonsense intelligence. *Daedalus* 151(2): 2022, pp.139~155.

도입되었다[8]. Liu 등(2022)은 언어 모델 성능 향상에서의 일반 상식의 역할을 보여주었다.[9] Rajani 등(2019)은 CommonsenseQA에 인간의 설명을 추가하여 이 문제를 해결하고 Cos-E 데이터셋을 구축했다[10].

또한, 한국의 사회문화적 상식 지식을 포괄하는 데이터셋을 개발하기 위한 연구도 활발히 진행되고 있다. 서재형 등은 CommonGen[11]

8) Zellers, Rowan, Yonatan Bisk, Roy Schwartz, and Yejin Choi. SWAG: A large-scale adversarial dataset for grounded commonsense inference. *Proceedings of the 2018 Conference on Empirical Methods in Natural Language Processing*, 93-104. Association for Computational Linguistics, 2018.
Wang, Alex, Amanpreet Singh, Julian Michael, Felix Hill, Omer Levy, and Samuel Bowman. GLUE: A multi-task benchmark and analysis platform for natural language understanding. *Proceedings of the 2018 EMNLP Workshop BlackboxNLP: Analyzing and Interpreting Neural Networks for NLP*, 353-355. Association for Computational Linguistics, 2018.

9) Liu, Jiacheng, Skyler Hallinan, Ximing Lu, Pengfei He, Sean Welleck, Hannaneh Hajishirzi, and Yejin Choi.. Rainier: Reinforced knowledge introspector for commonsense question answering. *Proceedings of the 2022 Conference on Empirical Methods in Natural Language Processing*, 8938-8958. Association for Computational Linguistics, 2022.

10) Talmor, Alon, Jonathan Herzig, Nicholas Lourie, and Jonathan Berant. CommonsenseQA: A question answering challenge targeting commonsense knowledge. *Proceedings of the 2019 Conference of the North American Chapter of the Association for Computational Linguistics: Human Language Technologies, Volume 1 (Long and Short Papers)*, 4149-4158. Association for Computational Linguistics, 2019.
Rajani, Nazneen Fatema, Bryan McCann, Caiming Xiong, and Richard Socher. Explain yourself! Leveraging language models for commonsense reasoning. *Proceedings of the 57th Annual Meeting of the Association for Computational Linguistics*, 4932-4942. Association for Computational Linguistics, 2019.

11) Lin, Bill Yuchen, Wangchunshu Zhou, Ming Shen, Pei Zhou, Chandra Bhagavatula, Yejin Choi, and Xiang Ren. CommonGen: A constrained text generation challenge for generative commonsense reasoning. *Findings of the Association for Computational Linguistics: EMNLP 2020*, 1823-1840. Association for Computational Linguistics, 2019.

에서 영감을 받아 KommonGen과 Korean CommonGen을 개발하였다.[12] 이재욱 등은 ATOMIC[13]을 기반으로 한 한국어 상식 지식 그래프인 Ko-ATOMIC을 소개하였다.[14] 이지영 등은 객관식 질문을 통해 한국의 사회적 가치에 대한 모델의 이해도를 평가하기 위한 KorNAT를 제시하였다[15].

이러한 맥락에서, **시각 가추 추론**은 인공지능의 중요한 과제로 부상하였다. Liang 등은 비디오 클립과 영어 캡션을 기반으로 한 VAR 과제와 데이터셋을 제시하고, 사건 간의 인과관계를 인식하고 전제 및 가설 문장을 생성하도록 설계된 트랜스포머 기반 모델을 제시하였다.[16]

12) Seo, Jaehyung, Chanjun Park, Hyeonseok Moon, Sugyeong Eo, Myunghoon Kang, Seounghoon Lee, and Heuiseok Lim. Kommongen: A dataset for Korean generative commonsense reasoning evaluation. *Annual Conference on Human and Language Technology*, 55-60. Human and Language Technology, 2021.
Seo, Jaehyung, Seounghoon Lee, Changjun Park, Yoonna Jang, Hyeonseok Moon, Sugyeong Eo, Seonmin Koo, and Heuiseok Lim. A dog is passing over the jet? A text-generation dataset for Korean commonsense reasoning and evaluation. *Findings of the Association for Computational Linguistics: NAACL 2022*, 2233-2249. Association for Computational Linguistics, 2022.

13) Sap, Maarten, Ronan Le Bras, Emily Allaway, Chandra Bhagavatula, Nicholas Lourie, Hannah Rashkin, Brendan Roof, Noah A. Smith, and Yejin Choi. Atomic: An atlas of machine commonsense for if-then reasoning. *Proceedings of the AAAI Conference on Artificial Intelligence* 33(01): 3027-3035. The Association for the Advancement of Artificial Intelligence, 2019.

14) Lee, Jaewook, Jaehyung Seo, Seungjun Lee, Chanjun Park, Aiyanyo Imatitikua Danielle, and Heuiseok Lim. Ko-ATOMIC: Korean commonsense knowledge graph. *Annual Conference on Human and Language Technology*, 412-417. Human and Language Technology, 2022.

15) Lee, Jiyoung, Minwoo Kim, Seungho Kim, Junghwan Kim, Seunghyun Won, Hwaran Lee, and Edward Choi. KorNAT: LLM alignment benchmark for Korean social values and common knowledge. *arXiv:2402.13605*, 2024.

16) Liang, Chen, Wenguan Wang, Tianfei Zhou, and Yi Yang. Visual abductive reasoning.

Hessel 등은 이미지에서 특정 시각적 단서를 찾고 그 개연성을 비교하여 추론 문장을 검색할 수 있는 Sherlock 데이터셋을 제안하였다.[17] 한 걸음 더 나아가, Liu 등은 비디오 소스의 기본 의도를 이해하는 데 중점을 두고 문맥 인식 비디오 추론 모델을 통해 "왜" 및 "어떻게" 질문을 강조하는 IntentQA 데이터셋을 제안하였다.[18] 영어 시각 추론 과제의 발전은 시각 가추 추론에서 멀티모달 모델의 역량을 입증하였다. 그러나 한국어 맥락에서의 시각 가추 추론에 대한 연구는 부족하다.

대규모 언어 모델(LLM)의 발전으로 최근 생성형 AI 모델, 특히 GPT-4는 이미지를 입력받아 한국어 시각 가추 추론을 수행하는 것처럼 보인다. 그러나 이러한 생성형 AI 모델은 학습 데이터셋 및 모델의 구조가 불투명하여 실험의 재현과 분석이 어려운 경우가 많다. 또한, 본 연구의 맥락에서 생성형 모델의 접근 방식은 객관식 과제에서 모든 선택지에 대한 확률값을 제공하지 않을 수 있다. 이는 모델이 항상 가능성이 높은 토큰 시퀀스만 생성하기 때문이다. 이러한 특성으로 인해 모델이 개연성이 낮다고 예측하는 가설에 대한 확률을 구하기 어렵다. 즉, 정확도를 넘어 다양한 선택에 대한 이해도를 분석하는 데

Proceedings of the IEEE/CVF Conference on Computer Vision and Pattern Recognition, 15565-15575. Institute of Electrical and Electronics Engineers, 2022.

17) Hessel, Jack, Jena D. Hwang, Jae Sung Park, Rowan Zellers, Chandra Bhagavatula, Anna Rohrbach, Kate Saenko, and Yejin Choi. The abduction of Sherlock Holmes: A dataset for visual abductive reasoning. *European Conference on Computer Vision*, 558-575. Cham: Springer Nature Switzerland, 2022.

18) Liu, Jiacheng, Skyler Hallinan, Ximing Lu, Pengfei He, Sean Welleck, Hannaneh Hajishirzi, and Yejin Choi. Rainier: Reinforced knowledge introspector for commonsense question answering. *Proceedings of the 2022 Conference on Empirical Methods in Natural Language Processing*, 8938-8958. Association for Computational Linguistics, 2022.

는 적합하지 않다. 이러한 한계를 극복하기 위해서는 한국어 이미지와 텍스트를 처리할 수 있을 뿐만 아니라 확률값을 명확하게 보여줄 수 있는 다른 언어 모델이 필요하다.

3. 연구 방법

1) 데이터셋

(1) 데이터셋 개요

과제를 평가하기 위해 사진 기반 이야기 완성 데이터셋(Korean Story Cloze Dataset)을 사용했다.[19] KSC 데이터셋은 창작 기술(creative writing), 키워드 기반 기술(keyword-based writing), 사진 기반 기술(photo-based writing)의 세 부분으로 구성된다. 파트마다 크라우드 워커들이 데이터셋을 구축하고자 사용한 정보가 다르다. 창작 기술의 경우, 특정 주제에 관한 동사가 주어지면 크라우드워커들이 그 동사와 관련된 예문을 자유롭게 작성했다. 키워드 기반 기술의 경우, 크라우드 워커들이 주어진 키워드를 사용하여 예제를 만들었다. 반면 사진 기반 작문은 국립국어원에서 이전에 구축한 데이터셋에서 촬영한 사진을 크라우드 워커에게 제공했다.[20] 기존의 데이터셋이 단순히 장면이나 행동을 설명하는 데 그쳤다면, KSC 데이터셋은 사진을 기반으로 내러티브 시퀀

---

19) https://www.korean.go.kr/front/reportData/reportDataView.do?mn_id=207&search Order=date&report_seq=1114&pageIndex=5

20) https://www.korean.go.kr/front/reportData/reportDataView.do?mn_id=207&search Order=date&report_seq=1083&pageIndex=8

스가 있는 가설을 포함한다는 점에서 이전 데이터셋과 차별화된다. 이 사진 기반 데이터셋은 텍스트만을 기반으로 하는 데이터셋의 다른 두 부분을 보완한다.

사진 기반 이야기 완성 데이터셋은 10,737개의 이미지와 이미지에 대응하는 12,284개의 문장 집합으로 구성되어 있다. 이미지의 수와 문장 세트의 수 사이에 차이가 있는 것은 데이터셋 구축 과정에서 일부 이미지에 두 개 이상의 문장 세트가 일치할 수 있기 때문이다. 따라서 전체 데이터셋에는 일부 이미지가 중복된 12,284개의 데이터 샘플이 있다. 데이터셋 구축 과정에 관한 아래 (2) 데이터셋 구축 프로세스를 참고하길 바란다.

고품질 데이터셋을 생성하기 위해, 모든 문장은 데이터셋 구축 가이드라인을 이해하고 준수할 수 있는 언어학 전공자가 직접 작성하고 확인했다. 데이터셋 구축 가이드라인은 ROCStories 말뭉치[21]와 ART 데이터셋[22]을 참조하여 수립되었다.

21) Mostafazadeh, Nasrin, Nathanael Chambers, Xiaodong He, Devi Parikh, Dhruv Batra, Lucy Vanderwende, Pushmeet Kohli, and James Allen. A corpus and evaluation framework for deeper understanding of commonsense stories. *Proceedings of the 2016 Conference of the North American Chapter of the Association for Computational Linguistics: Human Language Technologies*, 839-849. Association for Computational Linguistics, 2016.

22) Bhagavatula, Chandra, Roman Le Bras, Chaitanya Malaviya, Keisuke Sakaguchi, Ari Holtzman, Hannah Rashkin, Doug Downey, Scott Wen-tau Yih, and Yejin Choi. Abductive commonsense reasoning. Paper presented at *2020 International Conference on Learning Representations (ICLR 2020)*. Online. April 26-May 1, 2020.

(2) 데이터셋 구축 과정

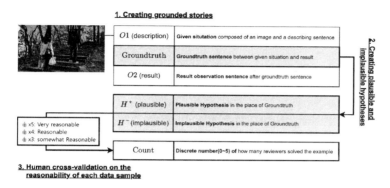

[그림 2] 데이터셋 구축 과정 요약

기반이 되는 이야기(Grounded Stroy)는 다음과 같은 두 단계의 과정을 통해서 구축되었다. 먼저 두 이미지를 묘사하는 5개의 *O1* 문장을 만들도록 지시했다. 이미지와 *O1* 문장을 바탕으로 크라우드 워커는 각 *O1* 문장 뒤에 하나의 *Groundtruth* 문장과 하나의 *O2* 문장으로 구성된 이야기를 만들었다. 이 과정에서 그럴듯한 이야기를 만드는 데 적합하지 않은 *O1* 문장은 제외되었기에, 이미지에 상응하는 문장 세트의 개수가 다를 수 있다.

이때, 크라우드 워커가 편향되지 않고 그럴듯한 문장을 작성할 수 있도록 하기 위한 몇 가지 가이드라인을 수립했다. 첫째, 각 문장은 정적인 상태가 아닌 동적 사건을 묘사해야 하며, 각 사건은 앞뒤의 사건과 직접적으로 연결되어야 한다. 즉, 스토리가 진행되면서 어떤 사건이나 논리적 과정을 건너뛰어서는 안 된다. 둘째, 각 문장에 묘사된 사건은 일상생활에서 일어날 가능성이 있어야 한다. 셋째, 모든 문장은 과거 시제로 작성하고 문장 길이는 4~12단어로 제한했다.

Plausible **가설과** *Implausible* **가설 생성**. 크라우드 워커들은 *O1*(이미지와 묘사 문장), *Groundtruth* 문장, *O2*(결과 텍스트)로 구성된 이야기를 만든 후, *Groundtruth* 문장을 대체하여 그럴듯한(*Plausible*) 가설 문장과 그럴듯하지 않은(*Implausible*) 가설(H^+, H^-)을 직접 만들었다. *Plausible* 가설과 *Implausible* 가설의 차이는 논리적 결함이 아니라 개연성의 정도에 있다. *Implausible* 가설도 문장 자체는 논리적으로 완벽해야 하며 현실 세계에서 발생할 가능성이 있어야 한다.

기반 이야기 생성 단계에서 사용한 가이드라인이 가설 문장을 작성하는 데에도 사용되었다. 또한 *Plausible* 가설과 *Implausible* 가설 문장을 만들 때 인공 주석물을 최소화하기 위한 가이드라인을 추가했다. 자세한 내용은 3.1.3 인공 주석물 최소화를 참고하길 바란다.

각 데이터 샘플이 얼마나 타당한지 교차검증. 모든 가설 문장을 생성한 후 데이터 샘플을 교차 검증하여 타당하지 않은 데이터 샘플을 걸러냈다. 각 데이터 샘플에 대해 5명의 검토자가 이진 선택 과제를 수행했다. 올바른 선택지를 선택한 검토자의 수를 타당성 점수(human reasonability count)로 기록했다. 따라서 타당성 점수는 데이터 샘플의 추론 과정이 인간이 보기에 얼마나 타당한가를 나타낸다. 각 데이터 샘플은 5에서 3까지의 타당성 점수에 따라 매우 타당함(very reasonable), 타당함(reasonable) 또는 어느 정도 타당함(somewhat reasonable)으로 라벨링 되었다. 만약 타당성 점수가 2 이하인 경우, 해당 데이터 샘플은 상대적으로 타당하지 않은 예시로 간주하여 필터링되어 사용하지 않았다.

(3) 인공 주석물 최소화

[그림 3] 인공 주석물 예시

인공 주석물(Annotation Artifact)이란 크라우드 워커가 문장을 만들 때 무의식적으로 남기는 특정 패턴을 의미한다. 이러한 인공 주석물은 크라우드 워커가 다양한 휴리스틱을 사용하여 문장을 쉽게 작성하므로 만들어진다. 예를 들어, [그림 3]에서 *O2* 문장에 있는 사이다는 *H1* 문장이 아닌 *H2* 문장에서만 나타난다. 이러한 어휘적 불균형은 단순히 단어를 대체하는 것이 대응하는 문장을 만드는 가장 쉬운 방법의 하나이기 때문에 발생한다. Gururangan 등은 크라우드 워커들이 문장의 유형에 따라 이러한 패턴들을 자주 남긴다는 것을 실증적으로 증명했다.[23] 예를 들어, 크라우드 워커가 중립된 문장을 만들 때보다 모순된 문장을 만들 때 부정 단어가 더 많이 포함되는 경향이 있었다.

이러한 인공 주석물이 있으면 언어 모델의 성능을 제대로 평가할 수 없다. 모델이 의도한 과제가 아닌 인공 주석물의 패턴을 학습할 수 있기 때문이다. 전제와 가설 사이의 논리적 관계를 이해하기 위해

---

23) Gururangan, Suchin, Swabha Swayamdipta, Omer Levy, Roy Schwartz, Samuel Bowman, and Noah A. Smith. 2018. Annotation artifacts in natural language inference data. *Proceedings of the 2018 Conference of the North American Chapter of the Association for Computational Linguistics: Human Language Technologies, Volume 2 (Short Papers)*, 107-112. Association for Computational Linguistics.

가설 문장으로만 학습했을 때 모델은 67%의 정확도를 보였으며 전제와 가설 문장을 모두 학습한 모델은 72.1%의 정확도를 달성하기도 했다[24]. 이러한 정확도 간의 크지 않은 차이는 모델이 의도한 과제를 제대로 학습하지 못하고 인공 주석물을 학습한다는 것을 보여준다.

따라서 KSC 데이터셋을 구축하는 크라우드 워커는 인공 주석물을 최소화하도록 다음과 같은 지침을 따랐다.

(2) a. 문장 내에서 2~4단어만 바꿔야 한다.
   b. 두 가설 문장은 같은 주제를 다룬다.
   c. 두 가설 문장은 비슷한 어조와 감정으로 작성되어야 한다.
   d. 두 가설 문장의 길이가 크게 다르지 않아야 한다.
   e. 단순히 긍정 단어를 부정 단어로 바꾸는 식으로 부적절한 가설 문장을 만들어서는 안 된다.
   f. 문맥에서 벗어난 불필요한 대명사를 사용해서는 안 된다.

이러한 사전 조치를 통해 인공 주석물을 최소화했기에, KSC 데이터셋은 멀티모달 언어 모델의 한국어 시각 추론 성능을 평가하는 데 더욱 적합하다고 할 수 있다.

2) 과제 설명

멀티모달 언어 모델의 한국어 시각 가추 추론 능력을 정량적으로 평가하기 위해 네 가지 가설(*Groundtruth, Plausible, Implausible, Random*)

---

24) *ibid.*

[그림 4] 한국어 시각 가추 추론 과제 개요

의 개연성을 비교하는 다중 선택 과제를 설계했다. 다중 선택 과제를 통해 단순히 가설의 개연성 여부를 분류하는 것을 넘어 각 선택지의 개연성 차이를 비교하여 이해하는 모델의 능력을 관찰할 수 있다.

k번째 선택지(opt^k)는 두 개의 관찰 문장과 한 개의 가설 문장으로 구성되어 있다. 첫 번째 관찰 문장은 멀티모달이며 이미지와, 이미지를 묘사하는 텍스트로 구성되는 반면, 두 번째 관찰 문장은 (3a)와 같이 텍스트만 있다. 모델은 $O1^{image}$, $O1^{text}$ 및 $O2$로부터 시각 가추 추론을 위한 단서를 수집한다. 즉 이러한 관찰 문장들은 가설의 전후 맥락으로 작용한다. 이때 가설 문장에는 *Plausible* 가설, *Implausible*

가설, *Groundtruth* 가설과 *Random* 가설이 순서와 무관하게 무작위로 배치되었다. 가설 이외의 모든 입력은 모든 선택지에서 공유된다. 이러한 입력이 주어지면 모델은 (3b)와 같이 모든 선택지의 개연성을 추정해야 한다.

> (3) a. $opt^k = (O1^{image}, O1^{text}, H^k, O2)$ where $H^k \in \{H^+, H^-, H^{Groundtruth}, H^{Random}\}$
>
> b. $s^1, s^2, \cdots, s^N = model(opt^1, opt^2, \cdots, opt^N)$

이러한 과제는 모델이 이 과제에 과적합 되었는지, 또는 추론 과정에서 *Plausible* 가설과 *Implausible* 가설에 있는 인공 주석물 패턴에 의존하고 있는지 확인할 수 있다. *Groundtruth* 문장은 개연성은 높지만 *Plausible* 문장과 유사한 글쓰기 패턴이 없는, 근거가 있는 이야기를 구성할 때만 사용된다. *Random* 문장은 KSC 데이터셋의 다른 부분에서 가져온 그럴듯한 문장들로 이루어져 있다. 이는 관찰 문장과는 관계가 없어 *Plausible* 문장보다 개연성이 낮지만 유사한 형태를 보이고 있다. 따라서 모델이 과제에 과적합 되거나 인공 주석물에 의존하는 경우 각 선택지의 개연성을 올바르게 평가하는 것이 불가능하기 때문이다.

3) 모델

다중 선택 과제를 통해 한국어 시각 가추 추론 능력을 탐구하고자 이미지와 텍스트 입력을 모두 처리하는 이중 인코더 모델을 설계했다. CLIP에 기반한 모델과 같이 사용할 수 있는 몇 가지 한국어 멀티모달 모델이 있지만, 이러한 상용 모델을 사용하지 않았다. 이는 기존 모델들

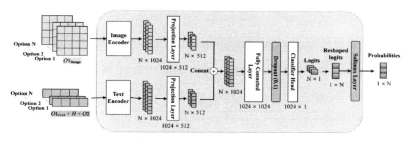

[그림 5] 이중 인코더 모델 구조

이 분류 과제에서 서로 다른 모달리티(modality) 간 유사성을 인식하는 데는 강점이 있지만, 동일한 이미지 입력으로 서로 다른 가설의 상대적 개연성을 조사하는 데는 그 방법이 충분하지 않았다고 판단했기 때문이다. 모델 선택에 대한 자세한 내용은 부록 A를 참고하길 바란다.

[그림 5]에서 확인할 수 있듯, 본 연구의 모델은 N개의 선택지를 분류하는 모델로 미세조정을 하고, 사전 학습된 두 인코더의 표현을 결합하는 데 중점을 두도록 설계되었다. 이러한 접근 방식은 모델 구조가 데이터셋과 시각 추론 과제에 과도하게 특화되는 것을 방지하는 한편, 언어 모델의 일반적인 기능을 평가하기 위함이다. 훈련 단계에서는 *Plausible* 가설과 *Implausible* 가설, 즉 N=2만 사용했지만, 추론 단계에서는 *Groundtruth* 선택지와 *Random* 선택지를 함께 사용했다(N=4).

본 연구에서는 두 가지 사전 학습된 트랜스포머 기반 모델을 사용했다. 이미지를 인코딩하기 위해서 비전 트랜스포머(Vision transformer, ViT) 모델[25]을 사용했으며, 텍스트를 처리하기 위해서는 KLUE-RoBERTa[26]

25) Dosovitskiy, Alexey, Lucas Beyer, Alexander Kolesnikov, Dirk Weissenborn, Xiaohua Zhai, Thomas Unterthiner, Mostafa Dehghani, Matthias Minderer, Georg Heigold, Sylvain Gelly, Jakob Uszkoreit, and Neil Houlsby. An image is worth

모델을 사용했다. 두 모델은 상대적으로 작은 데이터셋에 대해서도 우수한 성능을 보여준다. 학습 단계에서는 하나의 OI^{image}가 N번 복제되어 16×16 크기의 패치들로 분할되며, 각각의 패치들은 트랜스포머 인코더의 토큰에 대응한다. 이후, 인코딩된 패치에 [CLS] 토큰이 추가된다. 마찬가지로 텍스트 입력도 [CLS] 토큰을 포함하는 벡터로 토큰화된다. 그리고 각각의 OI^{text}, H^k와 $O2$ 문장들은 [SEP] 토큰으로 결합하여 k번째 가설 선택지 H^k가 된다. 각 인코더는 입력을 모든 토큰의 특징 벡터로 변환한다. 전체 입력 시퀀스의 정보를 포함하고 있는 마지막 은닉층의 [CLS] 토큰 표현을 특징 벡터로 사용했다. 이후 투사층(Projection Layer)을 통해 1024에서 512로 차원을 축소한 후, 두 모달리티의 특징 벡터를 각 선택지에 대한 단일 표현으로 연결(concatenate)하여 $N \times 1024$의 모양을 갖도록 변형했다. 그런 다음 결합한 표현은 완전 연결층(Fully Connnected Layer)을 통과해 데이터의 복잡한 패턴을 포착하고 학습한다. 0.1의 비율로 드롭아웃을 적용한 후 분류 헤드는 각 선택지에 대해 로짓 점수를 생성하여 개연성을 표현한다. 로짓 점수는 마지막 소프트맥스층을 통과하기 전에 $N \times 1$에서

16x16 words: Transformers for image recognition at scale. Paper presented at *2021 International Conference on Learning Representations (ICLR 2021)*. Online. May 3-7, 2021.

[26] Park, Sungjoon, Jihyung Moon, Sungdong Kim, Won Ik Cho, Jiyoon Han, Jangwon Park, Chisung Song, Junseong Kim, Yongsook Song, Taehwan Oh, Joohong Lee, Juhyun Oh, Sungwon Lyu, Younghoon Jeong, Inkwon Lee, Sangwoo Seo, Dongjun Lee, Hyunwoo Kim, Myeonghwa Lee, Seongbo Jang, Seungwon Do, Sunkyoung Kim, Kyungtae Lim, Jongwon Lee, Kyumin Park, Jamin Shin, Seonghyun Kim, Lucy Park, Alice Oh, Jungwoo Ha, and Kyunghyun Cho. KLUE: Korean language understanding evaluation. *Proceedings of the Neural Information Processing Systems Track on Datasets and Benchmarks* 1. NeurIPS, 2021.

1×N으로 재구성되어 확률로 변환되며, (4a)에서 *sk*는 k 번째 선택지에 대한 로짓 점수를 나타낸다. (4b)에 주어진 교차 엔트로피가 손실 함수로 사용되었다.

$$(4) \quad \text{a.} \quad H(y, \hat{y}) = \sum_{i=1}^{N} y_i \log(\hat{y}_i)$$

$$\text{b.} \quad Softmax(s_k) = \frac{\exp(s_k)}{\sum_{i=1}^{N} \exp(s_i)}$$

사진 기반 한국어 이야기 완성(KSC) 데이터셋 전체를 6:2:2의 비율로 각각 7,370개, 2,457개, 2,457개의 학습, 검증, 테스트 데이터셋으로 나누었다. 그리고 학습 데이터셋를 사용하여 모델을 미세조정 했다. 두 인코더는 모두 사전 학습된 특징을 유지하기 위해 고정했지만, 투영층, 완전 연결층, 분류 헤드는 학습되었다. 학습에는 NVIDIA 24GB의 메모리를 가진 GeForce RTX 3090 GPU가 사용되었으며, 64의 배치 크기를 사용했다. 모델 최적화를 위해서, Adam optimizer[27]를 사용했으며, 5×10-5의 학습률, $\beta1$=0.9, $\beta2$=0.999, 그리고 ε=1×10-8를 사용했다. 학습 중 과적합을 방지하고 일반화 능력을 향상하기 위해 몇 가지 방법을 도입했다. 각 단계의 검증 손실을 이전의 최저 검증 손실과 비교하여 조기 중지(early stopping)를 적용했다. 30번 비교한 후에도 검증 데이터셋에 대한 손실값이 개선되지 않으면 학습을 종료했다. 0.1의 확률로 일부 값을 무작위로 0으로 바꾸어 드롭아웃도 적용되었다. 위의 훈련 과정은 서로 다른 무작위 시드(random seed)를 사용하여

---

[27] Kingma, Diederik P. and Jimmy Ba. Adam: A method for stochastic optimization. *arXiv:1412.6980*, 2017.

세 번 반복되었으며, 각 훈련 및 검증 과정은 부록 B에서 확인할 수 있다.

4. 결과

다중 선택 과제에서는 *Groundtruth, Plausible, Implausible, Random*, 이 4가지 선택지의 개연성을 평가해야 한다. 이때 정답이 2개(Plausible 과 Implausible)가 있기 때문에 정답 여부만으로 모델의 성능을 측정하기에는 어려움이 있다. 따라서, 모델이 *Groundtruth≃Plausible〉Implausible≫Random*의 적절한 순서로 개연성을 추정했는지를 기준으로 모델의 성능을 평가하였다.

[그림 6]은 가설 유형별 모델의 출력값을 나타낸 박스 플롯이다. 유형별 차이를 효과적으로 파악하기 위해 확률로 변환되기 전의 점수인 로짓값을 분석하였다. 출력값의 분포는 상자의 범위를 통해 확인할 수 있으며, 노치는 각 그룹의 중앙값을 나타낸다. 이 플롯을 통해, 모델이 명시적으로 학습했던 *Plausible* 가설과 *Implausible* 가설과 비교하여, 학습 중에 주어지지 않은 *Groundtruth*와 *Random* 문장들의 개연성의 정도를 잘 추정하였다는 것을 확인할 수 있다.

이러한 결과는 두 가지 결론을 나타낸다. 첫째, 모델은 *Groudntruth*의 개연성을 *Plausible*의 개연성과 유사하게 추정했다. *Groudntruth* 문장과 *Plausible* 문장 모두 개연성이 높고 서로 대체가 가능하므로 이 두 문장의 개연성을 비슷하게 추정하는 것은 합리적이다. 둘째, *Random* 문장의 로짓점수는 *Implausible* 문장의 로짓점수보다 낮았

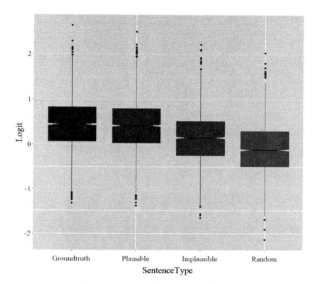

[그림 6] 가설 유형별 logit 점수 비교

다. 이 결과 역시 *Random* 문장은 관찰된 것들과 논리적인 연결이 없는 반면, *Implusible* 문장은 3.1.3절의 데이터셋 구축 가이드라인을 반영하였으므로 가능성이 작더라도 논리적인 연결이 있기 때문이다.

요약하면, 모델은 *Groundtruth* 문장의 개연성을 *Plausible* 문장만큼 높게, *Random* 문장의 개연성을 *Implausible* 문장보다 낮게 측정했다.

1) 통계적 검증

이러한 결과가 통계적으로 유의미한지 확인하기 위해 실험 결과에 분산분석(ANOVA)과 Tuckey 사후검정(HSD)을 적용하였다. [표 1]은 그 결과를 보여준다.

[표 1] 문장 타입에 따른 ANOVA 검증과 Tukey's HSD 검증 결과

		Logit Score					
		n	mean	SD	F	p	Post-hoc
Sentence Types	*Groundtruth*	2457	0.441	0.577	488.05	$< .001$	a
	Plausible	2457	0.411	0.569			a
	Implausible	2457	0.140	0.572			b
	Random	2457	-0.100	0.566			c

[표 1]은 실험 2 결과에 대한 통계적 검증 결과를 보여준다. 분산분석 결과, 네 그룹 중 적어도 한 그룹이 다른 그룹과 유의미한 차이가 있는 것으로 나타났다($p < 0.001$). Tuckey의 HSD 사후 검정 결과에 따르면 *Groundtruth* 그룹과 *Plausible* 그룹은 p-value가 0.2611로 구별이 어려웠고, 다른 모든 그룹은 p-value 값이 $< .001$로 유의하게 구별할 수 있는 것으로 나타났다. 이러한 결과는 모델이 *Groundtruth* 그룹과 *Plausible* 그룹을 크게 구분하지 않았고 *Implausible* 문장과 *Random* 문장을 유의미하게 구분했다는 것을 증명한다.

5. 실험

1) 실험 1: 각 입력값의 영향 확인

[표 2] 입력 형식별 미세 조정된 모델의 정확도

	Model	Input Format	Accuracy (%)
baseline	(a)	$O1^{image+text}+H+O2$	79.81

	(b)	$O1^{image}+H+O2$	80.06
selective $O1$	(c)	$O1^{text}+H+O2$	80.71
	(d)	$H+O2$	80.14
	(e)	$O1^{image+text}+H$	69.11
without $O2$	(f)	$O1^{image}+H$	67.85
	(g)	$O1^{text}+H$	68.86
H only	(h)	H	68.25

(1) 실험 설계

텍스트와 이미지 입력의 영향을 확인하기 위해 표 2와 같이 모델 입력을 일부 제외하며 실험을 진행하였다. 정확도는 *Plausible* 가설과 *Implausible* 가설을 사용한 이진 선택 과제로 모델을 미세조정하여 측정되었다.

$O1^{image}$를 입력받지 않은 모델 (c), (d), (g), (h)의 경우, 이미지 입력의 영향을 최소화하기 위해 검은색 이미지를 사용하였다. 각 경우에 대하여 각각의 모델을 미세조정 했다. 그 후, 동일한 테스트 데이터셋을 추론하고 모델 간의 정확도를 비교했다.

모델이 모든 입력을 충분히 고려했다면, 특정 입력을 제거했을 때 성능이 저하될 것이다. 반면, 모델이 특정 입력만을 기반으로 추론하는 경우, 다른 입력을 제외하여도 성능이 크게 저하되지 않을 것이다. 혹은 모델이 관찰 없이 가설 문장만으로 추론을 잘 해냈다면, 가설만으로는 의도한 과제를 수행할 수 없으므로 모델이 인공 주석물을 학습했다는 것을 의미한다.

(2) 실험 결과

표 2의 결과에서 세 가지 사실을 발견할 수 있었다. 첫째, 기준 모델 (a)와 불완전한 $O1$이 입력값으로 사용된 (b), (c), (d)를 비교했을 때, $O1$의 일부 또는 전체를 생략하는 것이 모델 성능에 유의미한 영향을 미치지 않았다. 또한, 이미지와 텍스트가 모두 포함된 $O1$을 사용하면, 단일 모달리티의 $O1$ 입력에 비해 정확도가 약간 떨어졌다. 모델 (e), (f), (g) 내 비교에서도 $O1$의 입력 방식이 성능에 큰 영향을 미치지 않았다는 점이 이를 뒷받침한다. 둘째, 베이스라인 모델 (a)와 $O2$ 입력이 없는 모델 (e), (f), (g)를 비교한 결과, $O2$ 문장을 생략하면 약 10%의 정확도가 떨어지는 것으로 나타났다. 셋째, 가설 문장 H로만 학습한 모델 (h)의 정확도는 약 68%에 달했다. 이는 인공 주석물을 최소화하기 위한 가이드라인에도 불구하고 여전히 의도치 않은 인공 주석물이 존재할 수 있음을 시사한다. 그러나 베이스라인 모델이 모델 (h)보다 10% 이상 높은 성능을 보였다는 점은, 이 모델이 단순히 인공 주석물 패턴을 포착하는 것을 넘어서 한국어 시각 가추 추론 능력을 학습했음을 시사한다.

2) 실험 2: 모델의 추론 능력과 인간의 추론능력 비교

(1) 실험 설계

모델이 좋은 성능을 달성했다 하더라도, 모델의 추론 결과가 인간의 추론 결과와 얼마나 유사한지 확인하는 것은 의미가 있다. 만약 이들이 유사하다면, 모델이 인간과 비슷한 방식으로 주어진 가설의 개연성을 평가할 수 있다고 가정할 수 있다. 이를 위해 인간이 평가한 타당성 점수(human reasonability count)를 사용했다. 타당성 점수는 이진 선택 과제를 올바르게 푼 사람의 수를 나타내는 지표이다. 데이터 샘플을 타당성 점수에 따라 그룹화하고 모델이 이진 선택 과제에서 올바른 선택지를 얼마나 정확하게 선택했는지 각각 계산하였다. 만약 모델이 인간과 유사하게 개연성을 추정한다면 정확도는 타당성 점수에 비례하리라 가정할 수 있다.

(2) 실험 결과

[그림 7]은 타당성 점수가 높을수록 모델이 더 정확하게 정답을 얻었다는 실험 결과를 보여준다.

특히, 매우 타당함(타당성 점수 5점)으로 레이블된 데이터 샘플들의 경우 모델은 81.36%의 정확도를 보였다. 타당함(타당성 점수 4점)으로 레이블 된 데이터 샘플들의 경우 모델은 73.23%의 정확도를 보여, 매우 타당하다고 라벨링 된 샘플보다 약 8% 낮은 정확도를 보였다. 반면, 어느 정도 타당함(타당성 점수 3점)으로 표시된 데이터 샘플의 경우 모델은 57.14%로 훨씬 낮은 정확도를 보였다. 따라서 모델의 정확도가 타당성 점수에 비례한다는 결론을 내릴 수 있다. 이는 인간이 어려워하는 문제를 모델도 어려워한다는 것을 나타낸다.

6. 논의

이러한 결과와 실험을 통해 다음과 같은 논의를 끌어낼 수 있다. 첫째, 모델이 모든 가설 문장의 개연성을 정량적으로 타당하게 비교

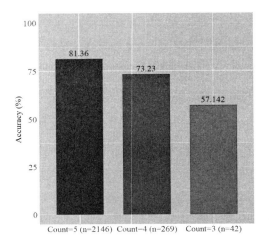

[그림 7] 타당성 점수에 따른 정확도 비교

할 수 있는가? 둘째, 만약 가능하다면, 모델은 인간과 비교했을 때 한국어 시각 가추 추론을 어떻게 수행할 수 있는가?

첫 번째 질문에 대해서는 모델이 여러 가설 간의 차이점을 식별할 수 있다고 긍정적으로 답할 수 있다. 주요 결과에서 볼 수 있듯이, 모델은 *Groundtruth* 문장과 *Plausible*한 문장을 하나로 그룹화하고, *Random* 문장과 *Implausible* 문장을 구분하였다. 이는 모델이 인공 주석물 없이도 과제를 수행할 수 있음을 시사한다. 만약 모델이 가설의 특정 패턴을 기반으로 개연성을 계산하는 경우, *Plausible* 문장과 *Random* 문장의 개연성은 비슷하거나, *Groundtruth* 문장의 개연성이 *Implausible* 문장보다 낮았을 것이기 때문이다. 또한, 두 가지 선택지가 있는 과제에서의 약 80%의 정확도는 가설 문장으로만 학습했을 때의 정확도 68.25%보다 10% 높은 수치로, 한국어 가추 추론에서 개연성을 측정하는 모델의 능력이 반영된 것으로 해석할 수 있다.

두 번째 질문과 관련하여, 모델의 추론 과정이 인간과의 유사점과 차이점을 모두 가지고 있다는 결론을 내렸다. 실험 2에서는 모델이 인간도 어려워하는 문제에서 어려움을 겪는다는 점에서 유사점을 발견하였다. 인간이 판단한 타당성 점수를 기준으로 데이터를 그룹화할 때, 타당성 점수가 높아짐에 따라 모델의 정확도가 향상되는 것을 관찰하였다. 반면, 실험 1에서는 모델이 주로 H와 $O2$ 문장 사이의 관계에 의존하고 $O1$ 입력을 사용할 때 성능이 저하된다는 점에서 차이점이 있었다. 마찬가지로, $O1$ 입력의 모달리티는 모델의 성능에 큰 영향을 미치지 않았다. 특히, $O2$ 입력을 사용하지 않았을 때 모델 성능이 약 10% 감소한 것으로 나타났다. 반면 $O1$ 입력을 일부만 선택적으로 사용하거나 전혀 사용하지 않은 경우에는 1% 이내의 차이로 크게 감소하지 않았다.

7. 결론

본 연구에서는 한국어 시각 가추 추론의 맥락에서 멀티모달 언어모델이 다양한 가설의 개연성을 어떻게 추정하는지를 정량적으로 조사했다. 연구 결과, 모델이 다양한 가설의 개연성을 측정하고 비교할 수 있음을 확인하였다. 또한, 이진 선택 과제를 통해 모델을 미세 조정한 결과 79.81%의 정확도를 보였다. 측정된 개연성을 바탕으로, 추론 과정에서 약간의 차이는 있지만 모델의 추론 결과가 인간의 판단과 밀접하게 관련 있는 것으로 나타났다.

본 연구의 한계는 이미지 입력의 영향을 면밀히 분석할 수 없었다는 점이다. 이는 모델이 주로 가설과 다음 관찰 사이의 관계에 따라 과제를 수행했기 때문이다. 이러한 모델의 특성으로 인해 가설 이전 관찰과 이미지 입력의 영향력이 상당 부분 줄어든 것으로 보인다.

이러한 한계에도 불구하고 본 연구는 한국어 시각 가추추론에서 언어 모델의 능력을 정량적으로 분석하여 문헌에 기여하였다. 우리가 아는 한, 한국어 시각 가추추론 과제에서 언어 모델의 개연성을 측정하는 방법을 완전히 조사한 연구는 본 연구가 처음이다. 더불어 본 연구는 다음과 같은 향후 연구 방향을 제시한다. 더욱 심층적인 분석을 위해서는 모든 관찰에 대한 이미지를 제공하고, 올바른 추론을 위해 어떤 단서를 어떻게 참조해야 하는지를 명시적으로 포함하는 풍부한 데이터셋을 개발하는 추가 연구가 필요하다. 이러한 개선은 한국어 맥락에서 유사성뿐 아니라 논리적 관계를 식별할 수 있는 모델을 연구할 수 있는 가능성을 열어주리라 기대한다.

결론적으로, 이 연구가 한국어 시각 가추추론 수행에 있어 멀티모달 언어 모델의 능력과 한계에 대한 귀중한 통찰을 제공하여 향후 이 분야의 발전을 위한 토대가 되길 바란다. 시각적 인식과 가추법적인 상식추론의 교차점을 탐구함으로써 인간과 같은 방식으로 세상을 진정으로 이해하고 상호작용할 수 있는 언어모델 개발에 한 걸음 더 다가갈 수 있길 바란다.

부록

A. 모델 선정 과정에 대한 세부 정보

자체 이중 인코더 모델을 구상하기 전에 모델 선정 과정에서 몇 가지 추가 선택지들을 고려하였다. 첫 번째는 CLIP 구조[28] 기반의 공개되어 있는 한국형 멀티모달 모델인 KoCLIP 모델[29]이다. 한국어 시각 가추 추론 과제를 얼마나 잘 수행하는지 확인하기 위해 KoCLIP 모델의 성능을 평가하였다. 두 가지 입력 형식, 즉 베이스라인 모델($O1$+H+$O2$)과 $O1$이 없는 모델(H+$O2$)로 각각 KSC 데이터셋을 사용하여 KoCLIP모델을 미세조정 하였다. 그 결과, $O1$이 없는 모델 (b)가 이진 선택 과제에서 71.99%의 정확도를 달성한 것으로 나타났다.

[표 3] 각 입력 형식에 따른 KoCLIP모델의 테스트셋 정확도

	Model	Input Format	Accuracy (%)
baseline	(a)	$O1^{image+text}$+H+$O2$	52.55
without $O1^{text}$	(b)	$O1^{image}$+H+$O2$	71.99

그러나 KoCLIP모델은 개연성 측정에서 다소 불안정한 모습을 보였다. $Groundtruth \simeq Plausible \rangle Implausible \gg Random$ 순으로 개연성

[28] Radford, Alec, Jong Wook Kim, Chris Hallacy, Aditya Ramesh, Gabriel Goh, Sandhini Agarwal, Girish Sastry, Amanda Askell, Pamela Mishkin, Jack Clark, Gretchen Krueger, and Ilya Sutskever. Learning transferable visual models from natural language supervision. *International conference on machine learning*, 8748-8763. Proceedings of Machine Learning Research, 2021.
[29] https://github.com/jaketae/koclip

을 높게 평가했지만, 최대값과 최소값 사이의 범위가 상대적으로 넓었다. 이러한 불안정성은 KoCLIP 모델의 구조적 특성에서 기인한다고 보았다. 서로 다른 모달리티를 하나의 공간에 투영하는 CLIP 구조는 이미지와 텍스트 간의 상관관계가 높은 이미지 캡셔닝과 같은 과제에 적합하다. 그러나 본 연구에서 제안한 과제는 이미지에 직접 묘사된 것 이상의 내용을 추론해야한다. 이러한 과제의 특성으로 인해 CLIP 기반 모델은 적합하지 않다는 결론을 내렸다.

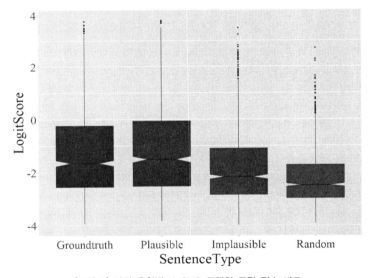

[그림 8] 가설 유형별 KoCLIP 모델의 로짓 점수 비교

또한, 실험 1의 이중 인코더 모델과 마찬가지로 KoCLIP 모델도 이미지 입력을 거의 활용하지 않는다는 사실을 발견하였다. 실제로 멀티모달 정보를 효과적으로 결합하는 것은 여전히 어려운 과제라고 할 수 있으며, 이에 대한 추가 연구가 필요하다고 할 수 있다.

다음으로, 이중 인코더 모델을 구축하기 위해 텍스트 인코더로 어떤 사전 학습된 언어모델을 활용할 것인지에 대한 몇 가지 추가 고려 사항이 있었다. 주로 자연어 이해(NLU) 과제에 강점이 있는 BERT[30]와 유사한 모델을 고려했다. 그중에서도 가장 유명한 모델인 KoBERT[31]와 KLUE-RoBERTa를 주로 고려하였다.

각 모델이 본 연구의 과제에 얼마나 적합한지 평가하기 위해 연구에 사용된 데이터셋의 텍스트 부분만 사용하여 각 모델을 훈련하고 평가하였다. 그 결과, KLUE-RoBERTa 모델이 압도적으로 우수한 성능을 보여주었다. 또한 다양한 언어 능력의 벤치마크 역할을 하는 KLUE 벤치마크에서도 KLUE-RoBERTa 모델이 상대적으로 우수한 성능을 보이는 것으로 관찰되었다[32].

30) Devlin, Jacob, Ming-Wei Chang, Kenton Lee, and Kristina Toutanova. BERT: Pre-training of Deep Bidirectional Transformers for Language Understanding. *Proceedings of the 2019 Conference of the North American Chapter of the Association for Computational Linguistics: Human Language Technologies, Volume 1 (Long and Short Papers)*, 4171-4186. Association for Computational Linguistics, 2019.

31) https://github.com/SKTBrain/KoBERT

32) Park, Sungjoon, Jihyung Moon, Sungdong Kim, Won Ik Cho, Jiyoon Han, Jangwon Park, Chisung Song, Junseong Kim, Yongsook Song, Taehwan Oh, Joohong Lee, Juhyun Oh, Sungwon Lyu, Younghoon Jeong, Inkwon Lee, Sangwoo Seo, Dongjun Lee, Hyunwoo Kim, Myeonghwa Lee, Seongbo Jang, Seungwon Do, Sunkyoung Kim, Kyungtae Lim, Jongwon Lee, Kyumin Park, Jamin Shin, Seonghyun Kim, Lucy Park, Alice Oh, Jungwoo Ha, and Kyunghyun Cho. KLUE: Korean language understanding evaluation. *Proceedings of the Neural Information Processing Systems Track on Datasets and Benchmarks* 1. NeurIPS, 2021.

[표 4] 텍스트 모델의 정확도

Model		Accuracy (%)	
		Before fine-tuning	After fine-tuning
Text-only	KoBERT-large	19.40	67.35
	KLUE-RoBERTa-large	20.06	92.43

또한, 이전에 언급한 KoCLIP모델도 텍스트 인코더로 KLUE-RoBERTa 모델을 채택했다. 즉, 언어 이해 성능의 일관성을 유지하고, 멀티 모달리티와 가추추론 능력의 차이에 더 주목하기 위해 텍스트 인코더 부분을 KoCLIP 모델과 동일하게 유지하였다.

B. 모델 학습 및 검증 과정에 대한 세부 정보

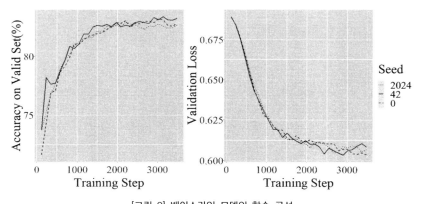

[그림 9] 베이스라인 모델의 학습 곡선

모델이 본 연구의 과제에 맞게 잘 학습했는지, 이러한 결과가 우연이 아니라 재현할 수 있는 것인지를 확인하기 위해 다양한 시드(0, 42, 2024)를 설정하고 각 학습에 대한 검증 과정을 추적하는 추가 실험을 진행했다. 그 결과, 모든 경우에서 검증 손실은 0.61 미만으로 수렴했고, 검증 정확도는 82% 이상의 결과를 일관되게 보였다.

C. 그럴듯한 가설과 다른 가설 간의 길이 및 단어 차이 확인

가설들에 나타나는 뚜렷한 인공주석물 없이 모델이 적절하게 개연성을 추론했는지를 확인하기 위해 사후 검증을 실시하였다. 이를 검증하기 위해 *Plausible* 가설과 *Groundtruth* 가설, *Implausible* 가설과 *Random* 가설 간의 문장 길이와 단어 차이를 각각 조사했다.

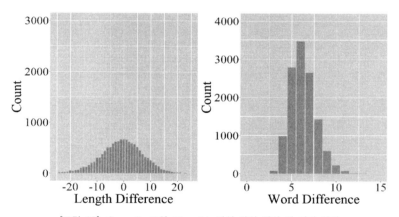

[그림 10] *Groundtruth*와 *Plausible* 가설 간의 길이 및 단어 차이

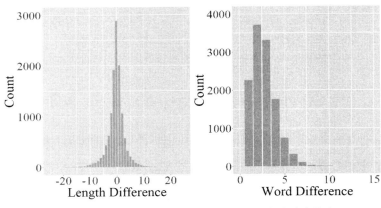

[그림 11] *Implausible*과 *Plausible* 가설 간의 길이 및 단어 차이

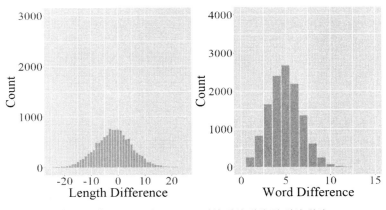

[그림 12] *Random*과 *Plausible* 가설 간의 길이 및 단어 차이

이러한 분석을 통해 다음과 같은 점에 주목할 필요가 있다. 첫째, 근거 문장과 그럴듯한 문장 간에는 길이와 단어 선택에 차이가 있을 수 있음에도 불구하고 모델은 두 경우 모두 비슷하게 높은 개연성을 부여했다.

둘째, *Plausible* 문장과 *Implausible* 문장 간의 길이와 단어 선택의

차이가 거의 없으며, 3.1.3에 언급된 가이드라인이 잘 준수되었음을
보여준다. 이처럼 두 가설 간의 차이가 미미함에도 불구하고, 모델은
Plausible 문장과 *Implausible* 문장의 개연성을 명확하게 구분했다.

셋째, *Random* 문장은 완전히 다른 데이터셋에서 가져온 것이기
때문에 *Plausible* 문장과 길이 및 단어 선택에 차이가 있다. 그러나
Random 가설은 다른 문장들과 의미적 연관성이 없으므로 모델은 이
가설들의 개연성을 가장 낮게 평가했다.

위의 모든 결과를 고려할 때, 이 모델은 인공 주석물 없이 각 가설의
개연성을 적절하게 추정하여 가추 추론 능력을 입증했음을 확인할 수
있다.

이 글은 「Korean visual abductive reasoning: AI Language Model's ability to understand
plausibility」, *Linguistic Research* 41(2), 2024, pp.283-310.를 본서의 취지에 맞추어
가필 수정한 것임을 밝힌다.

제3장

인공지능과 현대시

수용 가능성과 문학적 가치

유현종·김성빈·육지완·박연수·정유진

1. 서론

1) 인공지능과 문학, 시

"세상에서 가장 짧은 말을 하는 것이고, 하나의 말을 제대로 하기 위해서 사랑하는 말을 줄이는 것이며, 덜어내고 덜어내서 최후에 남는 말이 시입니다."

문학의 서정 갈래인 '시'에 대한 고찰을 언급하는 위 문장은 AI 시인 '시아(SIA)'가 첫 시집 〈시를 쓰는 이유〉를 발간하며 내놓은 문장이다. 얼핏 보면 이 문장은 시 창작의 본질을 꿰뚫는 듯하지만, 사실 시인이 아닌 AI가 작성한 것이다. 이를 알게 되면 우리는 새로운 질문에 마주하게 된다. "인공지능이 쓴 시를 우리는 어떻게 받아들여야 할까?"

글을 쓰는 행위는 인간만의 고유한 활동으로 여겨져 왔다. 연결되는 문장이 자연스러운지 인간의 직관을 사용해 파악하고, 문자에 감정을 담아내며, 쓰인 문자들로 시간과 공간을 넘어 '소통'할 수 있기에 작문이라는 행위는 인간이 타 존재와 구별되게 하는 지점이라고 볼 수 있다.

문자학의 역사에서 최초에 입체로 존재하는 대상을 추상화하여 평면에 나타내는 그래피즘을 호모 사피엔스의 특질로 보는 것 또한 같은 맥락이다. 그리고 이 연장선에서 '시를 짓는 행위'는 그 많은 작문의 영역 중에서도 더 인간적이라고 할 수 있다. 문학의 갈래를 서정, 서사, 극, 교술 갈래로 구분하고 그 중에서 서정 갈래가 시인 것도, 시라는 것이 인간의 정서를 담아내는 문학 갈래이기 때문이다. 승리의 기쁨, 이별의 아픔, 그리움, 즐거움, 노여움을 느끼는 것은 여전히 인간만이 유일하고, 그렇기 때문에 그 감정들을 문자에 담아내는 행위인 작시(作詩)는 많은 인간의 활동 중에서도 더욱 인간적인 활동으로 눈에 띄게 된다.

그러나 오늘날, 시를 쓰는 것은 더 이상 인간만의 영역이 아니다. 위에서 언급한 것처럼 AI 시인 시아(SIA)는 시를 창작한다. 시아의 시집 〈시를 쓰는 이유〉 출판사 서평에 따르면, 시아는 2021년 카카오브레인과 미디어 아트 그룹 슬릿스코프가 협업하여 만든 AI이다. 카카오브레인의 초거대 AI 언어모델 KoGPT를 기반으로 하는 시아는 인터넷 백과사전이나 뉴스 등을 바탕으로 한국어를 학습한 후, 1만 편 가량의 시를 읽고 작법을 배워 시를 쓸 수 있게 된 것이다. 주제와 명령어를 입력하면, 시아가 그에 맞는 시를 생성한다. 시아가 지은 시의 제목을 살펴보면 〈오래된 집〉, 〈나는 너를 닮았다〉, 〈당신의 이름은 무엇입니까?〉, 〈죽음 햄릿〉과 같이 충분히 독창적이고 흥미로운 제목의 작품들이 포함되어 있다. '시를 쓰는 이유'에 대해 시아는 "별 다른 이유가 없다. 쓸 수 없는 것을 쓰고 있기 때문일까? 시를 쓰는 데는 아무런 이유가 없다"고 말한다. 이는 시아가 감정이나 의도를 가진 주체라기보다 학습된 데이터로 텍스트를 생성한다는 점을 보여준다. 다시 말해, 시아는 감정에 대한 이해나 그것을 세상에 드러내고자 하는 목적

없이, 말 그대로 '그냥' 시를 쓰고 있을 뿐이다.

2) 인공지능의 매커니즘

그렇다면 인간과 AI의 작문을 비교하기 위해 인공지능이 어떤 원리로 텍스트를 생성해내는지 알아보자. 텍스트, 이미지, 비디오 등의 콘텐츠를 스스로 생성해 낼 수 있는 인공지능을 생성형 AI라고 한다. 생성형 AI는 현재 Chat GPT나 Claude 같은 서비스로 대중에게 제공되고 있다. 생성형 AI는 인간의 뇌에서 영감을 얻어 데이터의 패턴을 학습하고, 이를 기반으로 새로운 데이터를 만들어낼 수 있는 기술이다. 이를 가능하게 하는 것이 딥러닝(Deep Learning)이라 불리는 심층신경망(Deep Neural Network) 기술이다. 딥러닝은 데이터를 분석해 그 속에 숨겨진 규칙과 패턴을 찾아내고, 학습 과정에서 예측이 틀린 경우 반복적으로 조정하여 점점 더 정확한 결과를 만들어내는 방식으로 작동한다. 생성형 인공지능의 딥러닝은 데이터의 특성 파악을 위한 매개변수의 수에 의존하기 때문에 방대한 양의 학습 데이터가 필요하다. 그리고 Chat GPT의 기반이 되는 GPT-3.5는 약 1750억 개의 매개변수를 가진 것으로 알려져 있고, 학습 데이터의 양도 45TB에 달하는 방대한 양이다. 이러한 초거대 언어 모델(LMM)을 기반으로 하는 생성형 AI는 데이터를 학습하여 단어들이 문장에서 순차적으로 사용되는 패턴을 이해하는 기술이다. 이를 바탕으로 다음에 올 가능성이 높은 단어를 예측하여 문장을 구성할 수 있게 된다. 이러한 과정을 통해 생성형 AI는 마치 인간처럼 자연스럽고 유창한 문장을 만들어내는 것이 가능해지는 것이다. AI 시인 시아도 대규모 한국어 데이터와,

시 데이터를 학습하여 '수치적으로' 가장 적합한 시 텍스트를 '생성'
해내는 것이다.

3) 문학영역에서의 인공지능과 인간

텍스트 데이터를 생성하는 인공지능은 어느 순간 문학 창작 영역에
서 인간과 협업하여 활약하고 있다. 2022년 9월 인간과 Chat GPT의
공동 창작 에세이 〈파르마코 -AI〉가 출간되었고, 소설 〈매니페스토〉
에서도 Chat GPT 3.5가 공동 저자로 참여했다. 당장 생성형 AI를 시인
으로 프롬프팅하지 않더라도, 주제를 주며 주제와 관련된 시를 지어달
라고 요청하면 빠른 시간 안에 어색하지 않은 시를 생성할 수 있었다.

[그림 1] Chat GPT를 이용한 시 창작의 예

그러나 우리는 위에서 글을 쓰는 행위, 특히 작시(作詩)는 가장 인간
적인 행위라고 살펴본 바 있다. 그렇다면 생성형 AI가 생성해낸 시
텍스트를 우리는 과연 '시'라고 보아야 할까? 이 별의 감정을 실제로
겪어본 적도, 겪어볼 수도 없는 인공지능이 노래한 이별시를 우리는

어떻게 받아들여야할까? 이에 대해 시인이자 대학교수인 심보선 (2024)은 "AI가 완벽하게 인간이 생산하는 것과 똑같은 작품을 만들어 내긴 어렵다"고 보았고, 시인 오대혁(2023)은 "AI에는 글쓰기의 주체 인 '나'가 없으며, 주체가 생략된 글쓰기란 그저 데이터의 조합이나 나열에 불과하다"고 말했다. 이 의견에 따르면 AI의 시는 인간의 시에 아직은 범접이 불가능한, 데이터의 나열일 뿐이다. 그러나 위에서 살폈 듯 AI가 쓴 시가 꽤나 '그럴듯하다'는 점은 주목할 만하다. 인간의 시와 AI 시가 뒤섞였을 때, 그것을 인간이 구별해낼 수 없다면 단순히 데이터 의 나열이라고 치부할 수 있을까? 또, AI 시가 누군가의 가슴에 진한 울림을 준다면 그것은 문학으로서 가치가 없는 것일까?

문학을 바라보는 관점은 크게 표현론적 관점, 반영론적 관점, 효용론 적 관점으로 나눌 수 있다. 표현론적 관점은 작가의 의도를, 반영론적 관점은 작품이 현실을 반영하는지를 중시한다. 반면, 효용론적 관점은 작품과 독자의 관계에서 작품의 기능과 가치를 중요시한다. 장도준 (2016)은 효용론적 관점을 "시와 독자의 관계에서 시를 이해하고 그 가치를 판단하려는 태도"라고 정의했다. 고대 문학 비평가 호라티우스 (Horace)는 그의 비평 〈시의 기술(Ars Poetica)〉에서 "좋은 시를 쾌락 (즐거움)과 교훈(가르침)을 동시에 주는 것"으로 보았다. 이 관점에 따 르면, AI의 시도 독자에게 즐거움과 교훈, 즉 어떤 의미를 전할 수 있다 면 그것도 하나의 '좋은 시'로 인정받을 수 있지 않을까?

이와 같은 배경에서 본 연구는 AI의 시가 독자에게 효용론적 관점 에서 어떤 가치를 지니는지 탐구하고자 한다. 이를 통해 AI 시에 대한 독자의 반응과 받아들임을 살피며 AI 시를 단순히 데이터의 나열로 보는 관점을 넘어, 문학 창작의 영역에서 인공지능과 인간의 협업과 공존의 가능성을 모색하는 것을 목적으로 한다.

2. AI 문학 텍스트 생성과 독자의 문학적 수용 가능성에 관한 연구

연구 과정은 크게 두 단계로 나뉜다. 1차 연구에서 부족한 부분을 2차 연구에서 보완하여 최종적인 결론을 내게 되었다.

1) 연구 계획과 설문 계획

본 연구는 AI가 생성한 현대시와 유사한 텍스트를 대중이 문학으로 받아들일 수 있는 가능성을 탐구하는 데 목적이 있다. 이를 위해 대중의 직관적 반응과 수용 태도를 심층적으로 분석하였으며, 이 과정에서 설문조사는 연구의 중심적 도구로 활용되었다. 효용론적 관점을 바탕으로 설계된 설문조사는, AI 생성 텍스트가 단순한 데이터의 조합에 불과한지, 아니면 독자에게 문학적 감동과 의미를 전달할 수 있는지에 대한 실질적 근거를 확보하고자 했다. 본 연구는 설문조사를 통해 AI 문학의 본질과 가능성을 규명하며, "AI가 생성한 텍스트가 문학적 가치를 지닐 수 있는가?"라는 핵심 질문에 학문적 해답을 모색하고자 한다.

효용론적 관점은 문학작품을 감상하는 관점 중 독자에게 초점을 맞춘 관점이라고 할 수 있다. 장도준(2016)[1]은 효용론적 관점을 "시와

---

1) 장도준, 「시를 바라보는 몇 가지 관점에 대한 한 논의」, 『한국말글학』 33, 한국말글

독자의 관계를 통해 시를 이해하고 그 가치를 판단하려는 태도"로 정의하며, 동양과 서양에서 효용론적 관점이 오랜 역사를 지니고 있음을 강조했다. 문학의 해석은 작품을 수용하는 독자에게 달려 있고, 독자와 작품의 상호 관계를 주요하게 여긴다. 동양에서는 효용론적 관점 중 교훈주의적 시각이 오랜 기간 지배해 왔다고 주장하였고, 서양에서는 쾌락과 교훈이라는 두 가지 요소가 시대별로 달리 강조되어 왔다고 분석했다. 교훈은 형식적 완성과 그것에서 오는 쾌락을 통해 실현되고, 시적 교훈은 감동을 통해서 정서적으로 체득된다고 서술하기도 하였다. 본 연구는 이러한 효용론적 관점을 채택하여, AI가 문학 창작에 끼칠 영향과 대중의 반응을 조사하고자 하였다.

AI는 이미 우리의 일상과 학계에 변화를 가져오고 있다. Chat GPT를 시작으로 우리의 일상과 학계의 패러다임을 바꾸고 있는 생성형 AI가 앞으로 문학의 영역에도 어떤 영향을 끼칠지 알 수 없는 상황이다. 대중은 인쇄술이나 전자책처럼, AI가 문학의 패러다임을 바꿀 기술로 자리 잡을 가능성에 주목하고 있다. 대중은 이미 AI에 빠르게 적응하며 이를 일상과 업무에서 적극적으로 활용하고 있다. 이런 흐름을 볼 때, AI가 문학의 세계에도 큰 변화를 가져오고, 단시간 내에 문학계를 뒤흔드는 강력한 영향력을 발휘할 가능성이 크다. 결국, AI 문학의 미래는 대중의 시선과 판단에 달려 있다고 해도 과언이 아니다. 대중의 반응을 중요하게 여기는 효용론적 관점이, AI가 두각을 드러내고 있는 현 상황 및 이 연구의 목표에 가장 부합하는 시각이다. 문학의 갈래 중 현대시를 분석 대상으로 삼은 점은 이러한 이 연구의 목표와도 일맥상통한다.

학회, 2016, pp.87~108.

현대시는 텍스트의 길이가 짧고, 고전 작품과 달리 현대 한국어로 쓰여 있기에 이해하기 쉽다. 이러한 특징은 대중의 직관적 반응을 조사하는 데 적합하며, 연구의 목표와도 완벽히 일치한다. 따라서 본 연구는 현대시를 통해 AI 문학의 가능성을 탐구하고자 한다.

기존의 연구 중에도 이 연구와 유사한 방향의 연구가 존재한다. 오태호(2023)[2]는 AI와 소설가의 협업으로 만들어진 장편소설과 AI의 시집을 바탕으로 AI 문학의 현재성을 연구하여 AI 문학의 수준이 눈에 띄게 발전하였고 AI 시·소설과 인간의 시·소설이 경쟁할 수 있다는 가능성을 제시했다. 신기선(2024)[3]은 AI의 발전이 더 심오한 문학 창작, 인간과 AI의 협업, 상업적·교육적 활용, 윤리적 논의 등을 가능하게 할 것이라고 전망했다. 본 연구의 차별점은 효용론적 관점을 기반으로 대중의 인식을 조사하기 위해 설문조사 방법을 적극적으로 활용한 것이다. 이를 통해 전망을 제시함을 목표로 한 것이다. 대중의 인식을 조사하기에 효율적인 도구를 찾아 설문조사 방식을 채택하였으며, 1차 연구를 통해 설문조사를 시행하고 분석하여 보완점을 찾았다.

설문조사는 온라인으로 진행하였고, Google forms를 사용하여 응답자들에게 직관적이고 이해하기 쉬운 화면을 제공했다. 설문조사 응답자가 보게 되는 화면의 일부는 다음과 같다.

---

2) 오태호. 「2020년대 초반 인공지능(AI) 문학 창작의 현재성 고찰: 장편소설 『지금부터의 세계』와 시집 『시를 쓰는 이유』를 중심으로」, 『우리문학연구』 79, 우리문학회, 2023, pp.425~454.
3) 신기선, 「인공지능 문학의 가능성과 한계에 대한 연구」, 『스토리콘텐츠』, 경희대학교 K-컬처·스토리콘텐츠연구소, 2024, pp.177~192.

[그림 2] 신상 정보 선택   [그림 3] 문학성 평가 설문

[그림 2]는 설문 응답자의 기본 신상 정보를 묻는 화면이다. [그림 3]은 각 시에 대한 문학성을 평가하는 설문으로, 심상, 주제, 운율이라는 시의 요소를 활용하되 '심상'이라는 표현이 대중에게 낯설 수 있으므로 '감각'이라는 용어로 대체하였다. 또한 각 평가 요소에 대한 간단한 설명을 제공한 후, 각 요소를 1~5점 척도로 평가하도록 설계하였다. 연구에서 선정한 시 및 해당 시를 학습하여 AI로 생성된 텍스트를 상단에 배치하였다. 설문에서는 연구 목적을 현대시 작품의 문학성 평가로 소개하며, AI로 생성된 텍스트가 포함되어 있음을 의도적으로 드러내지 않았다. 다시 말해, 모든 작품 및 AI로 생성된 텍스트를 평가하기 전까지, 의도적으로 현대시 작품의 문학성 평가로 소개하였으며 내용에도 AI로 생성된 텍스트가 있음을 드러내지 않았다. 이후 다시 [그림 3]에서 앞서 제시했던 텍스트를 [그림 4]와 같은 형식으로 제시하고, 응답자에게 연구의 본래 목적을 밝히며 AI로 생성된 텍스트로 판단되는 작품과 그 이유를 고르게 하였다. 마지막 단계에서는 [그림 5]와

[그림 4] AI 생성 텍스트 판별 설문   [그림 5] ‘AI 문학’ 견해 질문

같이 AI 문학에 대한 응답자의 소견을 남길 수 있도록 주관식으로 응답
할 수 있게 구성하였다.

　　이 설문조사에서는 ‘문학성 평가’를 ‘독자의 문학적 수용 가능성’으로
조작적 정의하였다. 또한 응답자가 내용을 설문조사 내용을 쉽게 이해하
기 위해 문학성을 시의 3요소로 불리는 심상, 주제, 운율을 사용하여
평가하되 이에 대한 설명도 제시함으로써 공정한 조사 결과가 나오도록
하였다. 특히 AI로 생성된 텍스트임을 응답자가 사전에 인지한 채 조사
에 응답하는 경우, 문학성 평가에 큰 영향을 끼칠 수 있기에 의도적으로
이를 밝히지 않았다. 이후 연구의 본래 목적을 밝히고, 독자들이 AI로
생성한 텍스트가 포함되어 있었는지, 혹은 포함되어 있다면 무엇인지
조사하기 위해 AI 생성 텍스트로 추정하는 작품을 고르고 이유를 선택
혹은 서술하게 하였다. 마지막으로는 응답자가 자율적으로 ‘AI 문학’에
대한 견해를 서술하게 하여 연구에 참고가 될 수 있게 하였다.

　설문조사에서 제시한 현대시와 AI로 생성된 텍스트의 목록은 다음과 같다. 작품은 용혜원 시인의『포옹』, 김광규 시인의『어린 게의 죽음』, 안도현 시인의『스며드는 것』을 선정하였으며, 작품을 선정하는 데 있어 대중이 어렵지 않게 접근할 수 있되 현대시를 자주 접하지 않는 대중도 알고 있을 법한 작품은 제외하였다. 설문 응답자의 피로도를 고려해 3개의 작품을 선정하고, 각 작품과 함께 한 페이지에 제시하게 될 3개의 텍스트를 각각 생성하였다. 생성은 GPT 4.0 기반 프로그램을 활용하였고, 프롬프트 엔지니어링을 거쳐 같이 제시될 시와 유사한 형식과 내용을 담도록 하였다. 현대시 형식과 유사한 결과가 나오기 위해, 3~4행 및 3~4연, 제목 등의 형식을 제시하였고, 예시 시구를 활용하여 시를 작성해달라고 입력하였다.

> ① 고요한 속삭임
> 푸른 물결은 하늘의 눈물인가
> 끝없는 춤을 추며 흘러가네
> 깊은 속삭임을 품고서
> 온빛 모래는 시간의 조각들
> 발자국을 품으며 사라지네
> 바람의 노래를 들으며
> 숲은 어머니의 자장가처럼
> 푸름을 속에 숨결을 담아
> 고요한 마음을 어루만지네
> 산은 거인의 어깨처럼 우뚝
> 하늘을 향해 손을 뻗으며
> 끝없는 꿈을 꾸고 있네

② **철창 속 바람**
강철로 만든 새장
깊은 어둠 속에서
바람은 길을 잃고
거친 파도가 일어
숨죽인 바다 위에
낙엽이 흩날리네
붉은 하늘 아래
구름은 눈물을 흘려
바람의 속삭임을 묻고
깊은 밤의 정적
잠든 별들의 노래
그 속에 갇힌 자유

③ **숨은 마음의 바다**
어둠 속에서 빛을 찾는 여정
바람이 속삭이는 소리
그대의 손길은 따스한 별빛
깊은 물결에 몸을 맡기며
가슴 속 불꽃을 지키려
고요히 눈을 감는다
세상의 소란을 넘어
고요한 안식처에서
그대는 날개를 펼친다
사랑의 힘으로
보이지 않는 곳에서
끝없이 이어지는 이야기

시 ①은 『포옹』, 시 ②는 『어린 게의 죽음』, 시 ③은 『스며드는 것』과
함께 제시하였다.

2) 1차 설문 결과 분석

1차 설문의 결과를 문학성 평가 결과를 표로 요약하자면 다음과
같다.

[표 1] 현대시와 AI 생성 텍스트 간의 문학성 평가 점수

작품 문학성	포옹	고요한 속삭임(AI)	어린 게의 죽음	철창 속 바람(AI)	스며드는 것	숨은 마음의 바다(AI)
감각성	3.075	3.924	3.49	3.641	3.735	3.622
주제성	3.622	3.283	3.415	3.415	3.811	3.509
운율성	2.924	3.396	2.641	3.301	3.056	3.245

분석 결과, 쌍을 이루어 제시된 현대시와 AI 생성 텍스트 간, 혹은
전체적인 분포 간의 문학성 평가 점수에 유의미한 차이가 나타나지 않
았다. 오히려 일부 항목에서 AI 생성 텍스트가 현대시보다 더 높은
점수를 받기도 했다. 예를 들어, '고요한 속삭임'은 『포옹』보다 감각성
점수가 높았고, '철창 속 바람'은 『어린 게의 죽음』보다 운율성 점수가
높았다. 이러한 결과는 AI 생성 텍스트가 현대시와 유사한 수준으로
문학성을 인정받을 가능성을 보여준다.

[그림 6]은 응답자가 AI 텍스트로 추정되는 텍스트를 고르도록 한
응답에서, 선택 이유를 묻는 대답에서 등장한 상위 70개의 키워드를
워드클라우드를 이용하여 시각화한 것이다. AI로 생성된 텍스트를 맞

[그림 6] AI 텍스트 선택 이유 워드클라우드

힌 비율은 '고요한 속삭임' 69.8%, '철창 속 바람' 64.2%, '숨은 마음의 바다' 86.8%로 나타났다. 워드클라우드에서 '이상', '어색' 등의 키워드가 자주 사용되었으며, 이는 응답자들이 AI 생성 텍스트를 평가하는 데 있어 낯섦을 느꼈음을 시사한다. 또한 [그림 5]에 보이는 설문 마지막의 제출 페이지에서의 응답자들의 의견과 종합하여 볼 때, AI 생성 텍스트에 대해 긍정적인 반응과 회의적인 반응이 혼재하였으며, 그 이유로도 위의 키워드들이 사용되었다.

두 가지 결과를 종합하여 볼 때, 우선 AI 생성 텍스트 자체만을 놓고 보았을 때는 문학성에 있어 현대시 작품과 비슷한 결과가 나왔다는 점에서 AI 텍스트를 독자가 문학으로 수용할 가능성이 있다는 1차적인 결론을 내릴 수 있었다. 반면 AI 생성 텍스트가 설문에 포함되어 있음을 고지한 후, 특히 설문 마지막 응답에서 AI에 회의적인 의견이 다수 보였다는 사실에 주목하였다. AI 생성 텍스트임을 밝히기 전에는 현대시와 유사한 수준으로 평가받았지만, AI임을 인지한 후 응답자들의 태도가 변화했다는 점이 주목할 만하다. AI 생성 텍스트임을 인지하기 전과 후에 대답 양상이 사뭇 다르다. AI에 대한 회의적 의견은 주로 "진정한 감정을 전달하기 어렵다"는 점에서 비롯된 것으로 보인다.

1차 설문에서 응답자의 수(53명)와 연령대(20-24세 81%)가 제한적이었다는 점은 연구의 한계로 작용했다. 2차 연구에서는 표본 수를 늘리고 연령대의 다양성을 확보하여 이러한 한계를 보완하고자 했다. 또한 문학성 평가 요소를 감각성, 주제성, 운율성으로 평가하는 조작적 정의의 적절성, 설문조사 자체의 한계, 설문 제시 방법, 정교하지 않은 AI 생성 텍스트에 대해 보완법을 고민하게 되었다.

3) 분석 결과와 보완, 2차 설문 진행

2차 연구에서는 1차 설문에서 나타난 한계를 보완하기 위해 두 가지 주요 변경 사항을 도입하였다:

(i) 문학성 평가 요소
기존에 감각성, 주제성, 운율성으로 평가한 것과 달리, 재진행된 연구에서는 쾌락적 효과, 교훈적 효과, 감동적 효과로 평가하였다.

(ii) 설문 응답자 수
1차 연구의 응답자 수(53명)를 늘려, 2차 연구에서는 응답자 수를 107명으로 확대하였다. 이를 통해 표본의 신뢰성과 연구 결과의 일반성을 강화하고자 하였다.

(1) 문학성 평가 요소 보완

새롭게 도입한 평가 요소는 쾌락적 효과(delectare; hedonic effect), 교훈적 효과(prodesse; didactic effect), 그리고 감동적 효과(movere; touching effect)이다. 쾌락적 효과는 독자에게 즐거움을 주는 효과를 말한다. 즉, 독자들이 해당 시를 읽고 즐거웠는가를 평가하는 요소다. 두 번째 교훈적 효과는 독자에게 가르침을 주는 효과로, 독자가 시를 읽고 깨달음을 얻었는가를 평가하는 요소다. 마지막으로 감동적 효과는 독자에게 정서적 공감과 감동을 주는 효과로 독자가 시를 읽고 마음이 움직였는지를 평가하는 요소다. 이 세 가지 요소는 독자의 반응을 다각도로 분석하기 위해 설계되었으며, 문학 텍스트의 다양한 가치를 평가하는 데 초점을 맞추었다.

(2) AI 시 제작

2차 연구에서는 1차 연구와 동일하게 AI Prompt Engineering을 통해 AI 시를 추출하였다. 마찬가지로 GPTs를 사용하였고, 동일한 프로그램을 사용해 시 제작을 의뢰했다. 참고할 인간 작성 시는 〈안부를 묻다(한상림)〉, 〈봄비(나태주)〉, 〈세월은(조병화)〉로 정했고, 이에 대한 AI 창작시는 각각 고독한 산책, 사랑의 정원, 잃어버린 시간이다.

각각의 시는 다음과 같다:

④ 안부를 묻다 (한상림)
은행알을 주우려고 허리를 구부렸다가
은행나무에게 공손히 안부 먼저 묻는다.
천둥 울음을 무섭지 않았냐고

땅벌 열기 부채질로 식히면서
콩알만 한 알갱이 단단히 키우느라
눈물은 얼마나 삼켰냐고
이파리를 노랗게 단장하며
떠날 채비 서두를 때
이별을 준비하는 어미 심정은 어떠했냐고
떠나는 자식들에게 잘 가라고
빈 가지 삭삭 흔어 내리면서
마지막 인사는 무슨 말을 했었냐고

⑤ 고독한 산책
길을 걷다가
녹음이 짙은 숲 속으로 들어갔다.
햇살이 나뭇잎 사이로 흩어져 내리고
나는 나무들에게 조용히 안부를 묻는다.
바람이 불어 나뭇가지가 흔들릴 때
나무는 외롭지 않았냐고,
혼자 서 있는 게 두렵지 않았냐고 물어본다.
새들의 지저귐 속에서
고요를 찾는 나처럼
너도 고요한 시간이 필요로 했냐고.
길 끝에 다다르면
멀리 보이는 산의 그림자에 인사하며
나는 그들에게 작별을 고한다.
언젠가 우리도
이 길을 떠나게 될 때
잘 가라고 말할 수 있기를.

⑥ **봄비 (나태주)**
사랑이 찾아올 때는
얼드러 울고
사랑이 떠나갈 때는
선 채로 울자
그리하여 너도 씨앗이 되고
나도 씨앗이 되자
끝내는 우리가 울울창창
서로의 그늘이 되자.

⑦ **사랑의 정원**
마음의 한 자락에
당신이 피어났습니다.
조용히 속삭이며,
꽃잎 같은 눈빛으로.
세상의 바람이 불어와도
흔들리지 않는 당신의 사랑,
어둠 속에서도 빛나는
그 따뜻한 미소.
한 걸음 한 걸음
당신과 함께 걷는 길,
모든 순간이 소중하고
영원히 기억될 이야기.
가슴 속 깊이 새겨진
당신의 이름,
사랑의 정원에 피어난
아름다운 꽃이 되어.

당신을 사랑하는 마음
더 깊어만 가고,
우리의 사랑은
영원히 시들지 않으리.

⑧ 잃어버린 시간
기억 속 상처,
한때 빛났던 순간들,
이제는 흐릿한 그림자.
홀로 서서
지난날을 돌아보니,
그리운 웃음과 눈물.
남아 있는 이별의 아픔,
잃어버린 시간 속
헤매는 내 영혼.
돌아오지 않는 그날들,
사라진 사랑의 흔적,
오래된 추억만 남아.
눈 감으면 찾아오는
어둠 속 그리움,
잃어버린 시간.

⑨ 세월은 (조병화)
세월은 떠나가면서
기쁨보다는 슬픔을
더 많이 남기고 갑니다.
봄여름이
지나가면서

가을을 남기고 가듯이
가을이 지나가면서
겨울을 남기고
가듯이
만남이 지나가면서
이별을 남기고
가듯이
사랑이 지나가면서
그리움을 남기고
가듯이
아, 세월 지나가면서
내 가슴에 지워지지 않는
빈자리를 남기고 갑니다.

(3) 설문조사 보완과 설계

2차 설문조사는 2024년 7월 7일부터 2024년 7월 14일까지 응답을
받았으며, 총 107명이 응답했다.

1차 연구 설문조사에서는 신상을 조사하기 위해 성별과 나이대만
조사했던 반면, 2차 설문에서는 교육 수준과 시에 대한 친숙도를 추가
적으로 반영하였다. 교육 수준은 최종 학력을 기준으로 중학교 졸업
이하, 고등학교 졸업, 2/3년제 대학 재학/휴학/수료 및 졸업, 4년제
대학 재학/휴학/수료 및 졸업, 대학원 재학/휴학/수료 및 졸업 이상으
로 구분하였다. 시에 대한 친숙도는 문학작품 접촉 빈도를 묻는 문항
('평소 문학작품을 얼마나 자주 접하시나요?')으로 측정하였다. 문항에 대
한 답변은 다음 여섯 단계로 구분하였다. 하루에 1회 이상, 2~3일에

한 번 정도, 4~5일에 한 번 정도, 1~2주에 한 번 정도, 한달에 한
번 정도, 거의 접하지 않음으로 구분하였다.

각 시는 쾌락, 교훈, 감동 요소를 5점 척도로 평가했다. 사람이 작성
한 시 세 편과 AI 작성 시 세 편, 총 여섯 편에 대한 문학적 요소를
평가한 후, 응답자들은 각각의 인간 시-AI 작성 시 묶음에 대해 어느
시가 AI가 작성한 시인지 판단하고, 그 판단의 이유를 작성하였다.

[그림 7] 2차 설문 평가 요소1   [그림 8] 2차 설문 평가 요소 2

4) 2차 설문 분석 결과 분석

2차 설문조사 결과, 1차 연구에서 진행한 설문조사에 비해 전반적
으로 성별, 나이, 교육 수준, 시에 대한 친숙도가 고르게 분포하였음을
알 수 있다. 이는 2차 설문조사가 보다 균형 잡힌 표본을 확보했다는
점에서 연구의 신뢰성을 높이는 중요한 요소로 작용하였다.

설문 결과를 그래프로 정리하면 다음과 같다.

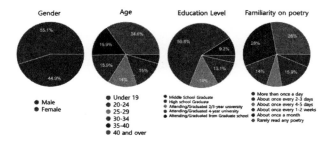

[그림 9] 설문 응답자 신원 분포

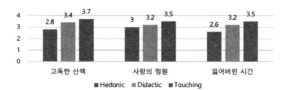

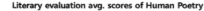

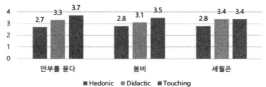

[그림 10] AI 생성 텍스트와 현대시의 문학성 평가 (2차 설문)

　　해당 그래프는 각 텍스트에 대한 문학성 평가 점수의 응답자 평균을
낸 수치를 그래프로 나타낸 것이다. 상단의 세 시는 AI 작성 시이고,
하단의 세 시는 인간 작성 시다. 문학성 평가 결과, AI 생성 텍스트와
현대시의 문학성 평가 결과에서 비슷한 수준을 보였다고 해석할 수
있다. 텍스트 간 세부 비교 결과는 다음과 같다. '고독한 산책'(AI)과
'안부를 묻다'(인간)를 비교했을 때, 쾌락적 효과와 교훈적 효과는 AI
창작시가 더 높은 점수를 보였다. 반면 '읽어버린 시간'과 '세월은'은

인간 창작시인 '세월은'이 쾌락적 효과와 교훈적 효과에서 더 높은 점수를 받았다.

이 결과는 AI 생성 텍스트가 문학적 요소에서 현대시와 유사한 수준으로 평가될 수 있음을 시사한다. 그러나 특정 텍스트 간의 차이는 AI와 인간 창작 시의 강점이 다를 수 있음을 보여준다. 예를 들어, '고독한 산책'은 감각적 즐거움과 주제적 교훈에서 두각을 나타냈지만, '세월은'은 인간적 감동과 깊이를 전달하는 데 더 효과적이었다.

이러한 문학성 평가와 더불어, 응답자들이 AI 생성 텍스트와 인간 작성 시를 구분하는 데 있어 어떤 판단을 내렸는지 확인하기 위해 추가적인 분석을 진행했다. 다음은 AI 생성 텍스트 판별 결과를 시각화한 그래프에 대한 설명이다. 이 그래프는 AI 생성 텍스트와 인간 작성 시를 병치하고, 응답자들이 어느 것이 인공지능이 작성한 것인지 판단한 결과를 비율로 나타낸 것이다. 파란색으로 표시된 그래프는 AI 작성 텍스트를 올바르게 선택한 비율을, 주황색 그래프는 AI 작성 텍스트를 인간이 작성한 것으로 판단한 비율을 보여준다. AI 생성 텍스트 판별 결과는 다음과 같다.

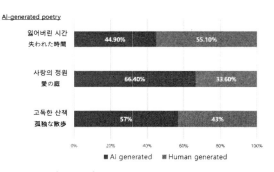

[그림 11] AI 생성 텍스트 판별 결과

'잃어버린 시간'에 대해 44.9%의 응답자가 정답을 맞혔고, '사랑의 정원'은 66.4%, '고독한 산책'은 57.0%가 AI가 작성한 텍스트임을 정확하게 판단했다. 이 결과에서 주목할 점은 '고독한 산책'에 대해 과반수 이상이 이 시를 인간이 작성한 것이라고 판단했다는 점이다. 이는 AI가 작성한 텍스트가 인간의 작품만큼 자연스럽고 설득력 있게 받아들여졌음을 보여준다.

더불어, 전체 응답자 수인 107명 중 13명만이 세 텍스트를 올바르게 AI가 작성한 것이라고 판별했다. 세 질문에 대해 무작위로 답변했을 때 세 질문 모두 맞힐 수 있는 확률은 0.5 x 0.5 x 0.5 = 0.125 (12.5%)인데, 이를 통해 AI 텍스트를 판별하는 작업이 매우 까다로웠다는 것을 알 수 있다.

추가적으로 설문조사 마지막에 'AI 시'에 대한 응답자의 의견을 물어본 자유질문에 대해 부정, 중립, 긍정적인 반응이 혼재했다. 부정적인 시각을 가진 응답자들은 '어디선가 들어본 듯한 표현들이 있어서 짜깁기한 느낌이 난다', '인간만이 전할 수 있는 감동을 전할 수 없음 별로임', '문학이라는 것 자체가 인간의 감성이 만들어내는 감정적인 영역인데 AI가 만드는 것을 문학이라고 부를 수 있을지 의구심이 든다', 'AI가 사람의 감성을 흉내내는 것이고 창작은 사람의 영역입니다'와 같은 반응을 보였다. 중립 응답으로는 '인간이 쓴 것과 구분하지 못하겠습니다', '솔직히 이렇게 구분짓지 않으면 잘 모르겠다'가 있었다. 긍정 응답으로는 '적당히 사람이 하는 것과 조화를 이룬다면 좋을 것 같습니다', '사람이 쓴 줄 알았는데 놀라워요', '과연 놀라운 기술의 발전이라는 생각이 듭니다' 등의 답변이 있었다.

이외에 AI와 AI 예술에 대한 인식을 조사하기 위해 심층 인터뷰를

진행하였다. 심층 인터뷰는 2024년 7월 7일부터 2024년 7월 14일에
걸쳐 총 여섯 명을 대상으로 진행했고, 10~50대를 대상으로 각 성별
세 명씩을 진행했다. 심층 인터뷰를 진행한 인터뷰이 프로필과 결과
는 다음과 같다:

> (10) 심층 인터뷰 참여자
>> 1) 13세 남성: "AI에 의해 만들어진 예술도 예술이다. 예술은
>> 수용자의 입장도 중요한데, 예술로 인정하는 것에 무리가 없
>> 다고 생각한다"
>> 2) 22세 여성: "AI의 작품은 대놓고 '나 잘했지?'하는 느낌을
>> 준다"
>> 3) 36세 여성: "AI 예술은 인간이 시도해보지 못했던 여러 것들
>> 을 스스럼없이 시도해볼 수 있을 것이다", "시는 이러한 형식
>> 에 맞춰 써야 한다는 생각을 주입받은 느낌이 든다"
>> 4) 42세 남성: 의견 미상
>> 5) 53세 여성: 의견 미상
>> 6) 58세 남성: '인간의 고유성을 침범한다는 점에서 AI 예술의
>> 발전이 무섭게 느껴진다'

　2차 설문 결과와 심층 인터뷰를 종합적으로 봤을 때, 인공지능이
작성한 문학 텍스트에 대해서는 긍정적인 반응과 부정적인 반응이 공
존하고, AI 작성 시에 대해 인간의 시와 구분하는 데 어려움이 있었다
고 볼 수 있다. 이는 AI가 문학 창작에서 인간과 유사한 수준의 작업을
수행할 가능성을 보여주지만, 동시에 AI 창작에 대한 본질적 의구심과
인간 고유성에 대한 우려를 드러내는 결과였다.

3. 대중의 AI의 문학 텍스트에 대한 반응

본 연구는 효용론적 관점에서 AI가 생성한 현대시 텍스트의 문학성을 대중의 인식을 통해 평가하고자 하였다. 현대시는 길이가 짧고 언어적 접근성이 높아 대중이 쉽게 이해할 수 있는 문학 갈래로, AI가 이를 통해 문학적 가능성을 증명하기에는 적합한 매체로 보인다.

연구 결과, AI의 문학 텍스트에 대한 대중의 반응은 양극화된 경향을 보이고 있다. 연구와 설문 결과에 따르면, AI가 생성한 문학 텍스트는 일부에서 현대시와 유사한 문학적 가치를 지닌 것으로 평가되었다. 특히 감각성, 주제성, 운율성과 같은 문학적 요소 평가 설문조사에서 AI 생성 텍스트는 인간이 창작한 시와 유사한 점수를 받았다. 이는 독자가 AI 창작물을 문학적으로 받아들일 가능성을 시사한다고 평가해 볼 수 있다. 그러나 AI가 창작 주체임을 인지했을 때, 독자들의 반응은 부정적으로 변화하는 경향을 보였다. 설문 응답자 중 일부는 AI 텍스트를 "어색하다"거나 "가짜 감정을 표현한다"고 평가하며, AI의 창작물을 진정한 문학 작품으로 인정하기 어렵다는 의견을 제시했다. 이는 인간이 창작의 과정에서 느끼는 정서적 교감이나 창작의 본질적 가치를 AI가 구현하지 못할 것이라는 우려에서 기인한 것으로 보인다. 이러한 반응은 특히 윤리적이고 철학적인 논의가 문학 텍스트의 수용에 있어 필수적임을 보여준다.

반면, AI 텍스트의 문학적 완성도를 인정하며, AI와 인간 창작물의 공존 가능성에 기대감을 드러내는 긍정적 반응도 존재했다. 일부 독자는 AI 텍스트가 예상보다 완성도가 높고 감동을 줄 수 있는 가능성을 지니고 있다고 평가하며, 향후 AI가 인간 창작자와 협업하여 새로운 문학적 형식을 창출할 수 있을 것으로 기대했다. 이러한 반응은 AI가 단순한 기술적 도구를 넘어 창작의 파트너로 인정받을 가능성을 열어준다.

결론적으로, 대중의 AI 문학 텍스트에 대한 반응은 문학적 수용 가능성을 인정하는 긍정적 평가와 창작 주체의 부재를 비판하는 부정적 평가가 혼재하며, 이는 AI 문학의 가능성과 한계를 동시에 보여준다고 볼 수 있다. 따라서 AI가 문학 창작의 도구로 자리 잡기 위해서는 창작주체로서 AI가 대중의 신뢰를 얻는 것과 더불어, 문학적 가치와 창작의 주체성에 대한 심도 있는 철학적, 윤리적 논의가 진행되어야 할 것이다.

4. AI와 인간의 공존 가능성: 창작과 윤리적 과제

1) 협력적 창작 모델의 필요성

AI와 인간의 공존 가능성은 문학 창작 분야에서 점차 현실로 다가오고 있다. 실제로 시 텍스트를 학습한 것을 바탕으로 생성한 텍스트를 출간한 작품 또한 세상에 출현하였다는 점은, 단순히 글쓰기 보조도구로서의 AI가 아니라, 창작 공동주체자로서의 AI 존재가치까지도 생각해야 할 때이다. 시아(2022)와 같은 AI 시집의 출간 사례는 이를 잘 보여주는 예다.[4]

AI는 창작 보조도구로서 인간의 창작 활동을 보조하며 새로운 영감

---

4) 슬릿스코프·카카오브레인, 『시를 쓰는 이유』, 리멘워커, 2022.

을 제공하고 문학 창작의 과정을 혁신할 수 있는 잠재력을 지니고 있다. AI는 반복적인 패턴 학습과 데이터 분석을 통해 인간 창작자에게 새로운 기존의 문체 등에 대한 정보를 제공함으로써 문학 창작 과정에서의 협력적 도구로 활용될 수 있다. 예를 들어, 특정 주제나 문학 형식을 제시하면, AI는 빠른 시간 내에 이를 기반으로 한 텍스트를 생성한 후, 인간이 수정 보완하는 방식을 통해 창작에 있어 새로운 방법을 제시할 수 있을 것이다. 특히, AI는 맞춤형 문학 창작과 멀티모달 형식의 작품 생산 가능성을 제시하고 있다. 맞춤형 문학 창작은 AI가 개별 독자의 선호와 요구를 반영하여 특별한 문학 경험을 제공하는 방식이다. 예를 들어, 독자가 특정 시대 배경이나 캐릭터를 설정하면, AI는 이를 기반으로 독자가 원하는 스토리라인을 반영한 이야기를 만들어 준다. 독자는 이러한 텍스트를 자신의 필요에 맞게 수정하거나 확장할 수도 있다. 멀티모달 형식의 가능성은 맞춤형 창작에서 더 확장된다. 이는 텍스트에 국한되지 않고 작품에 어울리는 이미지, 소리, 동영상 등 다양한 표현 방식을 융합하여, 독자에게 더욱 풍부하고 다채로운 문학적 경험을 제공할 수 있다는 점에서 주목할 만하다.

　단순한 보조도구를 넘어, 창작에서의 AI의 관여는 문학작품의 개인화 가능성을 생각해 볼 수 있다. 다양한 공개 모델 뿐 아니라, GPTs 등 AI모델 개인화의 용이성은 개인의 선호, 감정 상태, 혹은 특정 주제에 따라 개인화된 문학 작품 생성이 기술적으로 가능하다는 점을 시사한다. 독자가 자신만의 맞춤형 생성 문학 작품을 즐기는 새로운 형태의 경험이 가능하다는 것이다. 예를 들어, 작가들은 완성된 문학 작품을 제공하는 대신, 독자에게 프롬프트 또는 템플릿을 제공하는 방식과 같이 새로운 창작 형태를 생각해 볼 수 있다. 위와 같은 접근 방식은 독자와 작가 간의 경계를 허물며, 문학 작품을 단순히 단방향적인 것이 아니라, 더욱 협력적이고 상호적인 과정으로 변화시킬 것이다. 특히, AI의 이러한 활용은 문학작품을 활용한 교육이나 심리 치료 등 다양한 분야에서 적용해 볼 수 있을 것이다.

마지막으로 AI를 활용한 문학 창작은 텍스트 전달 방식을 크게 확장할 가능성을 보여준다. 삽화, 시청각적 요소가 포함된 웹툰의 성공 사례는 AI가 창작에 관여하는 문학에서도 멀티모달 형식이 확산될 가능성을 보여준다. AI를 활용하면 텍스트뿐 아니라 이미지, 소리, 동영상 등 다양한 형식의 작품을 손쉽게 생성할 수 있어, 독자에게 다채로운 문학적 경험을 제공할 가능성을 시사한다.

2) 윤리적, 법적 과제

AI 문학 창작은 여러 윤리적·법적 쟁점을 동반한다.

첫째, AI가 기존 데이터를 학습하여 텍스트를 생성하는 과정에서 원저작자의 권리를 침해할 가능성이 있다. 이는 특히 AI가 기존 문학 작품의 스타일이나 내용을 모방하여 생성한 경우, 해당 텍스트의 저작권을 누구에게 귀속시켜야 하는지는 여전히 논란의 대상이다. 현행 법에 따르면 학습 과정에서 쓰이는 데이터 중, 저작권이 존재하는 데이터 이용시 반드시 허락이 있어야 하며, 산출물에 대해서도 저작물 침해 판단 기준인 의거성, 실질적 유사성을 바탕으로 침해 여부를 고려하고 있다.

AI 생성 텍스트 자체의 저작권 부여 여부 문제도 생각해 봐야 할 문제이다. 현행법상 AI 산출물 자체는 저작물로 보호되지 않으며, 이후 인간에 의해 추가 편집 작업이 이루어진 작품에 한해서만 저작물로 인정이 되고 있다. 하지만 이와 관련한 저작권법의 개정, 특별법 제정 등이 추후 논의될 예정이라는 점[5]에서, AI 문학작품의 저작권 문제는 보다 다각적인 관점에서 더욱 논의되어야 하는 문제임을 알 수 있다.

둘째, 창작의 주체성에 대한 재정의가 필요하다. AI는 감정을 느끼지 못하는 기계적 특성을 지니고 있기 때문에 그 창작물이 과연 문학적 가치를 가질 수 있는지에 대한 논란이 여전히 존재한다. 본고에서는 그러한 창작원리와는 비교적 독립적이라고 할 수 있는 효용론적 관점을 택해 수용자 입장에서 바라봤지만, 본질적으로 AI의 텍스트 생성은 인간과 동일한 경험체계를 가지고 있지 않은 상태에서 확률적으로 그럴듯한 언어들을 생성해내는 '확률적 앵무새'인 AI의 생성 텍스트를 하나의 창작물로 간주가 가능한지 생각해봐야 한다.

결론적으로, 독자의 인식과 실제 작품의 작품성 간의 간극 뿐 아니라, 문학 창작 과정에서 AI 사용으로 인해 발생하는 다양한 쟁점을 해결하기 위해 인간과 AI의 상호협력을 기반으로 한 새로운 창작 모델이 필요하다. 인간과 AI 기술 간의 관계를 양립 불가능한 구조가 아니라, 인간은 창작의 방향성과 맥락을 제공하고, AI는 이를 기술적으로 구현하는 협력적 구조로 보는 것이 바람직할 것이다. 이는 AI가 단순한 도구를 넘어 창작의 동반자로 자리 잡는 데 기여함으로써 작품의 다양성을 증진할 수 있다.

---

5) 한국저작권위원회, '생성형 AI 저작권 안내서', 한국저작권위원회 홈페이지, 2023.12.
    https://www.copyright.or.kr/information-materials/publication/research-report/
    view.do?brdctsno=52591

　더 나아가, AI가 관여한 문학 텍스트를 기존 인간 문학과 동일한 방법론을 가지고 비평하는 것이 아닌 하나의 새로운 텍스트 장르로 인정하며, 그에 대한 합리적인 평가 기준을 논의하는 것이 중요하다. 이를 통해 인간 창작자와 AI 간의 상호 보완적인 관계를 구축할 수 있을 뿐 아니라, 효용론적 관점에서도 독자의 거부감을 줄여나갈 수 있을 것이다.

　AI와 인간의 공존은 문학 창작의 새로운 장을 열어가고 있다. AI는 단순한 도구에서 벗어나 창작의 파트너로 자리 잡으며, 문학의 표현 방식과 전달 영역을 확장하고 있다. 그러나 이 과정에서 발생하는 윤리적, 법적 문제는 반드시 해결되어야 할 과제로 남아 있다. AI가 창작한 문학 텍스트는 기존 인간 문학과 동일한 기준으로 평가되기보다는, 새로운 텍스트 장르로 자리 잡아야 한다. 이러한 변화는 AI와 인간의 상호 보완적 관계를 형성하고, 문학의 가능성을 넓히는 기반이 될 것이다. AI와 인간이 협력해 만들어갈 문학은 단순히 창작의 변화를 넘어, 창작과 수용의 방식을 새롭게 정립하며 만들어 갈 것이다. 이는 문학이 인간의 감성과 기술의 결합을 통해 더 풍부하고 다양한 방식으로 이야기를 전달할 수 있는 가능성을 열어준다.

　본 논고를 통해 문학작품 창작에 있어 인간과 창작 주체로서 AI의 공존 가능성을 효용론적 관점으로 확인하였으며, AI가 문학의 다양성을 확장에 기여하는 기회로 역할을 할 수 있다는 점을 주장하였다. 하지만 윤리적, 법적 쟁점은 여전히, 그리고 반드시 해결되어야 할 과제로 남아 있다. 따라서 본 논고와 같은 논의가 활발히 이루어진다면, 문학 텍스트에 있어 AI와 인간의 공존은 단순한 가능성을 넘어 창작, 수용의 변화와 발전에 실제적인 도움이 될 것이라고 기대하는 바이다.

제4장

데이터 리터러시와 인문융합 교육의 실천

박려정

1. 들어가며

현대 사회는 데이터로 움직이는 시대다. 데이터는 도시, 산업, 경제, 환경과 같은 다양한 분야에서 핵심적인 역할을 수행하며, 현대인의 일상 속에서도 필수적인 자원으로 자리 잡고 있다.

영국의 수학자 클라이브 험비(Clive Humby)[1]는 2006년에 이미 "Data is the new oil(데이터는 새로운 석유다)"라는 통찰력 있는 주장을 내세웠다. 오늘날 생성형 AI가 보편화된 시점에서, 데이터가 석유에 비유된 이 명제는 더욱 자연스럽고 설득력 있게 받아들여진다. 석유가 산업혁명과 현대 경제를 움직이는 핵심 동력이었듯이, 데이터가 기술 혁신 및 경제적 가치를 창출하는 새로운 원동력으로 자리 잡았기 때문이다.

디지털 전환의 시대, 우리는 매일 데이터를 소비하고 생산한다. 데

---

[1] Clive Humby, University of Sheffield, https://www.sheffield.ac.uk/cs/people/academic-visitors/clive-humby

이터의 양이 나날이 증가함에 따라, 이를 이해하고 윤리적으로 활용하는 '데이터 리터러시' 교육은 필수로 강화되어야 하는 역량으로 부각되고 있다. '데이터 리터러시'는 한국어로 '데이터 문해력'으로 번역되며, 데이터를 읽고 이해하며 이른바 데이터를 활용하기 위해 의사 결정을 내리고, 그 속에 내포된 함의를 대중에게 효율적으로 전달할 수 있는 능력을 의미한다. 한편, '융합교육'은 다양한 학문 분야 간의 융합을 포함할 수 있으나 본 고에서는 데이터를 활용하고 정보 처리와 분석 기술을 익히며 이를 통해 인문·사회학적으로 접근하는 방식을 '인문융합'으로 정의하고자 한다.

최근 학계에서는 "디지털 인문학(Digital Humanities)"이 인문융합 교육의 한 축으로 자리 잡고 있다. 이는 단순히 디지털 도구를 학습하는데 그치지 않고 인문학의 새로운 가능성을 제시함으로써 인문 데이터 활용에 방점을 두고 있다. 특히 인문사회적 소양을 바탕으로 데이터를 활용하여 사회의 다양한 문제를 포착하고 해결하는 실천적 인재를 양성한다는 점에서 더욱 고무적이다.

현대 사회에서 인문학이 직면하게 된 위기를 극복하기 위하여 '인문융합'을 실천한다는 것은 인문학도들도 임계점을 맞이했음을 시사한다. 이에 본고는 디지털 전환의 시대, 데이터 기반으로 개편을 시행하는 대학의 인문융합 교육 사례를 살펴보고, 인문학도들의 데이터 학습에 대한 학문적 비전을 논의하고자 한다.

2. 데이터와 함께 하는 오늘

스마트폰으로 문자를 확인하고 답장을 보내는 순간에도 데이터는 디지털 네트워크 속에서 이동하고 축적된다. 온라인 검색, 소셜 미디어에 사진을 공유하는 등의 일상적인 활동 역시 다양한 형태로 데이터를 생성하며 거대한 데이터의 흔적을 남기고 있다.

우리는 이미 컴퓨터와 모바일 없이 일상을 살아가기 어려운 환경에 놓여 있으며, 이는 곧 데이터에 대한 의존도가 매우 높아졌음을 보여준다. 그렇다면 개인별로 얼마나 방대한 '데이터'의 흔적을 남기고 있을까? 동영상 플랫폼을 이용하고 SNS를 다루는 등 개인의 단순한 데이터 소비도 데이터 의존도에 포함된다. 이러한 데이터 의존도는 글로벌 데이터스피어(Global Datasphere)[2], 즉 전 세계에서 생성, 수집, 저장, 처리되는 모든 디지털 데이터 총량의 확장으로 이어진다. 데이터에 대한 의존도가 증가함에 따라 글로벌 데이터스피어의 규모는 끊임없이 확장되고 있으며 2018년에 33 ZB[3]로 추정되던 글로벌 데이터스피어는 2025년에는 175 ZB로 성장할 것이라고 IDC[4]는 예측하

---

[2] 글로벌 데이터스피어(Global Datasphere)는 주로 IDC(International Data Corporation)과 같은 글로벌 시장 조사 기관에서 사용되는 용어이며, 전 세계적으로 특정 연도에 생성, 캡처 및 복제된 데이터의 양을 정량화하고 분석한다.
https://www.idc.com/getdoc.jsp?containerId=IDC_P38353

[3] 제타바이트(Zettabyte, ZB)는 컴퓨터 데이터의 표시단위이며 자료량을 의미하는 단위이다. 이전 단위는 엑사바이트, 다음 단위는 요타바이트이다.
1ZB=1,000,000,000,000,000,000,000 바이트

[4] David Reinsel - John Gantz - John Rydning, "The Digitization of the World From Edge to Core, November 2018, https://www.seagate.com/files/www-content/our-story/trends/files/idc-seagate-dataage-whitepaper.pdf

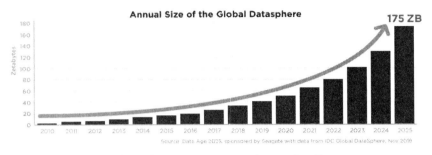

[그림 1] Data Age 2025 보고서, 2018년 11월

고 있다. 이처럼 빠르게 증가하는 데이터의 양은 산업 전반에 중요한 변화를 일으키고 있으며 디지털 기반에서의 데이터 생성과 활용은 더 이상 선택이 아닌 필수가 된다.

우리가 남기는 디지털 흔적들은 단순히 기록이 아닌 새로운 가치와 의미를 창출하는 자원으로 변모하고 있다. 개인이 무심코 동의한 개인 정보는 디지털 환경 속에서 헬스케어, 유통, 마케팅 등 다양한 분야에서 활용되며 이를 통해 맞춤형 서비스, 예측 분석, 그리고 새로운 비즈니스 모델이 탄생되고 있다. 지금 이 순간에도 축적되고 있는 방대한 데이터는 우리의 생활 방식과 사고를 근본적으로 변화시키고 있다.

데이터는 단순히 '0'과 '1'로 구성된 이진수 정보 집합이 아니라, 저장과 기록의 차원을 넘어 개인의 자산이자 산업의 핵심 자원으로 간주된다. 데이터 활용의 혁신은 우리의 삶을 더욱 편리하고 효율적으로 변화시키는 동시에, 사회 전반을 '디지털 전환'이라는 새로운 지평으로 이끌고 있다. 데이터 기반의 맞춤형 서비스와 예측 분석은 사용자의 경험을 향상시키고, 새로운 비즈니스 모델을 만들어 기업의 경쟁력을 강화할 수 있다. 그러나 데이터의 가치가 삶의 효율을 높여준다는 장점이 있으나, 동시에 이는 "양날의 검"과 같이 개인 정보 오남용, 프라이버시 침해, 데이터 보안 등 윤리적 과제를 동반한다.

월드와이드웹(www) - 전 세계 인터넷 서비스를 하나로 묶은 인트라넷 창시자 팀 버너스리(Timothy Berners-Lee)[5]는 고려대 미디어학부를 대상으로 열린 특강에서 "개인이 직접 자신의 데이터 주권을 지켜야 한다"고 언급한 바 있다. 이는 디지털 환경에서 데이터 주권과 관련된 윤리적 문제가 점점 더 중요한 사회적 이슈로 부각되고 있음을 시사한다.

이처럼 데이터에 대한 '가치와 규범'을 제정하는 일은 단순한 기술적 접근으로 해결할 수 없으며 인문·사회학적 관점에서의 포괄적 논의와 협력이 필요하다. 기술 발전과 더불어, 인간의 가치를 중심으로 공공의 가능성을 확보하는 것이 데이터를 기반으로 하는 디지털 시대의 핵심 과제이다. 과거에는 학문적 경계가 명확히 구분되어 각각의 영역에서 독립적으로 발전하였지만, 오늘날의 시대적 변화와 복잡한 사회문제들을 고려할 때, 인문·사회학적 소양을 갖춘 인문학도들도 기술에 대한 이해를 겸비할 필요가 있다.

결국 데이터는 현대 사회를 움직이는 새로운 '연료'로 인문학의 비판적 성찰과 윤리적 제시가 뒷받침되어야 하며, 질서 있는 '데이터 생태계' 구축이 요구된다. 아울러 데이터를 인간 중심의 윤리와 책임감으로 활용하며 그 가치를 보존하는 방향으로 나아가는 것이 우리의 공동과제이다. 이 사회적인 공동과제를 해결하기 위해서는 교육 또한 디지털

---

5) W3C(World Wide Web Consortium) 월드와이드웹 컨소시엄 창립자이며 '데이터 분권화'에 대한 운동을 하고 있음.

기반, 데이터 중심으로 변화되는 패러다임을 맞이한다. 데이터 리터러시와 디지털 윤리는 미래 사회를 준비하기 위한 필수 역량으로 자리잡고 있으며, 데이터를 올바르게 이해하고 활용할 수 있는 것이 디지털 시대 교육의 핵심 과제라 할 수 있다. 디지털 환경에서의 데이터 이해와 활용이란, 인문학에서의 '읽고' '쓰는 것'과 마찬가지다.

"데이터로 읽는다는 것은 읽기 행위에서 표면화되지 않는 '머릿속 쓰기'와 쓰기 행위에서 가시화하기 어려운 '머릿속 읽기'를 데이터 처리로 형식화(fomalization)하는 것이다."[6]

유인태[7]는 디지털 환경에서의 학습 패러다임을 '디지털로 읽고 데이터로 쓴다'는 표현으로 새롭게 해석하였으며 데이터 학습의 양과 질, 나아가 데이터를 읽어 이해하고 효과적으로 활용할 수 있는 쓰기 능력은 곧 개인의 데이터 활용 영역이 될 수 있음을 시사했다.

3. 미래를 여는 데이터 학습

유네스코(2021)에서 발간한 국제미래교육위원회 보고서[8]에서 21세기에 디지털 리터러시와 접근성은 인간의 기본적인 권리임을 설명하고 있다. 특히나 디지털 기술 변화에 따른 교육 혁신의 필요성은

---

[6] 유인태 외, 『디지털로 읽고 데이터로 쓰다』, 박문사, 2023, p.23.

[7] 전남대학교 중어중문학과 조교수

[8] 『Reimagining a new social our futures contract for together education(함께 그려 보는 우리의 미래 – 교육을 위한 새로운 사회계약)』 UNESCO 및 유네스코한국위원회(kncu), 『Reimagining a new social our futures contract for together education』, 2021, p.36. (링크: https://unesdoc.unesco.org/ark:/48223/pf0000379707.locale=en)

사회 전반에서 주목해야 할 사항이며 이미 **빠르게** 변화하고 있는 교육 환경에 주목해야 한다. 특히나 코로나19 팬데믹으로 디지털 기반의 교육환경은 이미 본격화되었다. 이와 더불어 '데이터 학습'의 기본 역량이야말로 융복합 시대에 가장 필요한 역량으로 강조된다.

　디지털 시대, 사실 '데이터 학습'을 거치지 않아도 이미 우리는 디지털 기술을 활용하여 누구나 쉽게 정보를 생성하고 공유하며 대량의 데이터를 양산하고 있다. 이러한 정보 과잉의 시대에는 과거와 다른 사고방식과 전략적 접근이 요구된다. 특히나 교육방식의 전환과 그에 상응한 교육의 역할은 더욱 중요해지고 있다.

　한 조사에 따르면 한국의 중·고교생들은 "대통령·정치인보다 유투버·인플루언서"를 더 신뢰한다는 충격적인 조사 결과[9]가 나왔으며, 이는 학생들이 정보원에 대한 인식 제고 교육이 결여되어 있음을 설명한다. 교육 분야에서도 이제 단순히 지식을 전달하는 것을 넘어 학생들이 방대한 양의 정보 속에서 필요한 정보를 식별하고, 비판적인 사고와 함께 신뢰할 수 있는 데이터를 활용하고 공유할 수 있는 역량 강화에 초점을 맞춰야 한다.

　한국에서는 2023학년도 입학생들부터 고등학교에서 이미 SW교육을 필수로 이수한다. 이들은 흔히 "디지털 네이티브"라고 불리며, 어릴 때부터 디지털 환경에서 성장하여 디지털 방식으로 소통하고 디지털 방식으로 표현하는 데 익숙한 세대다. 이처럼 디지털 기술에 대한 기초 교육을 이수한 학생들은, 디지털 도구와 기술을 자연스럽게 활

---

9)　박효령 기자, 투데이 신문, 한국 중·고교생들 『대통령·정치인보다 유튜버·인플루언서 신뢰』, 2024.01.22.

용하여 기존 세대들보다 다른 학습방식을 활용하여 새로운 영역을 탐색할 수 있다.

이러한 변화는 대학 강당에서도 뚜렷이 나타났다. 디지털 네이티브 세대들은 지면 필기 대신 개인 노트북이나 태블릿으로 수업내용을 기록한다. AI음성 녹음 애플리케이션을 통해 강의 내용을 필기 없이 저장하는가 하면, AI에게 요약본을 요청하여 해당 내용을 복습하는 방식으로 학습하는 학생들도 등장하고 있다.

이는 초·중·고등 교육에서도 동일하게 나타나며, 종이 기반의 학습지는 점차 온라인 학습기기로 대체되고 있고, 가정방문 형태의 과외는 화상 수업 및 맞춤형 학습 시스템으로 전환되었다. 학생들은 빅데이터와 알고리즘의 도움을 받아 자신의 학습 장단점을 파악하고, 부족한 부분을 보완하며, 새로운 지식을 디지털 세계에서 탐구하는 과정을 경험하고 있다. 이는 학습의 효율성을 높이는 동시에 학생들이 디지털 기술을 적극적으로 활용하는 세대로 전환되고 있음을 잘 보여준다.

그러나 방대한 데이터가 쏟아지는 시대에 일부 디지털 네이티브 세대 학생들은 인공지능에게 맡기면 마치 모든 걸 해결해줄 것이라는 착각에 빠지기도 한다. 이로 인해 학생들이 알고리즘이 추천해주는 유투버·인플루언서의 콘텐츠를 소비하며 비판적 사고와 학습 시간이 줄어드는 현상이 초래되기도 한다. 나아가서 인공지능을 무분별하게 사용하여 타인의 지식재산 오남용 등 현상도 생긴다. 심지어 딥페이크 기술로 범죄행위도 잇따라 'AI기본법'도 국회에 제기되어 있는 상황이다.

아울러 데이터 리터러시는 이러한 문제점들을 해결하고 윤리적이고 책임감이 있는 시민으로 성장할 수 있도록 보조역할을 해주는 필수 영역이 된다. 사실상 우리가 현시대에서 올바르게 지식을 습득하기 위해서는 메타능력을 키우는 것을 교육의 목표로 삼아야 한다. 메타 능력이란 "인간이 여러 지식을 담아낼 수 있는 플랫폼 역할을 하면서 기계가 하지 못하거나 인간이 더 우세한 영역을 제고하는 역량을 키우 는 것"[10]을 말한다.

결론적으로 방대한 데이터가 양산되고 공유되는 환경에서 단순히 지식을 암기하고 전달하는 전통적인 방식으로는 급격히 변화되는 시 대의 요구에 부응할 수 없다. 교육의 목표는 학생들이 데이터를 통해 세상을 이해하고, 수많은 정보 속에서 신뢰할 수 있는 데이터를 선별하 고 비판적으로 활용하는 능력을 길러주는 데 초점을 맞춰야 한다. 이러 한 역량을 키울 수만 있다면 단순히 개인의 성장을 넘어 사회적 문제를 해결하고 지속가능한 미래사회를 구축하는 면에서도 기여할 수 있을 것이다.

4. 인문학과 데이터 기반의 융합교육

시대적 변화와 더불어 데이터 역량을 강화해야 할 필요성이 강조되 고 있는 만큼, 인문학과 디지털 기술을 효과적으로 연결할 수 있는 구체적 교육 방안을 모색하고 있다. 전통적인 인문학자들도 역시 고 문헌 자료, 문학, 사회적 관계 등 다양한 시각에서 접근하여 데이터를

---

10) 송기상·신수범·전인성, 『디지털로 읽고 데이터로 쓰다』, 비상, 2022, p.23.

활용하며 학문의 발전에 기여하고 있다.

디지털 기술의 발달로, 인문·사회 계열 학생들이 디지털 환경에서 정보를 비판적으로 분석하고 활용하는 능력을 기르는 것은 필수적이다. 이러한 역량은 기존 학습내용을 확장시킬 뿐만 아니라, 해당 분야에서 인사이트를 얻어 새로운 지식을 창출한다. 인문학적 사고와 디지털 기술을 결합하여 문제를 해결하는 창의적 융합 인재를 양성하는 것은 한국 대학교육의 중요한 도전 과제가 되고 있다.

이에 학문 간 경계를 허물고, 디지털 전환의 시대에 인문·사회적 문제해결을 위한 사고를 기르는 노력 또한 공동으로 논의되고 있다. 대학들은 이를 위해 디지털 도구 활용, 데이터 분석을 통하여 인문학 비판적 사고를 심화할 수 있는 커리큘럼을 설계하고 있다.

가천대학교와 같은 경우에는 국내 최초 'AI인문대학'을 설립하고 인문 +AI 융합교육을 실시한다고 공표한 바 있다.[11] 바뀐 교과 과정은 생성형 AI를 접목하여 'AI 시대의 한국어', '고전과 디지털인문학' 등 교과목으로 신규 개발하였다.

이 외에도 여러 대학에서 선후로 디지털 인문학과 관련된 데이터 교과목들이 개설되고 있으며, 주요 주제를 비교하고자 아래와 같이 몇몇 대학의 커리큘럼을 표로 작성하였다.

대학	소속학과	교과목
고려대학교[12]	문과대학	디지털인문학 입문 I, 디지털인문학 응용, SW프로그래밍의기초·데이터과학과인공지능 외 다수

---

11) https://www.gachon.ac.kr/bbs/pr/464/92530/artclView.do. (검색일: 2024.12.15.)
12) https://kucdh.korea.ac.kr/kucdh/index.do. (검색일: 2024.12.15.)

서강대학교[13]	인문대학/디지털인문학연계전공	인문데이터 큐레이팅, 빅데이터와 문화트렌드, 인문데이터 전산처리 외 다수
서울대학교	인문데이터과학연계전공	인문데이터과학연습, 인터넷과 디지털 문화, 데이터마이닝 방법과 실습 외 다수
연세대학교[14]	인문융합교육원	디지털 언어 데이터와 인문학, 인문학도를 위한 코딩(기초), 한국문화유산과 디지털리터러시 외 다수
한국외국어대학[15]	디지털한국학	한국학 콘텐츠와 데이터 시각화, 한국학(자료) 기록관리와 빅데이터, 한국학 아카이빙과 지식맵 외 다수
한성대학교[16]	크리에이티브인문예술대학/디지털인문정보학트랙	문화자원 데이터 리터러시, 디지털 자원 큐레이션, 메타데이터의 이해 외 다수

위 표와 같이 각 대학에 데이터 관련 교과목이 신설되고 있으며, 대체적으로 인문학적 소양과 사유를 갖춘 인문학 베이스에 디지털 기술을 접목하여 학문적 경계를 허물고자 하는 데 목적을 두었다. 예를 들어, 연세대학교 같은 경우에는 인문학과 ICT기술이 융합된 내용으로 여러 학과가 모여 연계전공을 개설하였다. 고려대학교는 초기에 디지털 인문학의 입문 교과목으로 학부생들의 기초교육에 중점을 두었지만 기초 교양과목이 상대적으로 안정된 이후, 한국연구재단의 지원을 받아 '디지털 가치와 규범'의 주제로 디지털 인문학 교육을 확장하여 인문사회 디지털융합전공을 추가로 개설하였다. 그 외 서울대학교, 서강대학교, 한국외국어대학교, 그리고 표에는 기입하지 않았지

13) https://liberalarts.sogang.ac.kr/front/cmsboardview.do?siteId=liberalarts&bbsConfigFK=4066&pkid=882554. (검색일: 2024.12.15.)
14) https://ywyongei.yonsei.ac.kr/yongei/process/digital_humanities_literacy.do, (검색일: 2024.12.15.)
15) https://dhksmajor.hufs.ac.kr/ (검색일: 2024.12.15.)
16) https://www.hansung.ac.kr/HmnArt/1534/subview.do. (검색일: 2024.12.15.)

만 경희대학교, 한양대학교 등 대학에서 소위 '디지털 인문학' 교과목
을 개설하여 운영하고 있다.

　'인문학'과 '데이터'를 결합한 융합교육은 주로 데이터 마이닝, 빅
데이터 분석, 데이터 시각화 등 내용으로 진행되고 있으며 R이나
Pyhton, GIS 등 디지털 툴을 활용하고 있다. 더 나아가 시맨틱 웹 구
축을 위한 RDF 데이터 생성 작업도 포함된다. 대학에서의 디지털 기
술과 인문학의 융합은 새롭게 지식을 창출할 수 있을 뿐만 아니라 교
육적 혁신을 이끌어가고 있다. 이는 디지털 융합 교육에 대한 한국
고등교육의 높은 수요를 잘 보여준다.

5. 지·산·학의 협업 사례

　이러한 교육적 혁신은 데이터 학습과 관련된 교육뿐만 아니라 실제
프로젝트를 통해 인문학도들이 도메인 지식에 대한 고증을 거쳐 인문
데이터를 구축하는 사례도 늘고 있다. 대표적인 사례로 국가 프로젝
트 "한양도성 타임머신"[17]을 들 수 있다. 이 프로젝트는 인문학 연구자
들이 조선시대 한양의 역사적 자료를 기반으로 사실 데이터를 추출하

---

17) 한양도성 타임머신은 광화문을 중심으로 한 한양도성의 디지털화 복원 사업으로써,
　한양도성 권역 내 문화유산 분포현황 조사 및 개별 문헌자료들을 수집, 연결하여 빅데
　이터를 구축하고 고증을 근거로 한양도성 권역 내 유적 및 건축물의 정밀 실측, 가상복
　원, 가상재현을 통한 가상공간을 구축하여 그 결과물로 향후 연관 사업 및 민간에서
　활용할 수 있도록 빅데이터 및 실감형 콘텐츠를 구축한 프로젝트다. 해당 프로젝트는
　한국문화재청(현 국가유산청)에서 발주하였고 빅데이터, 3D 콘텐츠 전문기업 피씨엔
　(PCN, 대표 송광헌)이 사업을 수주했다.
　https://www.pcninc.co.kr/digital/portfolio/hanyang.do. (검색일: 2024.12.15.)

고 RDF형식의 시맨틱 네트워크 데이터로 전환하였다. 해당 프로젝트는 한국문화재청에서 발주한 대규모의 "문화유산 디지털 콘텐츠 개발 프로젝트"로 대한민국의 수도 서울의 옛 모습인 조선시대의 한양을 3차원 가상 세계에서 볼 수 있게 했다.

한양도성 타임머신 프로젝트[18]는 역사학, 민속학, 문화인류학, 전통의상, 전통음식, 한문학, 그리고 디지털 인문학 전공자 등 다양한 분야의 연구자 32명이 협력하여 진행되었다. 이들은 디지털 콘텐츠 개발자들에게 문헌 자료들에 대한 고증을 거쳐 그 지식정보들을 직접 컴퓨터의 가독형 데이터로 전환하는 작업을 진행했다. 이러한 기계 가독형 데이터 아카이브 구축은 문화유산 디지털 콘텐츠의 세계와 인문지식의 세계가 소통할 수 있게 하는 데 큰 의의를 가진다.

한양도성의 문화유산과 관련이 있는 인문지식을 데이터로 전환하기 위해서 연구팀이 택한 방법은 옛 문헌에 기록된 내용 속에서 사실을 이야기하는 지식의 노드(Node)와 그 노드 사이의 관계를 추출하여, RDF(Resource Description Framework)1) 형식의 시맨틱 네트워크 데이터를 만드는 것이다. 그 다음은 스토리를 구성하는 문맥요소를 찾아 그것을 노드화 하고 그 사이의 관계를 정하는 방식으로 시맨틱 데이터 네트워크를 개발한다.

해당 연구팀은 인문학적 지식을 데이터화하기 위한 온톨로지 스키마 EKC(Encyves of Korean Culture)[19]를 개발하고 확장시켜 한양도성의 문화유산을 시맨틱 데이터 네트워크로 구성하였다. 데이터 큐레이

---

18) https://dh.aks.ac.kr/hanyang2/wiki. (검색일: 2024.12.15.)
19) https://dh.aks.ac.kr/hanyang2/wiki/index.php/Ontology:EKC_2021. (검색일: 2024. 12.15.)

션의 총 RDF 노드 수는 73,137건이었고 위키 문서는 6,797건 작성되었다. 그 외 스토리 데이터 예시는 360건으로 한양도성 600년 역사에서 핵심 스토리들을 노드로 연결하여 시각화하였다. '한양도성 타임머신' 프로젝트는 연구팀이 데이터 큐레이션에 적용할 온톨로지 초안을 제정하여 기존의 EKC(Encyves of Korean Culture)[20] 데이터 모델을 기반으로 신규 어휘를 추가하여 확장하였다. EKC는 유로피아나의 데이터 모델인 Europeana Data Model(EDM)처럼 한국의 전통문화 속의 역사적 사실 관계 및 그 사실의 문헌적 근거를 연결하기 위한 데이터 모델이다. "한국학중앙연구원 디지털인문학연구소에서 2016년에 처음 제정하였고(EKC 1.0/2016, EKC 1.1/2017), 매년 유관 분야 연구를 통해 확장하여 시맨틱 데이터 네트워크 구성에 중요한 역할을 하고 있다."

해당 프로젝트는 한양도성을 디지털화하고 역사·문화적 가치를 현대의 기술로 복원하고 재조명하는 사업이었다. 실측, 가상복원, 가상재현이라는 가상공간을 만들어 신기술을 활용하였다. 또한 문헌 자료들을 수집, 연결하여 빅데이터를 구축하는 등 역사적 가치를 현대적 기술로 연결하였으며 3D기술과 실감형콘텐츠 개발을 통하여 새로운 체험문화를 조성하였다. 이에 기술보다는 우리가 더욱 주목해야 할 부분은 역사적 데이터를 수집하고 데이터 모델을 개발하여 한국 문화유산을 보다 효과적으로 보존하고 확장시킬 수 있다는 점이다. 한양도성은 단순히 기술적인 혁신을 넘어서, 문화유산의 디지털화 및 데

---

[20] https://dh.aks.ac.kr/hanyang2/wiki/index.php/Ontology:EKC_2022. (검색일: 2024. 12.15.)

이터를 기반으로 한 보존 방식의 발전을 보여주고 있다.

학생들은 이러한 선행 데이터 모델을 통해 디지털 환경에서 인문지식을 더 깊이 있게 이해하고 습득할 수 있다. 또한 디지털 환경에서 학습 결과물을 재창작하는 과정을 경험함으로써 디지털 시대에 필요한 창의적 사고와 기술적 역량을 동시에 기를 수 있다.

6. 데이터 큐레이션 교육 사례

필자가 소속된 대학에서는 2022년부터 개설된 '디지털 인문학 입문'을 교과 개편하여 디지털 인문학 응용[21]으로 언어(서양, 동양), 사회, 문학, 역사, 데이터처리, 콘텐츠 등 여섯 개 분야로 운영하고 있다.

분야	설명
언어(서양, 동양)	(Python) 텍스트를 처리하고 분석, 음성으로부터 텍스트 추출 등
사회	(R) 데이터 수집, 분석 및 시각화
문학	(Gephi) 데이터 분석 및 시각화 도구로 문학 작품 관계망 분석
역사	(GIS) 지리적 데이터를 분석하고 역사적 경로 등 분석
콘텐츠	(WIKI) 디지털 콘텐츠 제작과 시맨틱 웹 관련 기술
기타(데이터 처리)	(Excel) 기본 데이터 입력, 관리 및 분석

필자는 콘텐츠 분야 분반을 맡았고 WIKI 소프트웨어를 기반으로

---

[21] 2024년부터 '디지털인문학응용'으로 개편되었으며, 고려대학교 학문의 기초 필수 교양 과목으로 문과대학(철학과 제외) 학생들이 필수로 이수해야 함.

인문 데이터를 구축하는데 초점을 맞췄다. 학생들은 기초적인 소프트웨어 지식과 데이터에 대한 이해를 바탕으로 강의 및 실습 모듈을 포함한 문제해결형 수업(PBL)을 진행했다. 해당 수업은 다양한 측면을 전문적으로 이해하도록 설계하였으며 데이터에 대한 탐구 즉 도메인 지식에 대한 축적을 목적으로 하였다. 이는 학생들에게 실질적인 기술과 인문학적 지식을 접목하여 디지털 도구를 활용한 인문학 탐구와 디지털 툴에 대한 기초 학습의 기회를 제공했다.

디지털 환경의 변화는 전통적인 데이터 접근 서비스와 차별화된 정보 검색을 기반한다. 이는 데이터 큐레이션과 관련된 서비스가 단순한 정보 검색을 넘어서 데이터의 연결성, 상호 운용성(interoperability), 그리고 재사용성을 강조하는 방향으로 진화해야 함을 보여준다. 따라서 데이터 큐레이션 전략은 단순한 데이터 이해나 관리에서 한발 나아가 깊이 있는 학습 과정이 필요하다. 즉 저장 및 검색을 넘어서, 데이터의 풍부한 맥락적 정보를 제공하고, 데이터 간의 관계를 명확히 하며, 다양한 사용자 및 연구 커뮤니티의 요구를 충족시킬 수 있는 유연성을 갖추는 것을 목표로 한다. 이를 통해 '한양도성 프로젝트'와 같은 맥락으로 검증된 지식 데이터를 구축하여 사용자 및 학생들이 더 깊이 있게 학습하고 수준 높은 성과를 창출하게 한다.

아쉬운 점이 있다면 해당 교과목은 학문의 기초과목이었으므로 관계형 데이터베이스 관리와 메타데이터 등 개념을 포함하지 않고 추후 심화학습에 적용키로 한 것이다. 이와 같은 접근은 데이터 큐레이션의 역할을 재정의하고, 데이터 기반 연구와 학습에 보다 적극적으로 참여할 수 있는 기회를 제공한다. 데이터 큐레이션의 미래는 기술의 발전뿐만 아니라, 학문적 축적과 지식을 체계화, 확산에도 기여할 것이다.

1) 데이터 큐레이션의 이론적 토대

데이터는 우리가 익히 알고 있는 한글(.hwp), 워드(.word)파일 외에 텍스트(.txt), CSV(.csv), 엑셀(.xlsx), JSON(.json), XML(.xml) 등 다양한 형식으로 저장된다. 예를 들어 문화유산 데이터를 연구하는 경우, 메타데이터는 일반적으로 JSON 파일이나 XML의 형식으로 저장되어 있으며 이 데이터를 활용하기 위해서는 파일 형식을 변환할 수 있는 능력이 필요하다. 기존의 고문헌 자료들을 활용하고 상호 운용성을 확보하기 위해서는 파일 형식의 변환 학습이 기본이다. 예를 들어 메타데이터를 RDF 형식의 데이터로 변환하여 데이터 간의 관계 및 상호 연결성을 분석하고 파악할 수 있다.

특히, 시맨틱 웹(Semantic Web)[22]은 웹 데이터를 기계가 이해하고 구성할 수 있도록 도와주는 기술이다. 다양하고 이질적인 데이터셋을 통합하여 연구자들에게 효율적으로 검색 결과를 제공할 수 있다. '시맨틱 웹'은 컴퓨터가 사람을 대신하여 정보를 읽고 이해하고 가공하여 새로운 정보를 만들어 낼 수 있도록, 이해하기 쉬운 의미를 가진 웹을 의미한다. 웹의 발전은 Web 1.0에서 Web 3.0까지 진화해왔다. Web 1.0은 HTML의 사용이었고 Web 2.0은 사용자가 정보를 생성 및 공유하는 기능을 제공하여 소셜 네트워크, 블로그와 같은 것들이 나타났다. 최근 몇 년 동안 웹은 데이터를 의미론적으로 구조화하고 표준화하여 기계가 데이터의 의미를 이해하고 처리할 수 있는 시맨틱 웹 또는 링크된 데이터를 포함하는 Web 3.0시대로 넘어왔다. Web

---

[22] 정보통신용어사전, https://www.tta.or.kr. (검색일: 2024.12.15.)

3.0은 1998년 팀 버너스리가 제안하고 로드맵을 제시하였으며 '시맨틱 웹' 즉 '의미론적 웹'[23]의 아이디어와 함께 차세대 웹 기술을 정립하는 과정에 있다.

데이터 큐레이션에 대한 연구와 교육은 정보학 분야에서 데이터 구축과 아카이빙의 범주에서 이루어지며 학생들에게 실질적으로 적용 가능한 지식과 기술을 제공한다. 데이터 큐레이션은 다학제적 접근으로 진행되며 단순히 기술적인 데이터 구축에 국한되는 것이 아니라 '시맨틱 웹' 기반으로 인문학적 사고와 검증을 거친 데이터의 수집, 관리, 보존, 공유를 포함한다.

이러한 접근은 데이터를 온라인에서 표현할 수 있고, 학생들의 인터페이스 경험을 향상시킬 수 있다. 물론 데이터 접근 방식은 다양한 데이터 유형, 형식 및 다양한 상세 수준을 고려하여 설계되어야 한다.

2) 데이터를 통한 지식 탐구

디지털 인문학은 단순히 인문학 자료를 디지털화하거나 연구 결과를 디지털 형식으로 출판하는 것을 의미하지 않는다. 정보기술 환경에서 보다 창의적인 인문학 연구를 전개하는 것을 의미하며 이는 디지털 도구를 통해 보다 혁신적인 방식으로 인문학 지식의 재생산을 발전시키기 위한 노력이기도 하다. 즉 인문학을 탐구하는 과정에서 얻은 지식을 '데이터'로 만들어 컴퓨터 가독형 데이터로 전환시키는 것이다.

---

23) 팀 버너스리(Timothy Berners-Lee)는 시맨틱 웹은 웹에 데이터를 올리는 것만을 의미하지는 않으며, 링크를 만듦으로써 사람과 기계가 데이터 웹을 탐색할 수 있도록 하는 것으로 정의함.

　기본적으로 인문학은 인간의 삶과 가치를 중심으로 근본적인 연구와 탐구를 지향한다. 데이터를 통해 살펴보는 인문학은 인문학의 가치와 방법론을 디지털 환경에 적용하는 것이다. 해당 분반에서는 우리 역사와 문화에서 의미 있는 "사람 이야기"를 "작은 데이터"로 담아 만들고, 그 작은 이야기가 "빅 데이터"가 될 수 있도록 열린 소통의 장을 열어주는 것을 목표로 했다.

　데이터 큐레이션은 디지털 환경에서 인문학을 탐구하는 방법이자, 전통적인 인문학 지식을 디지털 세상에서 소통할 수 있는 '데이터'로 전환하는 노력이다. 이에 대학 학부의 기초과목으로 콘텐츠 분반에서는 데이터에 대한 기본 이해를 바탕으로 한다. 데이터를 다루기 위해서는 디지털 교실이 필요하며 디지털 교실을 개설하기 위해서는 "활용 할 수 있는 '서버(Sever)가 필요하다."[24] 해당 분반은 한국학중앙연구원 '서버'를 지원받아 위키 소프트웨어를 기반으로 인문데이터 구축을 진행하였다.

　학생들은 한 학기 동안 '자료 조사', '스토리텔링 계획', '문서 작성 계획' 등 일련의 작업을 거쳐 콘텐츠 결과물을 제작하게 되며 해당 데이터는 서버에 저장된다. 이러한 과정을 통해 웹 자원을 활용하며, 온·오프라인에서 검증된 지식을 재구성하여 위키로 공유된다.

3) 데이터 학습 로드맵

　데이터 학습에는 다양한 방식이 있겠으나 콘텐츠 분반은 디지털 인

---

24) 김현, 「디지털 인문학 교육의 현장」, 『인문콘텐츠』 50, 인문콘텐츠학회, 2018, p.11.

문학의 범주에서 데이터 큐레이션의 방법으로 진행하였다.

학생들은 6주의 이론수업과 6주의 실습 과정을 거쳐 위키 소프트웨어를 기반으로 한 데이터 구축을 진행한다. 학기 초에는 파일 형식, 시맨틱 웹, 온톨로지의 기본 개념과, 콘텐츠 구축의 사례, 디지털 환경에서의 협업 및 툴과 같은 이론 중심의 수업으로 6주를 구성한다. 중간고사 이후의 6주 수업은 학생들 스스로 기획의도를 정하고 구성하고자 하는 콘텐츠 페이지의 주제를 정하며 PBL(Project Based Learning)으로 진행한다. 주제 선정 논의에 이어, 한 객체 즉 관심이 있는 인물이나 사건과 관련된 지식 노드들을 찾아내도록 유도하였으며 해당 주제에 대해 깊이 있게 토론할 수 있는 장을 마련해준다.

데이터 큐레이션은 관심 분야에 대한 데이터를 수집하고 분류한 뒤 이를 기획의도에 따라 가공하고 재구성하는 과정을 의미한다. 데이터 큐레이션을 위해서는 웹 자원을 적절하게 활용하여야 하며, 온라인으로 검증된 지식을 유용하게 활용할 수 있다. 예를 들어 이미 디지털화되어 있는 한국고문헌 DB, 또는 종합플랫폼, 공공데이터포털 등 다양한 정보를 체계적으로 활용하고 재창작하여 공유하는 시스템이다.

데이터 큐레이션의 교육은 융합교육의 핵심 실천 전략이며 이를 교육에 활용하면 다음과 같은 역량을 높일 수 있다.

– 데이터 접근 및 활용 능력 강화

학생들은 이미 구축된 데이터에 접근하여 활용하고 다양한 소스에 수집된 데이터를 발굴함으로써 본인이 기존에 갖고 있었던 지식체계를 확장할 수 있다.

- 비판적 사고 및 정보 분석 능력 향상

학생들은 자료 분석을 통해 분석하고 선별할 수 있으며 정보에 대한 신뢰성과 출처를 정확하게 알 수 있는 능력을 기른다.

- 융합적 사고 역량 제고

데이터 큐레이션은 인문 데이터를 수집하고 다른 학문 분야와 결합하여 새로운 의미를 창출하는 인문융합적 접근을 가능하게 한다.

결론적으로 학생들은 '데이터 큐레이션'으로 인문지식의 문화적 향유를 촉진하는 문화콘텐츠 기획 능력을 키울 수 있었으며 디지털환경에서 '나의 인문학'을 추구하는 초기의 목적에 도달한다. 또한 학생들 스스로 가장 관심이 있는 주제에 접근을 하여 그 관심사를 체계화 할 수 있다.

디지털 환경에서의 스토리텔링은 사실상 데이터를 구축하는 작업을 수행하는 것과 마찬가지다. 학생들은 온라인 데이터를 충분히 활용하여 주제별 스토리를 탐색한다. 또는 기존의 지면상의 연구성과들도 태그를 활용하여 디지털 환경에서 컴퓨터 가독형의 데이터로 전환한다. 이러한 내용들은 문화적 근간을 시각화 하여 상호이해에 기여할 수도 있으며 검증된 지식을 공유하고 확산할 수 있는 기술을 습득한다.

4) 인문데이터 구축 결과물

학생들이 구축한 '샛별 같은 한국 신화 엮음집'[25]을 구축한 팀의 결

---

25) https://dh.aks.ac.kr/~dh_edu/wiki/index.php/샛별같은_한국_신화_엮음집. (검색

과물로 예로 들어본다. '샛별 같은'이라는 부분을 굉장히 강조한 이 팀은 '한국의 다양한 이야기의 원형이자, 앞으로 창작될 수많은 콘텐츠의 모티브가 될 잠재력을 갖고 있는 한국 신화 모음집'을 구축하고자 기획하였다.

"다소 생경할 수 있는 한국 신화를 창세신화, 건국신화, 무속신화로 분류하고 다양한 갈피를 제시하여 신화를 이해할 수 있는 기본적인 배경 지식을 제공했다. 각 신화에 페이지를 할당하여 신화의 제목을 클릭하면 신화의 자세한 줄거리나 화소 등을 알아볼 수 있게 한다. 또한 각 신화가 이미 매체에 표현된 바가 있는지, 각 신화와 관련된 유적이나 문화유산이 있는지 등의 추가적인 정보도 자연스럽게 얻어 갈 수 있도록 콘텐츠를 제공했다."

해당 팀은 전자지도 이외에도 하이퍼미디어를 활용하여 신화와 설화 관련된 내용으로 엮어 냈다. 말 그대로 문맥 구현자[26]의 역할을 수행한 셈이다.

이는 디지털 환경에서의 자기 주도적 학습, 즉 데이터 큐레이션을 통하여 디지털화 된 각 분야의 지식들이 교육 자원으로서 제대로 활용될 수 있음을 보여준다. 데이터는 추후에 다른 유사 데이터와 합쳐져 다양한 목적으로 활용될 수 있을 것으로 전망되며 데이터 큐레이션은 반복적인 프로세스로 진행된다. 즉 새로운 리소스를 찾고 주제에 대한 컨텍스트를 구축하면서 컬렉션을 계속 다듬어 나가며 공유될 수 있다.

일: 2024.12.15.)
26) 김현, 『인문정보학의 모색』, 북코리아, 2012, p.818.

이상으로 디지털 환경에서의 자기 주도적 학습을 목표로 하는 데이터 큐레이션 사례에 대한 간략한 설명이다.

7. 나가며

인문융합의 커리큘럼 개발은 학생들에게 데이터 관리와 관련된 다학제적 지식을 제공함으로써, 이론과 실천을 통합하는 융합 교육의 방향성을 제시한다. 이를 통해 학생들은 데이터 관리와 관련된 다양한 측면을 이해하며 '학문적 탐구'와 '실전 능력'을 겸비한 인재로 성장할 수 있다.

특히, 다양한 도구와 방법론을 활용하여 교육을 실천하고 있지만, 융합교육의 중심에는 '데이터 큐레이션'이 있다. 데이터 큐레이션은 디지털 네이티브들에게 지식요소를 조합하고 정리하여 문제에 대한 답을 얻고 새로운 지식의 세계로 나아갈 수 있는 능력을 길러준다. 따라서 이 데이터 큐레이션 교육의 실천은, 학생들이 융합적 사고 역량과 데이터 리터러시를 갖춘 미래형 인재로 성장하는데 도움을 줄 수 있다. 나아가서 창의적이고 실질적인 문제 해결 능력을 함양하도록 돕는다.

디지털 환경에서 협업하여 데이터 구축, 데이터 분석 등 데이터 활용의 과정은 학생들에게 소통과 협업의 중요성을 경험하게 할 뿐만 아니라, 데이터를 생성하고 가공하는 과정에서 유의미한 지식을 발견할 수 있는 기회를 제공한다. 그러나 데이터 기반의 교육이 이루어지려면 온라인 서버 시스템 구축과 같은 인프라가 필수다. 현재 대부분

대학에서 이 부분에 대한 인식과 준비가 부족한 상황이다.

김현[27]은 미래 세대를 위한 디지털 인문학 교육은 소통과 협업을 통해 인문학 지식을 탐구하는 방법을 가르치는 것에서 시작해야 한다고 강조하였다. 이에 따라 다음과 같은 단계적 실행 과정을 제안한 바 있다.

첫 번째는 학생들이 직접 디지털 콘텐츠를 게시하고 서로 소통할 수 있는 '온라인 서버 시스템'을 구축하는 것이며 두 번째는 위키와 같은 디지털 환경에서 협업 데이터를 만들 수 있도록 교육하는 것이다.

이러한 방향으로 해당 교육을 실천할 수 있는 기반을 제공한다면, 학생들이 데이터를 다루고 새로운 지식을 창출하는 데 필요한 역량을 배양할 수 있을 것이다. 더 나아가, 외부 지자체나 기업과 협력하여 학생들에게 다양한 데이터 큐레이션 환경을 경험하도록 기회를 제공한다면 더 바람직한 교육적 성과를 기대할 수 있다.

미래를 위한 융합교육의 비전은 학문적 경계를 넘어 창의적이고 실천적 역량을 갖춘 인재로 성장하도록 돕는데 있다. 이러한 목표를 실현하기 위해서는 디지털 전환의 시대에 적합한 인프라 구축과 학문 후속 세대 양성을 위한 체계적인 노력이 시급히 요구된다. 무분별하게 디지털 도구를 활용하는 것을 인문융합 교육으로 커리큘럼을 변경하는 것보다, 인프라를 구축하고 미래 지향적인 시스템을 구축하는 것이 바람직한 방향일 것이다.

---

27) 한국학중앙연구원 명예교수

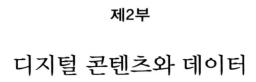

제2부

디지털 콘텐츠와 데이터

제5장

디지털 시대 속 구비 문학의 전승과 현대적 재해석

나무위키와 한국민족대백과사전 비교 분석을 중심으로

장준혁 · 이태민 · 나해빈 · 김선우

1. 서론

구비문학은 과거 한국 사회에서 인간의 감정과 삶의 경험을 담아내는 중요한 문화적 자산이자, 구술을 통해 전승되며 발전해온 독특한 문학적 형식이다. 그러나 현대의 디지털 시대가 도래함에 따라 구비문학의 전통적 전승 방식은 사라졌고 본래의 구술성은 급격히 쇠퇴하고 있다. 특히 인터넷과 모바일 기기의 발전으로 인해 인간 간의 물리적 상호작용이 감소하고 디지털 텍스트를 통한 비대면 소통이 일상화된 현대 사회에서는 구비문학의 존재가 더욱 미약해지고 있다. 이러한 시대적 변화 속에서 구비문학을 현대적으로 계승하고 보존할 수 있는 방법에 대한 연구는 매우 시급한 과제로 부각된다.

본 연구의 목적은 현대 디지털 환경에서 구비문학의 특징이 어떻게 재현되고 있는지를 탐구하는 데 있다. 이를 위해 한국의 인터넷 기반 위키백과인 '나무위키'를 연구 대상으로 선정하였였다. 나무위키는 익명성을 기반으로 공동체적 지식의 추가와 삭제가 이루어지는 구조로 운영되며 이는 전통적 구비문학의 적층성과 유사한 특성을 지닌다. 또한, 나무위키는 그 보편성과 대중성으로 인해 한국 내에서 가장 인기 있는 웹사이트 중 하나로 자리 잡았다. 반면, 전통적인 백과사전인 '한국민족문화대백과사전'은 대중적인 접근성이 낮아 상대적으로 활용도가 미미한 상황이다. 이러한 대조적 현상을 바탕으로, 나무위키가 현대적 문맥에서 구비문학의 재현 및 새로운 아카이빙 형태로 기능할 수 있는 가능성을 탐구하는 것은 중요한 연구 주제로 여겨진다.

본 연구에서는 나무위키를 중심으로 익명성, 보편성, 대중성, 적층성, 단순성이라는 다섯 가지 특성을 기준으로 분석을 진행한다. 이를 통해 나무위키가 한국 전통 산문을 새로운 형태로 아카이빙하는 사례에 포함될 수 있는지를 정량적 및 정성적으로 평가한다.

2. 연구 데이터와 연구 방법

본 연구는 디지털 위키의 특징을 분석하여, 디지털 위키의 구술성을 탐구하려는 연구로, 그 특징 중 익명성과 보편성, 대중성은 객관적인 지표들을 정성평가하여 도출하였고, 역사성은 나무위키의 수정 내역을 정성평가함으로써, 단순성은 나무위키와 한국민족대백과사전을 대조함으로써 연구하였다. 연구를 위한 데이터는 나무위키와 한국문화대백과사전에서 각각 한국 고전 소설 53개를 키워드로 검색하여 도출된 106개의 문서(각각 53개)를 수집하여 구성하였으며, 해당 데이터셋을 기반으로 두 데이터셋을 이하의 방법론을 적용해 분석한 지표들을 대조하여 연구하였다. 또한 나무위키에서는 문서의 수정 내역

부분을 추가적으로 수집하여 역사성 연구에 사용하였다.

데이터 마이닝은 각 사이트를 python의 selenium 라이브러리를 이용해서 접속하여 진행하였고, 품사 파싱은 kiwipiepy 형태소 분석기를 이용하여 진행하였다. 그렇게 하여 나무위키에서는 79,530 어절, 3,578 문장의 데이터가 수집되었으며, 그 중 명사는 33,835 개로 파악되었다. 또한 한국민족대백과사전에서는 24,649 어절, 952 문장의 데이터가 수집되었으며, 그 중 명사는 10,995 개로 파악되었다.

또한 역사성을 파악하기 위해 나무위키에서 검색된 문서의 수정 내역 부분을 함께 수집하였고 총 31,033건의 수정 내역이 수집되었다. 이후 해당 내용을 정성평가하여 역사성을 파악하였다.

형태소 파싱된 데이터를 처리하여 문장당 평균 절의 개수, 단어의 개수, 글자의 개수를 분석하였고, 각 데이터셋에서 등장한 단어들의 빈도를 기반으로 크기를 결정하고, 단어를 양측에서 함께 등장한 단어, 한쪽에서만 등장한 단어를 분류하여 벤 다이어그램으로 워드클라우드를 표현하였다. 그 다음 워드클라우드를 정성적으로 분석하여 단순성을 파악하였다.

3. 연구 결과

1) 익명성, 보편성, 대중성

나무위키는 사용자 익명을 기본으로 하는 협업 플랫폼으로, 여러 사용자가 내용을 자유롭게 수정할 수 있는 구조를 가지고 있다. 이러한 익명성은 지식 축적을 공동체적으로 수행할 수 있도록 지식 갱신 과정에 대한 진입장벽을 낮춰준다. 또한, 익명성은 다양한 관점을 수용할 수 있는 환경을 조성하여 정보의 다양성과 포괄성을 높인다. 예를 들어, 특정 주제에 대한 새로운 정보가 발견되면 사용자는 자신의 이름을 드러내지 않고도 즉시 내용을 수정할 수 있다.

문서	기능			수정자
iPhone 7 +756371	역사	비교	토론	211.193.39.221
희철/방송 +5	역사	비교	토론	J_CHI
세종 버스 A4 +413	역사	비교	토론	redberry
끝나지 않는 여름방학 +275	역사	비교	토론	serene32
에토 아키라 +208	역사	비교	토론	spice03

[그림 1] 나무위키 변경내용 예시

[그림 1]에서 확인할 수 있듯이 '수정자' 항목에서 '211.193.39.221' 과 같은 'IP' 형식, 'J_CHI', 'redberry'와 같은 '닉네임' 형식으로 사용자들이 문서를 수정하였다. 이렇듯 나무위키는 전통적인 백과사전의 권위적이고 폐쇄적인 편집 방식을 탈피하여, 누구나 참여할 수 있는 정보 축적 시스템을 구현한다. 이는 누구나 작품 창작에 참여하고, 결과물이 전부 익명으로 전승되었던 구비 문학의 특성과 흡사하다.

나무위키는 또한 공통의 관심사를 공통적 관점에서 구현하는 보편성을 지니고 있다. 과학, 역사, 문학, 철학 등 전통적 학문에 국한되지 않고, 현대인들의 관심사 전반을 아우르는 콘텐츠를 제공한다. 현재 일반 문서 기준 1,541,991개의 문서[1]가 존재하는 나무위키는 한국적 맥락에서 대중들의 실질적인 요구와 트렌드를 반영한 문서 구성을 통해 보편적인 관심사를 충족시키고 있다. 특히, '실시간 검색어' 서비스를 제공하며, 현재 사람들이 어떠한 공통의 관심사를 가지고 있는지를 보여주는 웹사이트로써의 기능도 수행하고 있다.

전 세계 모든 웹사이트, 앱 또는 산업을 위한 데이터 기반 인사이트를 제공하는 시장 인텔리전스 플랫폼 '시밀러웹(Similarweb)'의 정보에 따르면 나무위키는 한국에서 사람들이 가장 많이 방문한 웹사이트 부문 5위, 세계에서 사람들이 가장 많이 방문한 소셜 네트워크 웹사이트 부문 14위를 차지했다[2]. 트렌드와 현실을 반영하는 콘텐츠를 통해 나무위키는 높은 대중성과 친숙함을 확보하고 있다. 이는 구비문학이 청중의 일상적 경험과 문화적 배경을 이야기로 녹여내며 공감대를 형성했던 방식과 유사하다. 나무위키는 특정 주제나 사건에 대해 현대적이고 실용적인 설명을 제공하며, 이는 과거 구비문학이 당대 사회의 관심사와 연결되어 있었던 점과 맥을 같이한다. 이러한 점은 나무위키가 단순한 정보 전달의 도구를 넘어, 전통적인 구술 전승을 디지털 시대에 맞게 재구성하고 있음을 시사한다.

2) 적층성

나무위키는 다수의 사용자가 정보를 삭제, 수정, 추가하는 과정을 통해 콘텐츠를 지속적으로 변화시키며, 이는 구비문학의 전승 과정과

---

[1] 2024.12.20. 기준.
[2] 2024.12.01. 기준.

유사한 적층적 특징을 보여준다. 전통적 구비문학은 화자에 따라 이
야기의 내용이 새롭게 변형되고 확장되었으며, 현대의 나무위키 또한
디지털 환경에서 유사한 과정을 통해 독특한 문화적 텍스트를 만들어
낸다. 변화의 유형은 크게 삭제, 수정, 추가로 분류할 수 있다.

(1) 삭제

나무위키의 삭제 활동은 전승되는 과정에서 불필요한 요소를 걸러
내는 구비문학적 과정을 재현한다.

- 잘못된 정보 삭제: 잘못된 정보가 포함된 내용은 공동체 사용자
  들에 의해 종종 삭제된다.
- 비속어 표현 삭제: 부적절한 표현은 사용자들에 의해 삭제되며,
  이는 공동체적 규범을 반영한다. 하지만 비속어 표현이 한때 존
  재했던 흔적은 나무위키의 역사 수정 내역에 남아 독자들에게
  흥미로운 새로운 맥락을 제공하기도 한다.
- 무관한 내용 삭제: 문맥과 상관없는 내용이 삭제되지만, 때로는
  이 과정에서 전혀 예상치 못한 독특한 해석이 등장하기도 한다.
  이는 구비문학이 시대와 환경에 따라 주제와 서사를 재조정해
  왔던 방식과 유사하다.

(2) 수정

나무위키에서 이루어지는 내용 수정은 단순히 오류를 바로잡는 것
이상의 의미를 가지며, 구비문학에서 이야기가 새롭게 구성되는 과정
을 디지털 환경에서 재현한다.

- 문법 수정: 문법적 수정은 가독성을 높이는 데 기여하지만, 동시에 문장의 분위기나 의미가 미묘하게 바뀌는 계기를 제공한다. 이는 구비문학에서 단어 선택과 어조의 차이에 따라 이야기의 뉘앙스가 달라지는 현상과 유사하다.
- 내용 수정: 기존 내용이 사용자의 새로운 해석이나 발견에 따라 수정되며, 원래 내용과 다른 방향으로 이야기가 전개되기도 한다.

(3) 추가

나무위키의 내용 추가는 새로운 관점과 사건을 포함하여 기존 텍스트를 확장하며, 구비문학의 서사적 확장 방식을 재현한다.

- 새로운 정보 추가: 기존 서술에 없던 역사적 사실, 맥락, 혹은 독자적 해석이 추가되며, 이는 구비문학에서 새로운 에피소드가 첨가되는 과정과 유사하다. 때로는 추가된 정보가 원래 이야기와 상반되는 내용을 담고 있음에도 불구하고 독자들에게 신선한 서사를 제공한다.
- 새로운 사건 추가: 기존에 없었던 새로운 사건이 발생할 경우 해당 사건이 내용에 추가될 수 있으며 계속해서 적층되는 위키의 특성에 의해 가장 많이 볼 수 있는 유형이다.
- 새로운 의견 추가: 독자 개인의 해석과 의견이 추가되며, 이는 구비문학의 다층적 해석 가능성을 반영한다. 이러한 의견은 기존 이야기의 새로운 방향성을 제시하거나, 독자들 간의 논의를 촉진시키는 역할을 한다.

3) 단순성

단순성은 쉽게 기억되는 내용과 형태의 속성을 의미한다. 이는 정보가 독자에게 얼마나 쉽게 이해되고 각인되는지를 나타내는 중요한 지표이다. 특히 구술문학은 매체를 통한 전달이 아니기 때문에, 사람들에게 잘 기억되고 반복적으로 전달되기 쉬운 특성을 필수적으로 지니고 있다. 나무위키 역시 현실적이고 쉽게 이해 가능한 설명 방식을 통해 독자의 흥미를 유발하며, 쉬운 이해를 돕는다. 이는 복잡한 이론적 설명 대신, 일상적인 언어와 구체적인 사례를 활용한 서술 방식에서 나타난다.

(1) 문장 형식의 특징

본 연구에서는 '문장 당 글자수', '문장 당 실질형태소 수', '문장당 절 수'의 세 가지 기준으로 나무위키와 한국민족문화대백과사전의 단순성을 비교 분석해보고자 하였다. 이때 소수점은 1의 자리를 기준으로 반올림하였으며, '절'의 경우 연결 어미, 명사형 어미, 관형형 어미의 수를 기준으로 측정하였다.

[표 1] 단순성 지표 수치 분석 결과표

	평균값		중앙값	
	나무위키	한국민백	나무위키	한국민백
글자수	44	55	38	50
실질형태소 수	16	20	14	18
절 수	5	6	5	6

세 가지 기준에서 전부 나무위키가 한국민족문화대백과사전에 비해 낮은 수치를 보였다. 글자수는 대략 10글자 정도의 차이를 보였고, 형태소의 수 또한 4개 정도 적었다. 한국민족문화대백과사전과 비교하여 나무위키가 한 문장이 포함하고 있는 글자, 실질형태소, 절의 개수가 낮은 것은 사실이지만, 아래 [그림 2]에서도 확인할 수 있듯이 유의미한 큰 차이를 보이지는 않았다. 총 데이터를 평균값, 중앙값의 평균으로 그래프화 하였을 때, 두드러지는 차이점을 발견할 수 없었기 때문에 나무위키가 다른 디지털 백과에 비해 '단순성'을 가지는 이유로 문장의 형식 외에 다른 요인을 찾고자 하였다.

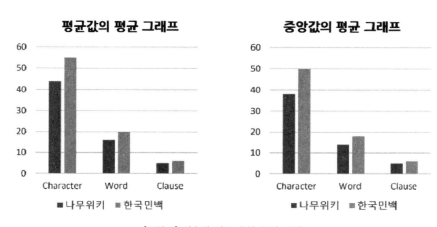

[그림 2] 단순성 지표 수치 분석 그래프

(2) 내용 구성의 특징

나무위키와 한국민족대백과사전 내 '고전소설' 관련 문서를 기준으로 내용 구성의 차이점을 파악해보고자 하였다. 같은 카테고리의 동일한 콘텐츠를 다룸에도 어떠한 차이를 보이는지를 분석하여 내용 구

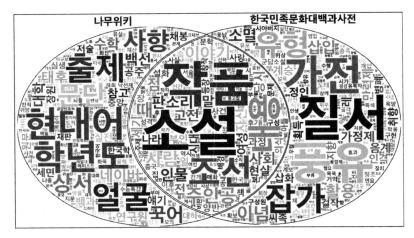

[그림 3] '고전 소설' 문서 워드클라우드 결과

성적 측면에서 단순성의 특징을 확인하고자 하였다.

워드클라우드 분석은 나무위키와 한국민족문화대백과사전의 어휘 사용 및 서술 방향의 차이를 시각적으로 보여준다. 나무위키와 한국 민족문화대백과사전은 공통적으로 "작품", "소설", "내용", "조선", "인 물", "주인공", "이야기" 등과 같은 주요 키워드를 공유하며, 이는 두 웹사이트 모두 고전소설 작품의 기본 정보를 충실히 제공한다는 점을 보여준다. 그러나 세부적인 키워드에서는 두 웹사이트가 뚜렷한 차이 를 보인다.

한국민족문화대백과사전의 경우, "가전", "질서", "풍유", "잡가", "가 정제", "융경제" 등 이론 중심의 학술적 키워드가 큰 부분을 차지하고 있다. 이는 전통 문학의 체계적 설명과 분석을 강조한 결과이며 백과사 전으로서 기능하는 해당 사이트의 전문성을 부각한다. 반면 나무위키 의 경우, "출제", "현대어", "학년도", "드라마" 등 현실적이고 현대적

트렌드가 반영된 키워드를 포함하고 있다. 이러한 키워드는 독자들이 친숙한 언어와 현대적 맥락을 통해 해당 콘텐츠를 쉽게 이해하도록 돕는다. 나무위키는 이론 중심의 정형화된 설명을 지양하고, 현실적 예시와 일상어를 적극적으로 활용한 서술 방식을 채택하였다. 예를 들어, 나무위키는 고전소설 작품 설명에서 "드라마"나 "웹툰"과 같은 현대적 각색 사례를 언급하며 독자들이 해당 작품을 친숙하게 느끼도록 유도한다. 또한, "학년도", "수학", "국어", "수능특강" 등 대학수학능력시험에 관련된 키워드들이 빈번하게 등장한다. 이를 통해, 한국 교육에서 가장 중요한 부분 중 하나인 대학 입시에 관한 내용 또한 반영이 된 점을 확인할 수 있다. 이는 구비문학의 '기억하기 쉽고 각인되기 쉬운' 특성과 유사하다. 나무위키는 독자들이 정보의 핵심을 빠르게 이해할 수 있도록 짧고 명료한 표현을 사용하며, 더불어 특정 주제에 대한 현대적 사례를 제공함으로써 현대적 재해석을 가능하게 한다.

이처럼 나무위키의 단순성은 문장의 형식적 특성에서 기인한 것이 아니라, 현대적 맥락을 반영한 어휘 선택과 서술 방식에서 비롯되었음을 확인할 수 있었다. 이는 나무위키가 독자 친화적인 사이트로 자리 잡게 한 중요한 요인으로 작용하며, 한국민족문화대백과사전과 같은 학술 중심 사이트와의 차별성을 강화한다. 또한, 이러한 분석은 나무위키가 구비문학과 같은 전통적 구술 예술의 특징을 디지털 환경에서 재구성하고 있음을 보여준다. 구비문학이 청중의 관심사와 현실적 맥락을 반영하여 단순성을 확보했던 것처럼, 나무위키는 현대의 독자들에게 쉽게 기억되고 각인되는 친숙한 콘텐츠를 기본 정보와 함께 제공함으로써 디지털 시대의 새로운 지식 전승 방식을 제시하고 있다.

4. 결론

1) 종합적 결론

이 연구는 익명성, 보편성, 대중성, 적층성, 단순성 총 다섯 가지 측면에서 나무위키에 나타나는 구비문학의 특성을 분석하고 구비문학 아카이빙에 있어서 한국민족문화대백과사전(EKC)과 나무위키의 특성 차이를 비교해보았다. 연구의 결론은 다음과 같다.

첫째, 나무위키는 익명성, 보편성, 대중성의 특징을 지닌다. 익명성 측면에서 나무위키는 닉네임과 IP 주소를 기반으로 익명의 편집이 가능하도록 설계되어 있다. 보편성 측면에서 나무위키는 2024년 12월 기준 리다이렉트 문서를 포함하여 총 1,541,991개의 일반 문서를 보유하고 있으며, 방대한 문서에 대한 이용자들의 검색 데이터를 집계하여 Search Term Ranking을 제공한다. 대중성 측면에서 나무위키는 누구나 쉽고 편리하게 문서를 편집할 수 있도록 만들고, 대중의 교육 수준에 맞는 친숙한 콘텐츠를 제공함으로써 "웹상의 놀이터"로 불릴 만큼 높은 인기를 얻고 있다.

둘째, 적층성 측면에서 나무위키 문서의 내용은 익명의 이용자들에 의해 지속적으로 변화한다. 이러한 변화는 크게 내용 삭제, 내용 수정, 내용 추가의 세 가지 유형으로 나타나며, 각 유형에 따라 다양한 양상이 확인됨을 연구를 통해 발견했다. 구체적으로, 내용 삭제는 잘못된 정보의 삭제, 모호한 표현의 제거, 그리고 문서와 관련 없는 내용의 삭제로 구분된다. 내용 수정은 비문이나 오타의 수정, 정보의 명확화로 이루어진다. 마지막으로, 내용 추가는 새로운 정보, 사건, 의견의 삽입으로 특징지어진다. 이러한 양상은 구비문학이 입에서 입으로 전해지며 변이하고, 그 과정에서 창조적 특성이 발현되는 현상과 유사하다.

셋째, 단순성 측면에서 나무위키의 인기 이유는 EKC와 비교했을 때 문장 구조의 양적 차이 때문이 아니라, 사용된 단어의 질적 차이에 있다는 사실을 발견했다. 이는 문장당 글자 수, 내용형 형태소, 절의 수를 나타낸 막대 그래프를 통해 입증되었다. 워드클라우드를 통해 시각화한 질적 데이터를 살펴본 결과, 나무위키는 현재의 트렌드를 반영한 반면 EKC는 이론적인 설명에 집중한다는 경향을 발견할 수 있었다 이러한 차이는 나무위키가 EKC보다 더 높은 접근성과 가독성을 지니기 때문으로 보인다. 결론적으로, 나무위키는 현실을 반영하는 다양한 사례와 독자들이 더 쉽게 공감할 수 있는 일상적 언어를 통해 단순성을 달성했다고 볼 수 있다. 이는 EKC가 제공하는 이론적이고 다소 경직된 설명과 대조를 이룬다.

결론적으로, 연구를 통해 나무위키가 디지털 환경에서 구비문학의 핵심 특성(익명성, 보편성, 대중성, 적층성, 단순성)을 재현한다는 사실이 입증되었다. 판소리 명창의 마루에서부터 사람들이 매일 마주하는 데스크탑에 이르기까지, 구비문학은 점차 구두로 전달되는 예술에서 디지털 친화적인 오락물로 변모해 왔다. 여기서 더 나아가, 나무위키는 단순히 구비문학을 담고 있는 디지털 매체일 뿐만 아니라, 그 운영 방식 자체가 구비문학이 전승된 방식과 일치한다고 볼 수 있다. 나무위키에서 구비문학은 현대 독자들의 시선을 통해 끊임없이 갱신되고 있으며, 자기 혁신 과정을 거치고 있다. 구비문학은 사라지지 않으며, 단지 형태를 바꿀 뿐이다.

2) 후속 연구 가능성 및 보완점

이번 연구는 나무위키의 내용을 정량적, 정성적으로 분석하는 데 초점을 맞췄으나, 실제 나무위키 이용자들의 이용 동기와 사용 방법을 직접적으로 조사하지 못했다는 한계를 지니고 있다. 따라서 후속 연구에서는 나무위키의 구비문학 문서를 직접 편집해본 경험이 있는 사용자를 모집하여 심층 인터뷰를 진행하면 좋을 것이다. 이를 통해 나무위키의 적층성과 단순성이 이용자의 관점 및 경험에서 어떻게 작동하는지에 관한 심도 있는 정보를 얻을 수 있을 것으로 기대된다.

또한, 이번 연구는 나무위키에 기록된 구비문학 문서를 종합적으로 분석했지만, 구비문학의 하위 갈래(설화, 민담, 신화, 무가, 민요 등)에 따른 문서 작성 및 편집 양상을 세부적으로 파악하지 못했다는 한계도 존재한다. 후속 연구에서는 구비문학 문서를 하위 장르별로 구분하고, 각 장르에 대한 정량적 및 정성적 분석을 진행할 것을 제안하는 바이다. 이를 통해 구비문학의 갈래에 따라 나무위키 문서에서 단순성과 적층성이 어떻게 다르게 나타나는지에 대한 새로운 통찰을 얻을 수 있을 것이다.

제6장
조선시대 인사 데이터 구축과 활용 방안

서민주 · 류호연 · 김의겸 · 최필중 · 손영신 · 김강훈

1. 서론

　디지털 인문학은 정보통신기술의 도움을 받아 수행하는 인문학 연구, 교육, 창조적인 저작 활동을 포함하는 용어로, 전통적인 인문학에 새로운 연구 방법을 도입하여 연구 성과의 도출을 목표한다.[1] 한국사 영역에서도 디지털 인문학을 수용한 이래 '디지털 역사학'을 제창하며 해당 분야의 연구들이 축적되고 있다. 조선시대 분야에서는 주로 기왕에 디지털화된 자료를 이용한 연구가 이루어지는 한편 기관을 중심으로 종이 매체로 존재하던 사료를 데이터로 구축하여 연구자들이 다양하게 활용할 수 있도록 하는 작업도 진행되고 있다. 본고는 방대한 데이터 가운데 조선시대 인사 관련 데이터의 구축 현황을 검토하고,[2] 조선후기의 인사 정보를 담고 있는 인사 데이터로서 『정사책』의

---

[1]　김현·임영상·김바로, 『디지털 인문학 입문』, 휴북스, 2016, p.17, p.44.

[2]　본고에서는 일단 문과와 무과에 집중하여 관인, 관직 데이터의 구축 현황을 검토하였다. 보다 구체적인 관인·관직 정보의 디지털화 작업에 대해서는 이재옥, 『조선시대 과거 합격자의 디지털 아카이브와 인적 관계망』, 보고사, 2018, pp.44~84를 참고할 것.

가치를 소개, 『정사책』의 데이터베이스화를 위한 구축 경험을 공유하고자 한다.

1995년 '국역 조선왕조실록 CD-ROM'의 간행 이후 한국사 분야에서 종이 매체를 디지털 매체로 변환하는 작업이 시도되었다. 실록 CD-ROM 전체가 인사 데이터는 아니지만 실록 내에 기재된 부분적인 인사 기록을 통해 인사의 실상을 확인할 수 있다는 점에서 주목된다.[3] 직접적인 인사 기록의 디지털화는 과거 합격자 정보를 기록한 방목의 전산화에서 시작되었다. 하버드대학교 에드워드 와그너 교수와 전북대학교 송준호 교수는 1967년부터 '문과 프로젝트'라는 이름으로 조선시대의 문과 급제자를 연구하였고, 그 결과물로 2001년 『조선문과방목』의 CD-ROM이 간행되었다.[4] 이후 『조선문과방목』은 한국학중앙연구원의 한국역대인물종합정보시스템을 구축하는 작업에 포함되어 웹상에 공개되었다. 『무과방목』은 2005년, 2008년 두 차례 국가 DB 사업을 통해 23,859명의 무과 급제자가 정리되었고 2014년까지 총 26,614명의 신상 정보가 복원되었다.[5]

2005년 9월부터 2008년 8월까지 약 3년에 걸쳐 한국 역사상 관인의 명단을 데이터베이스화하는 '관인·관직 DB' 연구 사업이 진행되었다. 해당 작업은 역사 인물에 대한 광범위한 DB 구축을 일차 목표로 하였고, 이를 통해 관직 이동 경로 파악, 관료제 운영 시스템 연구의 활성화를 의도하였다.[6] 당시 구축된 데이터 총량은 약 14,085,581건으로 조

3) 홍순민, 「조선왕조실록 인사기록의 자료가치」, 『역사와현실』 1, 한국역사연구회, 1989.
4) 이재옥, 앞의 책(2018), p.44.
5) 양창진, 「조선시대 무과 급제자 정보화 사례 연구: 집단지성에 의한 사료의 복원」, 『동양고전연구』 56, 동양고전학회, 2014, pp.136~140.

선시대에 한정했을 때 관인정보 51,900명, 관직정보 8,951건을 확보
하였다.[7] 이상의 작업은 2009년 논문으로 발표[8], 2010년 『한국 역사
상 관료제 운영시스템에 관한 연구』라는 단행본으로 정리되어 출간되
었다.[9] 파편적으로 존재했던 관인의 정보가 해당 사업을 계기로 통합
되면서 특정 관직의 재직 실태를 통계화할 수 있었을 뿐 아니라 여러
관인의 관력을 구조화하여 엘리트 코스를 정의하는 작업도 가능해졌
다. 다만 단행본과 함께 출간된 CD-ROM에는 구축한 데이터 전체가
아닌 극히 일부만이 제공되고 있어 자료의 공유 측면에서 아쉬움이
있다.

한국학중앙연구원에서는 행정안전부와 한국정보화진흥원(현 한국
지능정보사회진흥원)과 함께 국가 DB 사업의 성과로 한국역대인물종합
정보시스템을 구축하였다. 이 시스템은 인물에 대한 상세한 생애 정보
를 담은 인물 사전을 중심으로, 고려와 조선시대 과거 합격자 신상정
보, 성씨와 본관 정보 및 관직명 정보 등을 종합적으로 수록하고 있

6) 정만조, 「韓國史上의 官職 官人 DB구축과 官僚制 운영시스템 연구: 고조선에서 대한
제국까지(결과보고서)」, 한국연구재단, 2009.
7) 정만조, 앞의 보고서(2009), p.23.
8) 조선시대로 한정하여 당시 제출된 논문을 정리하면 다음과 같다. 정만조, 「조선시대
삼공의 관력분석: 엘리트 코-스 추적의 일단」, 『한국학논총』 31, 국민대학교 한국학연
구소, 2009; 지두환, 「조선시대 경연관 연구」, 『한국학논총』 31, 국민대학교 한국학연
구소, 2009; 이근호, 「조선시대 이조전랑의 인사 실태」, 『한국학논총』 31, 국민대학교
한국학연구소, 2009; 이선희, 「조선시대 8도 과찰사의 재임실태」, 『한국학논총』 31,
국민대학교 한국학연구소, 2009; 최동원, 「조선중기(선조~현종) 삼공육경직의 인사
운영」, 『한국학논총』 31, 국민대학교 한국학연구소, 2009; 강성득, 「17~18세기 승정
원 주서직의 인사실태」, 『한국학논총』 31, 국민대학교 한국학연구소, 2009; 이창걸,
「조선시대 문과급제자의 분관실태에 관한 연구: 1623~1720년 시기를 중심으로」, 『한
국학논총』 31, 국민대학교 한국학연구소, 2009.
9) 정만조, 『한국 역사상 관료제 운영 시스템에 관한 연구』, 국민대학교 출판부, 2010.

다.[10] 현재 약 16만여 명의 인물정보를 서비스하고 있으며 무과 급제자, 생원·진사시 급제자, 음양과 합격자 등에 대한 정보를 등록하고 있어 인물 정보의 양적·질적 확대가 지속되고 있다. 한국학중앙연구원은 시스템에 입력된 인물에 고유한 식별자를 부여하고 해당 식별자를 다른 정보시스템에 연계할 수 있도록 역대 인물 UCI 시스템을 구축하였다.[11] 1명의 인물에게는 하나의 식별자가 할당되는 체계를 형성하여 여타 사이트의 인물 정보까지 중복없이 축적될 수 있도록 의도한 것이다.

국사편찬위원회에서는 조선왕조실록의 부가열람에 『조선왕조실록』의 인물 정보와 관직 재직 정보를 대상으로 구축한 관인·관직별 열람을 서비스하고 있다.[12] 관인별 열람에서는 본관 또는 성씨별로 인물을 선택하면 인물의 관력을 시기별로 확인할 수 있다. 관직별 열람은 관직을 기준으로 검색할 수 있으며 검색한 관직을 역임한 인물의 이름과 본관, 생몰년을 시기순에 따라 파악할 수 있다. 한편 국사편찬위원회의 '한국역사정보통합시스템'을 계승 발전한 한국학중앙연구원의 '한국학자료통합플랫폼'에서는 유교넷의 영남유교인물, 한국문집총간 저자행력정보, 한국역대인물종합정보시스템의 고려조선 과거급제자정보를 연계한 '한국 전통인물 데이터베이스'를 운영한다.[13] 2022~2026년의 5개년 사업 첫 단계의 구현으로, 추후 기관과 DB를 확대하면

10) 한국역대인물 종합정보시스템(http://people.aks.ac.kr/index.aks).
11) 한국역대인물 종합정보시스템 인물 UCI 소개(http://people.aks.ac.kr/front/uci/uciInfo.aks?isEQ=true&kristalSearchArea=P)
12) 한국사데이터베이스 조선왕조실록 관인별열람(https://sillok.history.go.kr/manInfo/nameList.do).
13) 한국학자료통합플랫폼(https://kdp.aks.ac.kr/).

인물에 대한 정보를 한눈에 열람할 수 있을 것으로 기대된다.

인물 자체에 대한 정보 축적에서 더 나아가 인물 간의 관계를 보다 효율적으로 활용할 수 있도록 목표한 서비스도 시도되었다. 성균관대학교 동아시아학술원 존경각에서는 한국경학자료 DB 구축사업을 통해 존경각에서 소장하고 있던 족보 관련 정보를 전산화하여 '한국족보자료시스템'으로 공개하였다.[14] 한국학중앙연구원 한국학자료센터에서는 『만가보』에 수록된 335개 성씨별, 본관별 열람 서비스 및 인물 검색을 제공하는 '인물관계정보' 사이트를 개설하였는데, 인물을 중심으로 가계도를 시각화하여 활용성을 제고하였다.[15] 기존에 고전번역서 생성을 중심으로 하던 한국고전종합 DB는 2018년 '인물관계정보서비스'를 기획하여 2021년 인물의 기본정보, 혈연, 혼맥, 문인, 교유관계 등을 정리한 사이트를 공개하였다.[16] 이외에도 왕실 인물을 중심으로 한 족보 사이트가 웹상에 공개되어 특정 인물의 혼맥, 당파, 학파를 추적할 만한 자료들의 공유가 활성화되었다.[17]

이상의 작업들이 국가 사업과 기관의 협력을 통해 주로 데이터 구축 및 공개를 목표로 하였다면 디지털 기술을 접목하는 개별 역사학 연구도 진행되는 추세이다.[18] 조선시대 선생안의 디지털 아카이브를 제안

---

14) 한국족보자료시스템(https://jokbo.skku.edu/).

15) 한국학자료센터 인물관계정보(https://kostma.aks.ac.kr/FamilyTree/).

16) 한국고전번역원 고전정보센터, 「한국고전종합DB 구축의 성과와 과제」, 『민족문화』 59, 한국고전번역원, 2021, pp.14~15. 한국고전종합DB 인물관계정보(https://db.itkc.or.kr/people/).

17) 장서각 기록유산 DB '왕실족보'(https://jsg.aks.ac.kr/vj/jb/item/).

18) 디지털 역사학의 범주에 포괄할 만한 다양한 연구들이 축적되었으나, 모든 연구들을 다루는 것은 본고의 취지와 부합하지 않기 때문에 『선생안』, 『홍문록』과 같이 『정사책』과 유사한 성격을 가진 연구들에 대해서만 한정적으로 다뤘다.

한 연구는 장서각에 소장된 47종의 선생안으로 구조 및 내용을 파악하여 온톨로지를 설계하였다.[19] 온톨로지의 실험적 구현은 『명릉선생안(K2-524)』을 대상으로 이뤄졌으며, 여기에는 관원의 부임일과 체임일로 산출한 평균 재직 기간이 포함되었다.[20] '중국인물 데이터베이스 프로젝트(CBDB)'에 착안하여 '한국역사인물데이터베이스(KBDB)' 온톨로지 설계 방안을 탐색한 연구도 제출되었다.[21] 『홍문록』의 정보 구조를 개념화하고 웹상에 디지털화된 관원에 대한 정보를 매개하여 KBDB 한국 역사인물정보 네트워크의 샘플을 제시하였다. 해당 설계 방안이 실현되는 경우 각종 기관에서 별도로 시행했던 DB 작업이 KBDB에 통합되어 한국사 연구의 효율성이 증대될 수 있다.

　한국사 관련 데이터의 공개와 관련 연구의 양적 증가는 조선시대 인사제도의 실증에 필요한 데이터가 축적되는 과정이라는 점에서 고무적이다. 이러한 흐름에 발맞추어 본고에서는 조선시대 인사 데이터를 구축하기 위한 자료로 『정사책』을 제안한다. 『정사책』은 이조와 병조에서 시행한 인사 행정의 보고 사항, 왕의 전교, 망단자 등을 기록한 책이다. 현전하는 『정사책』은 영조대부터 고종대까지 약 61개년에 이른다. 실록이나 승정원일기, 일성록에 포함된 인사 기록 역시 광범위하지만 이상의 연대기 자료에는 등장하지 않는 후보자, 낙점자의 인적 사항이 『정사책』에는 기록되었다. 게다가 『정사책』의 내용을 승정원일기와 비교하면 이조나 병조에서 실시한 인사 행정이 어떠한 과정을

---

19) 김사현, 「조선시대 선생안 온톨로지 설계」, 『동양고전연구』 69, 동양고전학회, 2017.
20) 김사현, 위의 논문, p.131.
21) 김바로, 「한국역사인물데이터베이스 설계 시론: 홍문록을 예시로 하여」, 『한국학』 46, 한국학중앙연구원, 2023.

거쳐 이뤄졌는지를 구체화할 가능성도 충분하다. 본고는 이상의 사료
적 가치를 갖는『정사책』을 통해 조선후기 인사제도의 단면을 검토할
수 있으며 이를 위한 기초 작업으로서『정사책』의 데이터 구축 및 활용
방안을 제시하고자 한다. 먼저 2장에서는 현재까지 확인된『정사책』
6종을 비교 검토하여 어떤 책을 데이터 구축의 저본을 설정한다. 3장에
서는『정사책』의 체제와 기록 특징에 따라『정사책』자료 구축의 방법
에 대해 고민한다. OCR 기술 활용의 불완전함으로 인해 여전히 데이터
구축에 인력이 소모될 수 있다는 점도 지적한다. 4장에서는 부분적으
로나마 구축된『정사책』의 자료를 활용할 때 어떤 연구가 진행될 수
있는지 구체적인 사례를 제시하고자 한다. 추후 구축 작업이 완료되어
연구자에게 공개된다면 조선시대 인사 제도를 구체화하고, 조선 관료
제의 특징과 성격을 규명할 수 있는 계기가 되지 않을까 기대한다.

2.『정사책』자료 현황

『정사책』은 이조와 병조에서 시행한 인사 행정의 과정을 기록한 책
이다. 관원의 인사 이동에 필요한 망단자(望單子)와 관직 제수 여부에
해당하는 낙점(落點) 표기가 있는 것으로 볼 때, 완료된 인사 행정의
결과를 정리하는 작업의 일환이었던 것으로 추정된다. 특히 [표 1]의
규장각 소장 奎貴1222의 망단자 상단에는 붓으로 점을 찍어 무엇인
가를 확인한 흔적이 남아 있어 관직을 제수할 때나 이전의 인사 이동
을 파악하는 데『정사책』이 직접적으로 활용되었을 가능성을 보여준
다. 현재까지 확인한『정사책』은 총 6종이다.[22]

[표 1] 현전하는 『정사책』의 자료 현황

	책명	책수	청구기호	소장처
1	政事冊	132책	奎貴12222-v.1-132	규장각한국학연구원
2	政事冊	1책	古貴4259-1	규장각한국학연구원
3	政事冊	50책	K2-283 1-50	한국학중앙연구원 장서각
4	政事冊	1책	古朝51-나65	국립중앙도서관
5	政事冊	1책	古朝31-398	국립중앙도서관
6	政事冊	1책	원당古2157-23	국립중앙도서관

규장각한국학연구원에서 소장하고 있는 『정사책』은 두 종류로, 132 책 분량에 달하는 奎貴12222-v.1-132(이하 奎貴)와 1책 분량인 古貴 4259-1(이하 古貴)이다. 두 종류의 『정사책』은 보경문화사에서 영인 한 25권의 『정사책』에 함께 수록되었다.[23] 奎貴는 영조 11년(1735)부 터 고종 31년(1894)까지 이조에서 수행한 인사 행정을 기록하고 있다. 다만 해당 기간의 모든 책이 전하는 것은 아니고 1/3 수준인 57개년의 기록이 현전한다. 古貴는 전체적인 형태는 奎貴와 비슷하며 奎貴본에 는 누락된 고종 15년(1878)의 이조 정사 결과가 정리되어 있어 보완이 가능하다. 규장각에서 소장하고 있는 총 133책의 두 『정사책』으로 18~19세기의 58개년에 해당하는 기간 이조에서 실시된 인사 행정의 구체적 내용을 파악할 수 있는 셈이다.

---

22) 『정사책』과 성격이 유사하지만 책명이 다른 『注擬改』는 제외하였다.

23) 『정사책』, 보경문화사, 1989.

[표 2] 『정사책』(奎貴12222-v.1-132)의 구성

연도		책	연도		책	연도		책
1735년	영조11	1, 2	1816년	순조16	32, 33	1854년	철종5	85, 92
1755년	영조31	9	1817년	순조17	34, 35	1856년	철종7	93, 89
1764년	영조40	3, 4	1818년	순조18	48, 49, 50	1857년	철종8	88, 83
1765년	영조41	5, 6	1823년	순조23	51, 52	1858년	철종9	90, 84, 89
1768년	영조44	7, 8	1824년	순조24	53, 54	1863년	철종14	87, 91
1774년	영조50	10, 11	1825년	순조25	63, 64	1864년	고종1	131, 132, 117
1775년	영조51	12, 13	1826년	순조26	41, 42	1865년	고종2	129, 128, 130
1777년	정조1	31, 28	1827년	순조27	38, 39, 40	1867년	고종4	124, 125, 126
1778년	정조2	25, 30	1828년	순조28	44, 45	1874년	고종11	114, 115, 116
1786년	정조10	14, 15, 16	1834년	순조34	36, 37	1875년	고종12	112, 113
1787년	정조11	17, 18	1835년	헌종1	67, 66	1876년	고종13	119, 120
1793년	정조17	22, 23, 24	1836년	헌종2	80, 81	1877년	고종14	111, 127
1797년	정조21	19, 20, 21	1837년	헌종3	82, 65	1886년	고종23	118, 121, 122, 123
1798년	정조22	29, 26, 27	1838년	헌종4	78, 79	1887년	고종24	96, 103, 104
1804년	순조2	55, 56, 57	1844년	헌종10	74, 75	1888년	고종25	105, 102, 101
1805년	순조5	62, 46	1845년	헌종11	76, 77	1889년	고종26	97, 106, 98
1806년	순조6	47, 43	1846년	헌종12	72, 73	1890년	고종27	99, 108, 100
1807년	순조7	58, 59	1847년	헌종13	70, 71	1891년	고종28	107, 110, 109
1808년	순조8	60, 61	1848년	헌종14	68, 69	1894년	고종31	94, 95

두 종류의 『정사책』의 체제와 기록 방식은 유사하다. 정사날짜, 이조 당상관의 참석 여부를 차례로 적고 이후에 인사 행정과 관련된 기록들이 나열되어 있다. 이비(吏批)에서 올린 이비계사(吏批啓事), 국왕의 전교(傳敎)는 줄글의 형태로, 특정 관직을 선발하기 위한 망단자(望單子)는 수망(首望), 부망(副望), 말망(末望) 세 후보자의 관직과 성명,

낙점 표시의 일정한 형식이 반복된다. 대개 조선에서는 망단자에 3명의 후보를 갖추어 망단자를 올렸기 때문에 이상의 형식에 따라 기재된 것이다.

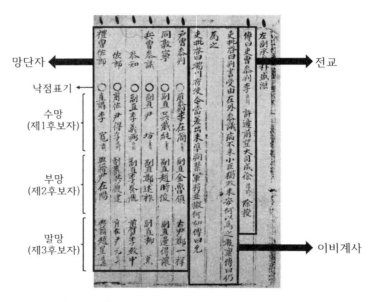

[그림 1] 『정사책』 체제의 예시(奎貴12222 25책 002a면)

최종적으로 선발된 관원의 관직명 앞에는 '○'로 표시하였고, 낙점을 받은 관원의 성명 아래 출신성분[文, 武, 蔭 등], 자급, 나이 등의 정보를 적었다. 선발하는 관직 하단에는 어떤 관원의 후임인지를 명시하였는데, 이는 주로 순조대 『정사책』부터 부분적으로 나타나는 특징이다. 한편 자급을 올려 받는 가자(加資)의 경우 가자를 받는 대상 관원의 정보를 적고 부기에 가자된 이유를 줄글의 형태로 기록하였다.

규장각의 奎貴 다음으로 거질인 한국학중앙연구원 장서각 소장의

K2-283 1-50(이하 K2)은 1928년 이왕직 실록편찬실에서 필사한 본이다. 각 책에 기재된 내용을 연도별로 구분하면 철종 5개년, 고종 14개년을 필사했음이 확인된다.

[표 3] 『정사책』(K2-283 1-50)의 구성

연도		책	연도		책
1854년	철종5	1책, 2책	1876년	고종13	26책, 27책
1856년	철종7	3책, 4책	1877년	고종14	28책, 29책
1857년	철종8	5책, 6책	1886년	고종23	30책, 31책, 32책, 33책
1858년	철종9	7책, 8책, 9책	1887년	고종24	34책, 35책, 36책
1863년	철종14	10책, 11책	1888년	고종25	37책, 38책, 39책
1864년	고종1	12책, 13책, 14책	1889년	고종26	40책, 41책, 42책
1865년	고종2	15책, 16책, 17책	1890년	고종27	43책, 44책, 45책
1867년	고종4	18책, 19책, 20책	1891년	고종28	46책, 47책, 48책
1874년	고종11	21책, 22책, 23책	1894년	고종31	49책, 50책
1875년	고종12	24책, 25책			

그런데 K2의 필사는 奎貴를 저본으로 하여 이루어졌을 것으로 추정된다.[24] 추정의 근거는 규장각 소장의 奎貴에 현전하는 철종, 고종대 정사책과 K2가 동일하다는 점, 고귀(古貴)의 고종 15년은 제외되었다는 점, 실물을 비교 검토하였을 때 기재 형식과 내용이 완전하게 동일하다는 점이다. K2는 원고지를 사용하였기 때문에 奎貴와 글자 정렬에는 차이를 보이지만 부기된 내용의 위치나 글자가 奎貴와 완전히 일치

---

24) 『정사책』 해제에서는 장서각 소장의 K2를 규장각 소장의 奎貴의 후사본(1928)으로 정의하였다(남지대, 「『정사책』 해제」, 앞의 책(1989), p.1).

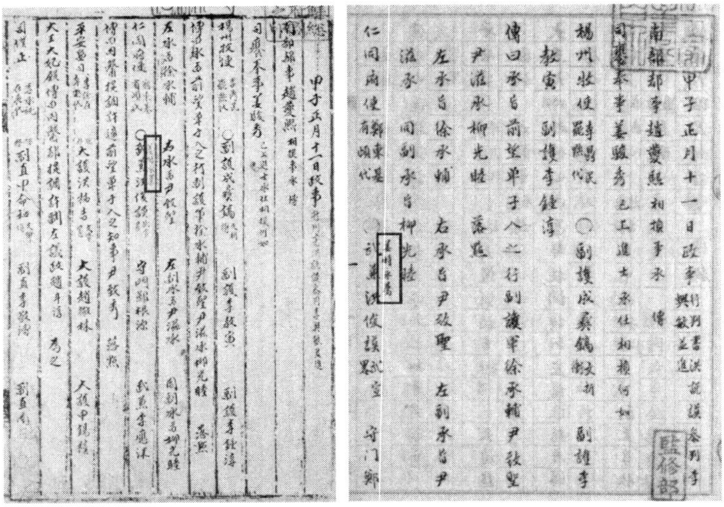

[그림 2] 奎貴12222 131책 00a면(좌)과 K2-283 12책 2쪽(우) 비교

한다. 철종과 고종대만을 필사한 이유는 정확하지 않으나, 1926년 순종 서거 이후 고종과 순종의 실록 편찬을 위한 자료를 수집하는 과정에서 작성되었다는 기존의 분석이 현재로서는 가장 신빙성이 있다.[25]

국립중앙도서관 소장본 古朝51-나65(이하 古朝51)는 1책 12쪽이라는 다소 적은 분량의 『정사책』이다. 古朝51에는 고종 16년(1879) 12월 21일부터 고종 17년(1880) 1월 16일까지 병조에서 실시한 인사 행정의 결과가 포함되었다. 앞서 설명한 3건의 『정사책』이 모두 이조의 것이었던 반면에 古朝51은 병조에서 남긴 인사 기록이라는 점에서 사료적 가치를 찾을 수 있다. 전교나 계사와 같은 줄글 형태의 기록

---

25) 장서각, 『정사책』 해제(https://jsg.aks.ac.kr/dir/view?catePath=%EC%88%98%EC%A7%91%EB%B6%84%EB%A5%98%2F%EC%99%95%EC%8B%A4%2F%EA%B3%A0%EC%84%9C&dataId=JSG_K2-283)

없이 망단자 59건이 기재되었으며, 기본적인 체제는 奎貴와 동일하다. 선발할 관직의 이름, 이름 아래 전임자에 대한 부기가 있고 수망, 부망, 말망 후보자의 관직명, 성명이 차례로 나열되었다. 다만 정사 날짜 아래에 별도로 참석한 병조 당상관 명단이 없다는 점, 낙점 표기가 부분적으로 확인된다는 점, 낙점을 받은 관원의 이름 아래 출신성분이나 자급과 같은 별도의 부기가 없다는 점은 아쉬운 부분이다.

古朝51과 유사한 성격의 『정사책』으로 古朝31이 남아있다. 1책 42쪽에 불과하지만 古朝31 역시 무관 인사에 대한 망단자를 기재하고 있다. 순조 2년(1802) 7월 16일부터 순조 3년(1803) 2월 22일까지의 길지 않은 기간이지만 순조 3년 1월 9일에 시행된 친림도목정사가 실려 있어 가치가 높다. 일 년에 두 차례 대규모의 인사 이동이 이뤄지는 도목정사에서 병조가 수행한 인사 행정의 과정을 재구현할 수 있기 때문이다. 대부분은 古朝51과 체제가 동일한데, 古朝31에는 무겸, 부장, 수문장 망단자의 후보자 이름 아래에만 유독 나이, 가문, 본관 정보가 적혀 있어 주목된다. 古朝51과 古朝31에 해당하는 기간과 같은 시기에 남아 있는 이조 『정사책』이 없다는 것이 아쉽기는 하지만 병조 『정사책』과 함께 이조와 병조가 수행한 인사 행정의 과정과 결과를 구체화할 수 있다는 점에서 두 자료의 가치를 찾을 수 있다.

마지막으로 원당古2157-23(이하 원당古)은 영조 41년(1765) 1월 2일부터 6월 11일까지 이조의 정사 결과를 기재한 필사본이다. 총 149쪽에 달하는 분량이지만 사용한 원고지와 인장을 보아 20세기에 필사된 것으로 추정된다. 내용은 규장각 소장본 奎貴의 5책과 완전히 일치하고 있어 원당古 역시 K2와 마찬가지로 奎貴를 필사한 것이 아닌가 생각된다.

이상 6종의 『정사책』을 검토한 결과, 조선후기 인사 기록의 데이터
베이스화에 저본으로 활용할 만한 가치가 높은 책은 규장각에서 소장
하고 있는 奎貴와 고귀이다. 이상의 결론에 근거하여 『정사책』의 데
이터를 구축하는 DB 작업은 일단 규장각이 소장한 두 종의 『정사책』
에서부터 시작하였다. 해당 작업이 완료되면 국립중앙도서관에서 소
장하고 있는 병조 『정사책』의 추가 구축 역시 진행할 것이다. 『정사
책』에 기재된 각종 인사 기록이 데이터베이스화된다면 인사 행정의
실상을 복원할 수 있을뿐더러 조선후기 관직 제도에 대한 연구 성과도
다양하게 축적될 수 있을 것이다. 연구 자료로서의 활용을 위해서는
『정사책』 데이터의 구축이 원활하게 이뤄져야 하는데, 구축 경험에
대해서는 3장에서 자세하게 서술한다.

3. 『정사책』 데이터 구축

3장에서는 『정사책』의 체제와 기록 특징을 통해 『정사책』 자료 구축
의 방법에 대해 살펴본다. 한자 원문 사료를 데이터베이스화할 때 가장
먼저 고려할 수 있는 디지털 도구는 OCR이다. OCR(Optical Character
Recognition)은 '광학 문자 인식'으로 사람이 쓰거나 인쇄한 문자를
컴퓨터가 읽을 수 있는 텍스트로 변환하는 기술을 의미한다.[26] 최근의
OCR은 고문서나 고문헌의 한자를 인식하는 데에도 활용되어 『정사

---

26) 구현아, 「고서 한자 인식 OCR의 데이터 수집과 활용 방안 고찰」, 『한중언어문화연구』
    65, 한국중국언어문화연구회, 2022, p.44.

책』의 텍스트 입력 시간을 단축하는 유용한 도구라 할 수 있다. 게다가
DB 작업의 저본이 된 奎貴와 古貴의 경우 인식률을 높이기 위해 별도
로 원문이미지 데이터 정제를 하지 않아도 될 정도로 깔끔하게 작성되
었기에 OCR 기술로 원문의 텍스트를 디지털화한다면 이후 작업이
상당히 수월할 것으로 예상된다.

　『정사책』 데이터 구축 작업팀(이하 구축팀)에서도 OCR의 도움을 받
기 위해 누리 IDT 고문헌한자시스템을 활용하였다.[27] 『정사책』의 이
미지를 고문헌 OCR 해서·행서에 제공하면 원문 텍스트를 추출하고,
이를 곧바로 파일로 내려받거나 복사할 수 있는 간편한 시스템이다.

[그림 3] 『정사책』의 OCR 활용 사례

　문제는 해당 OCR 시스템의 오답률이 약 15%라는 데 있다. 이는
누리 IDT 고문헌한자시스템에서만 발생하는 문제가 아니고, 현재 유
료 또는 무료로 공개되어있는 OCR 시스템에서 전반적으로 드러나는

한계이다.[28] 현재 구축 작업의 목표가 단순히 『정사책』에 수록된 글자들의 디지털화에 있지 않고, 조선시대 인사제도의 연구 성과에 기여하기 위한 자료를 축적하는 데 있기에 10% 이상의 오답률은 결국 사람에 의한 데이터 구축 작업이 필수적임을 시사한다. 어떤 글자가 잘못된 글자인지를 판별하고 이것을 활용 가능한 자료의 형태로 변경하는 작업에 인력이 투여될 수밖에 없는 것이다.

원점으로 돌아와 구축팀은 먼저 기록의 형식을 존중하면서 내용을 분류하는 방향으로 데이터베이스화 작업의 지침을 구상하였다. OCR은 이러한 작업을 수월하게 하는 보조 도구로 활용하고, 추후 작업이 통일성을 확보하게 되면 활용도를 높이는 방법으로 방향을 선회하였다. 지침에 기재된 『정사책』 내용의 분류는 크게 두 가지이다. 하나는 정사 시행 날짜, 다른 하나는 해당 날짜에 포함된 내용이다. 『정사책』에는 국왕의 전교, 이비의 계사, 망단자, 가자 등의 정보를 기재하기에 앞서 해당 인사 행정이 실시된 정사 일자를 가장 먼저 기재하는 형식이 반복되었다. 따라서 일차적인 분류는 정사 날짜를 기준으로 하였으며, 날짜 뒤에 기록된 이조 당상관의 정사 출석 여부도 함께 데이터로 구축하였다. 해당 일자에 포함된 각종 인사 행정은 내용에 따라 분류하였고, 분류된 항목에 따라 입력 양식에 차이를 두었다.

구축팀에서는 먼저 정조대 『정사책』을 기준으로 엑셀을 활용해 지침에 따른 작업을 진행하였다. 일차적인 분류인 정사 날짜는 다음과

---

28) 한국국학진흥원 고도서 한자 인식(https://ocr.ugyo.net/ocr/), 고지능 OCR 시스템 (http://ocr.ancientbooks.cn/index), GJ.cool(https://gj.cool/) 등 국내외에서 개발한 고문헌 관련 OCR을 활용하여 『정사책』의 글자를 디지털화했을 때 80% 정도의 일치율을 보였다.

같은 형태로 데이터화된다. 정사 날짜는 활용성을 위해 모두 아라비아 숫자로 바꾸고, 정사 유형의 구분을 위해 '유형'란을 두어 '정사', '도목정사', '친림도목정사' 등의 종류를 기입하였다.

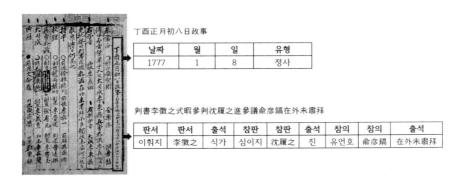

丁酉正月初八日政事

날짜	월	일	유형
1777	1	8	정사

判書李徽之式暇參判沈履之進參議兪彦鎬在外未肅拜

판서	판서	출석	참판	참판	출석	참의	참의	출석
이휘지	李徽之	식가	심이지	沈履之	진	유언호	兪彦鎬	在外未肅拜

[그림 4] 『정사책』의 일차 분류에 따른 데이터 구축

판서, 참판, 참의의 출석 명단은 한글 이름과 한자 이름을 나누어 기록하고 출석 여부는 한글로만 작성하였다. 이름을 한글과 한자로 모두 병기하는 것은 망단자에서도 마찬가지이며, 이는 한글 발음이 동일하지만 서로 다른 동명이인을 구분하기 위함이다. 즉, 연구를 위한 자료 활용에 방점을 두고 한자가 필요하면 한글과 한자를 병기, 그렇지 않으면 한글 또는 숫자로 표기하였다.

이차분류는 해당 날짜에 실시된 여러 인사 행정에 대한 것으로, 각각이 담고 있는 정보에 따라 재분류할 수 있다. 현재까지 파악된 인사 행정의 내용에 따른 구분은 총 12가지로, 망단자(望單子), 상환(相換), 가자(加資), 추증(追贈), 증시(贈諡), 잉임(仍任), 감하(減下), 이비계사(吏批啓事), 계사(啓事), 전교(傳敎), 위차(位次), 서용(敍用)이다. 이상의 분류는 추후 『정사책』을 검토하는 과정에서 항목이 추가될 수 있어 유동적이다. 각각의 분류에 따라 작성 방식은 상이한데, 가장 많은 비율을 차지하는 망단자를 예시로 입력 방식을 설명하면 아래와 같다.

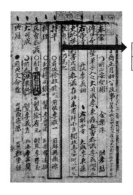

持平 ○前佐 徐郁修 文通訓 前佐 李敏一 前都 吳鼎源

제수관직	낙점	수망관직	수망관원	출신성분	자급	부기
지평	○	전좌	서욱수	문	통훈	

	낙점	부망관직	부망관원	출신성분	자급	부기
		전좌	이경일			

	낙점	말망관직	말망관원	출신성분	자급	부기
		전도	오정원			

[그림 5] 『정사책』의 이차 분류에 따른 데이터 구축 예시-망단자

실제 데이터를 구축할 때에는 낙점을 제외하고 한글과 함께 한자를 병기하지만 [그림 5]는 편의상 한글만을 입력하였다. 『정사책』에 기재된 체제에 따라 제수할 관직을 가장 앞에 적고, 수망, 부망, 말망의 앞에 각각 낙점 여부를 표기할 수 있도록 '낙점'란을 두었다. 첫 번째 후보자인 수망이 낙점을 받는 경우 [그림 5]와 같이 표시하고, 부망이나 말망이 낙점을 받는 경우에는 부망·수망관직 앞에 있는 낙점란에 표시한다. 출신성분이나 자급은 대체로 낙점자의 이름 아래 세주로 적혀 있고, 이외의 추가적인 부기가 있기도 하다. 이런 경우 출신성분과 자급은 구분된 칸에, 나머지 부기 내용은 '부기'란에 입력하도록 하였다. 만약 4명 이상의 후보자를 기재하는 장망(長望)의 경우 오른쪽으로 열을 추가하며 입력하였다.

　『정사책』의 데이터를 구축할 때 구축팀에서 최우선으로 고려한 원칙은 최대한 『정사책』의 자료 그대로를 입력하는 것과 가장 작은 단위까지 분할하여 입력하는 것이다. 첫 번째 원칙은 『정사책』의 원문 사료를 다시 검토하지 않고 구축된 DB 자료만으로도 원자료를 이해할 수 있도록 하기 위함이고, 두 번째 원칙은 추후 자료의 적극적인 활용을 계획하였기 때문이다. 실제 작성된 지침에 따라 입력한 엑셀은 다음과 같은 형태를 띠고 있다.

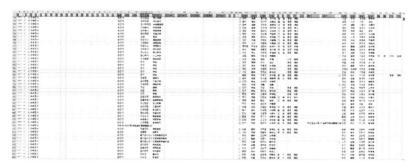

[그림 6] 『정사책』 데이터 구축의 사례

　이처럼 엑셀을 활용하여 사람이 직접 『정사책』을 구축할 때 발생하는 가장 큰 어려움은 시간 소모에 있다. 편리한 입력을 위해 관직명, 출신성분, 자급에 대해서는 함수 기능을 사용하고 있으나 함수에도 입력 제한이 있어 일부 관직에 대해서는 직접 입력하는 번거로움이 있다. 한글로 먼저 입력하고 추후 일괄 한자로 바꾸는 작업은 현재로서는 쉽지 않다고 판단된다. 한글 발음이 동일한데 다른 의미인 경우, 예컨대 성균관의 전적은 현임 전적을 뜻하는 '전적(典籍)'과 전임 전적을 칭하는 '전적(前籍)'이 모두 등장하기 때문이다. 이러한 차이를 반영할 수 없기에 현재는 한글과 한자를 동시에 입력하는 방법을 선택하였다. 이는 엑셀이라는 도구의 한계에서 비롯된 것인 만큼 추후 작업을 확대하는 과정에서 『정사책』 입력을 위한 도구(별도의 입력관리시스템)를 개발하여 시간을 축소할 필요도 있다.[29]

인사 제도에 대한 이해를 바탕으로 『정사책』의 기록을 추후 편집해야 하는 어려움, 기록의 오류를 선별해야 하는 어려움도 있다. 있는 그대로 『정사책』의 데이터를 입력하는 것만으로는 작업이 완료되지 않는다는 뜻이다. 『정사책』에 빈번하게 등장하는 관직명과 관원명 가운데 관직명은 관서-관직을 압축하여 기재한 것이 대부분이다. 때문에 추후 데이터를 통일하고 정제하는 작업을 거쳐 '장참(長參)'을 '장릉참봉'으로 변환해야 한다. 한편 『정사책』이 법전과 같이 여러 차례의 수정과 보완을 통해 활자화된 것이 아니고, 인사 행정 도중 또는 종료 이후에 정리하여 수기로 작성한 것인 만큼 자료 자체에 오류가 존재한다. 명확한 오류는 승정원일기의 인사 기록과 대조하여 수정할 수 있지만 오류의 여부가 분명하지 않다면 『정사책』의 표기를 그대로 따르는 원칙이 필요하다.

데이터 구축과 관련한 또 다른 어려움은 사람 이름으로 사용된 한자 가운데 입력하기 어려운 한자가 있다는 점이다. 현재까지 공유한 한자 입력의 규칙에 따르면 한자 입력이 불가한 경우 한자를 모양자와 기호로 입력하고 괄호 안에 유니코드를 넣는다. 유니코드가 없는 경우 유니코드 없이 모양자와 기호로만 적는데, 좌우로 조합되는 경우에는 +로

---

29) '관인·관직 DB' 작업에서는 관직 관인 입력관리 시스템을 개발하여 입력과 검색을 용이하게 하였다(정만조, 앞의 보고서(2009), pp.16~22).

표기하고, 위아래로 조합되는 경우에는 /로 표시한다. 이상의 원칙에 따라 모양자를 표기하는 장치를 마련했으나 한글 발음을 정확하게 확인하지 못해 인물을 특정할 수 없는 문제가 발생하기도 한다. 한국역대인물종합정보시스템의 UCI 체계와 같이 인물에 고유 번호를 부여하거나, 기존의 UCI 번호를 부여하는 방식의 체계화도 논의되어야 한다.

4. 『정사책』 자료의 활용 방안

『정사책』에 대한 관심으로 인해 이미 학계에서는 『정사책』을 주요 자료로 한 연구가 진행된 바 있다. 영조대 초입사직의 임용 양상을 『정사책』을 토대로 밝힌 논문은 음관의 초입사과(初入仕窠) 낙점자의 직역 및 세주에 기재된 나이, 현조(顯祖), 의망사유와 같은 임용 근거에 따라 초입사 여부와 의망 경로를 구체화함으로써 대체적인 임용의 경향성을 파악하고자 시도하였다.[30] 이상의 연구가 영조대에 집중했다면, 정조대 『정사책』 가운데 승지의 장망을 분석하여 법전 규정과 당시의 인사 관행이 승지의 장망 구성에 영향을 미쳤다는 논문도 제출되었다.[31] 이를 통해 당상관으로 승진하는 대부분의 관원이 승지를 거쳤고, 승지를 이미 역임한 관원도 반복적으로 승지에 입후보, 제수될 수 있다는 조선후기 관직 제수의 일단도 드러났다. 이상의 연구들

---

30) 박현순, 「조선후기 蔭官의 初入仕 임용」, 『규장각』 58, 서울대학교 규장각한국학연구원, 2021.
31) 서민주, 「정조대 승지직의 운영과 승정원의 정비」, 『한국사연구』 194, 한국사연구회, 2021.

은 각각 영조대와 정조대로 시기가 제한되기는 했으나 인사 제도 연구에서 『정사책』의 활용 가능성을 시사했다.

『정사책』의 데이터 구축은 기존의 개별 연구에서 한정되었던 연구 대상 시기를 확장할 뿐만 아니라 주제 영역의 다양화를 가능하게 할 것이다. 4장에서 서술할 『정사책』 자료의 구체적인 활용 방안은 크게 세 가지이다. DB 구축을 통한 인사 제도 연구의 축적이라는 측면에서 실질적으로 가능한 연구의 방향을 제시하고자 한다. 첫째, 인사 행정의 통계화 작업을 통해 당시 인사 행정의 실상을 재구현할 수 있다. 둘째, 법전에 조항으로 명시된 규정이 당대 현실에 어떻게 적용되었는지의 양상을 검토하여 추상화된 법전 조항의 실제적 구현을 파악할 수 있다. 셋째, 대량의 데이터를 바탕으로 조선후기 정치 권력 구조에 대한 거시적 접근이 가능하다. 특히 당상관 이상의 관직을 대상으로 할 때 유의미한 결과를 도출할 수 있다. 이외에도 여러 연구가 이뤄질 수 있으나 본고에서는 『정사책』 DB의 구체적 활용이라는 측면에서 이상의 세 가지 방향을 우선 검토한다.

먼저 인사 행정의 통계화 작업이다. 3장에서 설명하였듯, 『정사책』의 기록 방식에 따르면 가장 첫머리에는 정사를 실시한 날짜 정보 및 이조 당상관의 출석 명부가 등장한다. 이러한 대량의 데이터를 통계화하면 다음과 같은 질문에 답할 수 있다. 정사에 당상관들이 참여하는 빈도는 어떠한가? 인사 행정은 산정과 도목정사를 포함하여 1년에 몇 번 정도 수행되는가? 정기적 인사인 도목정사와 비정기적 인사인 산정의 관원 이동 규모는 어느 정도 차이가 나는가? 하는 것들이다. 이러한 질문에 대답하는 과정은 통계작업을 통해 단순히 수치를 정리하는 작업에 그쳐서는 안 되고 그것이 가진 맥락을 분석하고, 법전이나 연대기

사료에서는 찾기 어려웠던 조선후기 인사 행정의 관행을 발견해야 의미를 가질 수 있다. 즉 『정사책』으로 축적된 데이터를 기본 자료로 하되 분석에는 법전 조항이나 연대기 사료를 활용하는 것이다.

인사 행정의 통계화 작업을 '이조 당상관의 정사 참여 양상'을 사례로 구체화하였다. 아래의 표는 정조 1년(1777) 간 이조의 정사에 참여했던 당상관들의 참여 횟수를 정리한 것이다.

[표 4] 정조 1년(1777) 이조 당상관의 정사 참여 통계

유형		판서	참판	참의
출석		58	32	32
불출석	미숙배		1	4
	식가	1	1	
	시위진			
	무기재	23	48	46
합계		82	82	82

구축팀에서 구축한 자료 가운데 일부인 정조 1년(1777)에는 총 82번의 정사가 행해졌다. 날짜 아래에 부기된 판서, 참판, 참의의 출석 명단의 작성은 시기에 따라 다른 양상을 보이는데, 정조 1년의 경우 당상관의 출석 여부를 모두 적지는 않았다. 별도의 출석 여부가 명시되지 않았을 때는 식가, 재외, 미차, 패초부진, 진소입계(陳疏入啓) 등 모종의 이유로 출석하지 못한 것이었다. 다만 출석하였는데 '진(進)'이라고 표기하지 않은 경우는 없었으므로 進이 있으면 해당 당상관이 그날의 정사에 나와 행정 처리를 했다고 보아도 무방하다. 정조 1년 가장 많은 출석 횟수를 기록한 것은 이조판서였고, 참판과 참의는 동일한 횟수만

큼 출석했다. 이는 인사 행정에 있어서 이조판서의 중요성을 시사한다.

이조 또는 병조의 인사 행정에 있어서 당상관의 역할 비중은 『정사책』에 자주 등장하는 이비계사를 통해 가늠할 수 있다. 특정 당상관이 아직 차출되지 않았거나 말미를 얻어 외부에 나가 있거나, 패초하였음에도 궐 안으로 들어오지 않거나 등의 이유로 출석하지 않는다면 어떤 당상관이 참석하지 않았는지에 따라 그날의 정사에서 선발할 수 있는 관직이 달라졌다. 일단 정사를 하라는 명령이 내려오면 당상관을 불러들이고, 이들의 참석 여부를 국왕에게 써서 올려야 했기 때문에 만약 판서가 없이 정사를 실시해야 하는 경우 계사를 올려 국왕의 허락을 얻은 후 업무에 착수할 수 있었다.[32] 참판만이 참석한 정사에서는 제약 없이 관직을 제수할 수 있었으나 참판만 참석한 정사에서는 긴요한 직임을 제외하고는 인사 이동이 제한되었다.

> 이비계사: 판서는 상소를 입계하였고, 참판은 말미를 받아 외방에 있어 소신이 홀로 정사를 담당해야 하니 편치 않습니다. 어떻게 해야 할 지 감히 여쭙습니다.
> 전교: 긴요한 직임[緊任]만 차출하도록 하라.
>
> 정조 1년 4월 10일 정사

> 이비계사: 판서를 패초하였으나 나오지 않았고, 참의는 아직 차출하지 않아 소신이 홀로 정사를 담당해야 하니 편치 않습니다. 어떻게 해야 할 지 감히 여쭙습니다.
> 전교: 그대로 하라.
>
> 정조 1년 9월 2일 정사

32) 『은대조례』「이고」정관; 정사.

이조 당상관의 정사 참여와 관련해서 삼당상이 모두 출석한 횟수는 전체에 어느 정도의 비중을 차지하는가 하는 문제도 고민해 볼 여지가 있다. 정조 1년에 한정했을 때, 삼당상이 모두 정사에 참석한 때는 총 7번으로 8.5%에 불과했다. 참의를 제외하고 판서, 참판이 시행한 정사는 13번으로 15.8%, 참판을 제외하고 판서, 참의가 시행한 정사는 11번으로 13.4%, 판서를 제외하고 참판, 참의가 시행한 정사는 2번으로 2.4%였다. 여기서도 이조 당상관의 관직 제수의 권한이 '판서〉참판〉참의의 순'으로 부여되었던 실상이 확인된다. 물론 이조참의라고 하더라도 어떤 인물이 참의직을 맡느냐는 또 다른 해석을 낳을 수 있다. 정조 1년 이조참의였던 정민시는 혼자 정사를 진행했을 때에도 긴임만을 차출하지 않고 모든 관직을 차출하였는데[33] 정조-정민시의 관계를 고려하여 의미를 부여할 수 있는 지점이다. 이처럼 통계 분석에서 그치지 않고 당일의 인사 행정과 함께 인물에 대한 정보까지 시야에 확보하여 보다 입체적인 연구가 가능하다.

두 번째로 인사 규정의 실제 적용 양상을 검토할 수 있다. 법전은 조선 관료제의 큰 틀을 명시했을 뿐 관원 선발과 같은 구체적인 인사 업무의 방식은 서술하지 않았다. 때문에 특정 관원의 인사 실태를 파악하기 위해서는 연대기 자료를 추가로 검토해야 한다. 더 나아가 인사 관련 사료가 발굴되어야 하는데, 『정사책』에는 후보자 정보가 포함되어 있어 관원의 선발에 대한 실제 모습을 구현할 때 좋은 참고가 된다. 구체성을 띠는 『양전편고』와 같은 자료는 법전에 비해 상세한 규정을 담고 있지만 사례가 뒷받침되지 않을 때 발생하는 조항의 해석

---

33) 『정사책』(奎貴 1222) 28책, 020a; 021a.

문제가 발생한다. 이때 『정사책』에 기재된 내용이나 형식을 인사 규정집의 조항과 연계한다면 조선후기 인사 행정의 과정을 재구현할 수 있는 기반이 될 것이다.

　『경국대전』에서 관직 체계를 확인할 수 있는 조항인 「이전」 경관직은 각종 관서와 각 관서의 관할 업무, 관원 구성을 설명하고 있다. 여러 제사와 시호 논의를 담당하는 봉상시에는 정7품 이하의 관원으로 직장 1원, 봉사 1원, 부봉사 1원, 참봉 1원이 있다.[34] 이들을 어떻게 선발하는지에 대한 조항은 별도로 없지만 성균관, 승문원, 교서관 조항과 연계하면 각각의 관서에서 박사 이하의 관원 중에 한명이 봉상시 7품 이하 관직에 임명된다는 사실을 알 수 있다. 성균관의 박사 이하 중 2명이, 승문원의 박사 이하 중 1명이, 교서관의 박사 이하 중 1명이 봉상시 직장 이하의 총 4개 관직을 각각 도맡는 것이다. 구체적으로 어떤 관원이 임명되었는지는 정조 8년(1784)의 『대전통편』에서 등장하는데, 직장은 승문원, 봉사와 부봉사는 성균관, 참봉은 교서관으로 명시되었다.[35]

　봉상시 참하관의 인사 규정의 적용은 『정사책』의 구축 데이터에서 제수관직이 봉상시 참하관인 경우를 찾아서 추적할 수 있다. 『대전통편』 단계에서 봉상시와 성균관, 승문원, 교서관의 삼관 관계가 명확해졌다고 하더라도 각 관서의 어떤 관원이 임명된 것인지는 모호한 측면이 있다. 그런데 정조대 봉상시 참하관직 제수를 위해 작성된 망단자의 일부를 통해 후보 관직이 확인된다.

---

34) 『경국대전』「이전」 경관직.
35) 『대전통편』「이전」 경관직.

[표 5] 정조대 봉상시 참하관의 망단자

정사일	제수관직	유형	후보관직	후보관원
1777년 3월 18일	봉상직장	단망	승박	심영
1778년 3월 21일	봉상참봉	단망	교부정	정현조
1778년 7월 1일	봉상봉사	단망	권유	김하련
1787년 7월 16일	봉상부봉사	단망	학정	이석후

봉상시 참하관직을 선발하기 위한 망단자가 모두 單望의 형태인 것
은 법전 조항에 규정되었듯, 해당 관직의 후보자가 정해져 있기 때문
이다. 단망이기에 망단자에는 1명의 후보자만이 기재된다. 봉상참봉
은 교서관의 부정자가, 봉상부봉사는 성균관의 학정이, 봉상봉사는
성균관의 권지학유가, 봉상직장은 승문원의 박사가 제수되었다. 데이
터 구축이 완료되어 봉상시 참하관직을 제수하기 위한 망단자가 다수
축적되면 봉상시 참하관의 관직 제수 실태를 일반화할 수 있는 것이
다. 이렇듯 『정사책』을 활용하면 법전만으로는 파악하기 어려운 관직
제수의 과정을 보다 명확하게 규명할 수 있다.

『양전편고』를 통해 이조에서 수행한 인사 행정의 과정을 복원할 여
지도 남아 있다.[36] 문관과 무관의 인사 업무 규정을 모아서 각각 동전
(東銓)과 서전(西銓)으로 편찬한 『양전편고』는 19세기의 관직 제도를
이해하는 데 필수적인 자료이다. 법전보다 상세하게 업무 내용을 묘사
한 데다가 연대기사료에서는 산발적으로 등장하는 인사 관행들을 명

---

36) 『승정원일기』에는 방대한 인사 기록이 포함되어 있다. 그런데 『승정원일기』는 같은
날짜 내의 기사들이 시간 순으로 정리되어있지 않다. 이에 반해 『정사책』은 관직-관원
의 제수 현황을 비교하였을 때 인사 행정의 순서에 따라 작성되었을 것으로 추정되기에
인사 행정의 '과정'을 복원하는 데 보다 유의미한 자료로 활용될 가능성을 가진다.

문화하였다. 하지만 당대인에게 당연하게 인식되어 생략된 맥락들을 파악해야 하기 때문에 조선시대 인사 행정의 실상을 복구함에 있어서 한계에 부딪히는 부분들이 있다. 이때『정사책』의 내용을『양전편고』조항과 연결하면 조항의 실제 적용 여부를 판단할 수 있을 뿐만 아니라 조항의 내용을 보다 명확하게 이해할 수 있게 된다.

『양전편고』「동전」의 총례에는 친림도목정사에 대해 판서, 참판, 참의, 낭관, 주서, 이방승지의 역할을 명시하였는데[37] '度마다 五望[每度五望]'이라는 표현도 함께 등장한다. 도가 무엇을 가리키는 단위인지, 매도오망이 정확히 무엇을 지칭하는지는 승정원일기의 해당 일자 기사에서도 확인하기 어렵다. 그런데 남아있는『정사책』가운데 고종 15년(1878) 12월 28일의 정사에 초도(初度), 재도(再度)가 표기되어 있다. 당시 정사는 친림도목정사가 아닌 도목정사였으나 매도오망의 규정을 준수하여 이뤄진 듯하다. 망단자가 나오기 시작하기 전에 '초도'가 기재되었고 삼망의 망단자 5개와 단망의 망단자 2개가 순서대로 나열되었다. 이후 '재도'가 기재되었고 삼망 망단자 5개가 기록되었다. 그림에는 없으나 같은 형태로 3도부터 22도까지 모두 5개의 망단자씩 분리하여 기재한 모습이 나타난다. 마지막 회차에 해당하는 23도만이 2개의 망단자와 상환 기사를 포함하였다.

[그림 7]에서 사각형으로 표시한 부분을 보면 관직과 관원이 시간 격차를 두고 연결되는 지점이 포착된다. 조지서 별제, 사포서 별제를 선발하기 위해 작성된 망단자의 수망에는 각각 예빈시 직장인 이정재와 내자시 직장인 정헌시가 낙점을 받았다. 초도에서 각각 낙점을 받

---

37) 『양전편고』「동전」총례.

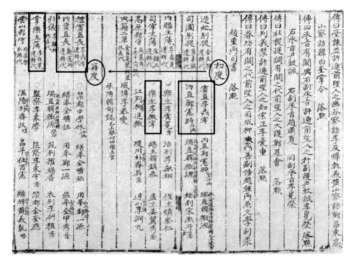

[그림 7] 1878년 12월 28일 정사(古貴4259-1)

은 각 인물의 관직 변동은 곧바로 재도에 반영되었다. 이정재가 조지
서 별제에 임명되자 예빈시 직장을 새롭게 선발할 필요가 생겼고, 여
기에 의금부 도사인 신학휴가 수망으로 낙점을 받았다. 같은 형태로
내자시 직장은 사포서 별제로 이동한 정헌시를 대신하여 선공감 봉사
김주현이 후임으로 확정되었다. 이를 통해 '度'는 당일의 정사에서 시
간에 따라 이전 인사 변동을 반영하여 이뤄지는 인사 행정의 차례를
의미하는 것이라고 해석할 수 있다. 이상의 사례만으로 해소되지 못
한 부분들은 추가적인 데이터 구축이 전제될 때 가능할 것이다.

세 번째로 『정사책』으로 축적된 데이터에 근거하여 조선후기 정치
권력 구조에 대한 거시적 접근이 가능하다. 삼사를 거친 관원, 당상관
이상의 관원, 종2품 이상의 관원, 재상직을 역임한 관원 등 그 기준을
다르게 설정할 수 있겠으나 일단은 대부분의 당상관이 거치는 관직인

승지를 대상으로 성관 분석을 시도함으로써 정조대 승지의 성관 점유율을 통계화하는 연구를 제시한다. 성관 조사는 공공데이터 포털에서 csv 파일로 제공하는 국사편찬위원회의 조선왕조실록 부가 정보의 인물 데이터와 장서각의 인물관계정보서비스, 한국역대인물종합정보시스템을 이용하였다.[38] 정조대 승지를 역임한 417명의 관원 중 성관을 알 수 없는 3명을 제외한 관원은 총 93개의 성관에 분포해 있었다. 전체의 80%에 해당하는 성관은 총 38개로 구체적인 성관은 다음의 그림과 같다.

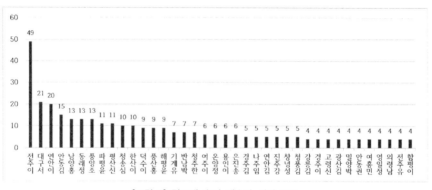

[그림 8] 정조대 승지 제수자 성관 분포

가장 많은 비율을 차지한 성관은 전주이씨로 49명, 전체의 11.8%에 해당했다. 대구서씨(5.1%), 연안이씨(4.8%), 안동김씨(3.6%), 남양홍씨(3.1%), 동래정씨(3.1%), 풍양조씨(3.1%)가 그 뒤를 이었다. 한편 나머지 20%에 해당하는 성관은 총 55개였고, 이 가운데 단 한 명의

---

38) 공공데이터포털(https://www.data.go.kr/).

승지만을 배출한 성관은 37개였다. 승지직이 당상관으로 진출하기 시작하는 관직이었기에 정조대 당상관으로 활동하는 관원의 가문은 90개 이상이고, 4명 이상을 배출한 38개의 가문이 수적 우위를 점하는 양상이 파악된다.

승지는 대체로 문과 급제자가 임명되는 관직이었기에 정조대 문과 급제자의 성관과 비교해야 유의미한 분석이 된다. 정조대 문과 급제자 총 798명의 성관은 총 181개로 당상관의 성관 보다 2배 정도 많았다. 급제자를 가장 많이 배출한 성관은 전주이씨로 58명이었고, 청주한씨 23명, 밀양박씨 21명, 파평윤씨 18명, 안동김씨 17명의 순서로 상위권이 구성되었다. 1명의 문과 급제자만이 나온 가문은 총 73개로 1명의 승지가 제수된 가문 수의 2배였다. 승지와 문과 급제자의 가문 순위를 비교하면 상위 10개 성관에 전주이씨, 연안이씨, 안동김씨, 남양홍씨, 동래정씨, 풍양조씨, 파평윤씨, 평산신씨가 중복 출현하였고, 대구서씨, 청송심씨는 각각 11명, 13명으로 적지 않은 급제자를 기록했다. 문과급제자와 승지 제수자의 상위권을 구성하는 가문은 대체로 유사하지만 문과 급제자에 비해 당상관에서 가문의 종류가 절반으로 감소하였다는 차이가 있다.

이처럼 승지 제수자와 문과 급제자의 성관을 비교하는 작업은 대상 시기를 확대할 경우 조선후기 권력 배분이 어떠한 형태로 이뤄졌는지를 추정할 수 있는 단서가 된다. 『정사책』이 남아 있는 시기를 기준으로 영조대부터 고종대까지 시간에 따른 성관별 분포를 검토한다면 19세기 세도정치기 특정 가문의 관직 점유가 19세기에 두드러진 현상이었는지, 조선후기 전반에 나타났던 현상인지를 검증하는 계기도 마련할 수 있다. 기왕에 축적된 데이터로 조선전기까지 시기를 확대하여 보다 통시적인 연구도 가능하다. 한편 연구 대상을 문관에 한정하지 않고 음관, 더 나아가 무관까지로 확장할 필요도 있다. 출신성분에 따른 성관 검토는 조선후기 관직 운영의 전체상을 구조화하는 데에도 유의미하리라 생각된다.

이상에서 언급한 연구들이 원활하게 진행되기 위해 승정원일기의 인사 기록도 함께 정리되어야 한다. 조선왕조실록의 관직별, 관인별 부가열람과 유사한 방식으로 승정원일기의 인사 기록을 구축한다면 『정사책』을 활용한 연구의 범위는 더욱 확대될 것이다. 『정사책』은 연대기 자료에서 찾아보기 힘든 후보자 정보를 포함한다는 점에서 가치가 있으나 현전하는 자료의 연대가 18세기 후반~19세기 후반의 1세기에 한정되며, 그마저도 전체 분량이 아닌 일부라는 한계가 있다. 승정원일기의 인사 관련 자료는 『정사책』의 이러한 한계를 보완하여 조선시대 인사 제도 전반을 실증할 수 있도록 보조한다. 문제는 방대한 분량의 승정원일기 인사 관련 기사들을 전체 기사에서 어떻게 선별하여, 또 어떻게 활용 가능한 데이터로 구축할 것인가에 있다.

승정원일기의 인사 관련 기록에 접목할 수 있는 디지털 기술로 개체명인식이 있다. 개체명인식(Named Entity Recognition)은 문서 내의 문장에서 고유명사에 해당하는 인명, 지명, 장소 등의 개체명을 추출하고, 추출된 개체명의 종류를 분류하는 기술이다.[39]

---

39) 김경민·김규경·조재춘·임희석, 「한국 전통문화 말뭉치구축 및 Bi-LSTM-CNN-CRF 를 활용한 전통문화 개체명 인식 모델 개발」, 『한국융합학회논문지』 9-12, 한국융합학회, 2018, p.48.

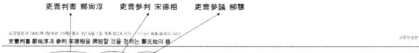

[그림 9] 승정원일기 개체명 인식을 통한 데이터 추출 시각화

[표 5] 승정원일기 개체명 인식을 통한 데이터 구축 시각화

날짜			관원명		관직	
1779년	6월	1일	정상순	鄭尙淳	이조판서	吏曹判書
1779년	6월	1일	송덕상	宋德相	이조참판	吏曹參判
1779년	6월	1일	유당	柳戇	이조참의	吏曹參議

이미 개체명 가운데 인물명이나 지명은 승정원일기에 적용되었다. [그림 9]에서 정상순, 송덕상, 유당에 해당하는 한자가 인물명으로 인식된 결과 파란색으로 표기되었다. 그러나 각각의 인명 앞의 관직명 에는 개체명 분류가 적용되지 않아 관직명 리스트를 만들어 관직명까 지도 개체명으로 인식하게 하는 조치가 필요하다. 이를 위해 조선왕조 실록의 관직별 열람에서 제공되는 관직명을 학습하여 승정원일기에 적용하는 방법을 모색할 수 있다. 인사 행정에 관한 기사 이외에도 인물을 수식하는 형태의 관직 정보까지 확보하면 날짜, 관원, 관직, 출처의 데이터를 [표 6]과 같이 구축할 수 있다. 승정원일기의 인사 관련 자료가 데이터베이스화된다면 『정사책』을 보완하여 조선시대 관 인-관직 연구를 질적·양적으로 향상시킬 것으로 기대된다.

5. 결론

　결론에서는 지금까지 논의했던 내용을 간단하게 요약한다. 이조와 병조에서 시행한 인사 행정 과정을 기록한『정사책』은 관직을 제수하거나 전례를 참고할 목적으로 활용되었던 것으로 보인다. 현전하는 『정사책』은 6종으로 규장각 소장의 奎貴12222가 영조대부터 고종대에 이르기까지 132책이라는 방대한 분량으로 남아 있다. 古貴4259는 奎貴와 동일한 형식으로 1책에 불과하지만 奎貴에 누락된 고종 15년의 이조 정사 결과를 포함하고 있다는 점에서 가치가 높다. 장서각 소장의 K2-283 역시 50책의 거질에 해당하는데, 전반적으로 奎貴의 후사본으로 체제와 작성 형태가 동일한 양상을 띤다. 국립중앙도서관의 古朝51-나65와 古朝31-398은 병조에서 기록한『정사책』으로 분량이 많지는 않지만 병조의 인사 행정을 구체화할 수 있어 주목되는 자료이다.

　총 6종의『정사책』검토를 통해 데이터 구축은 일단 규장각 소장의 2종『정사책』을 기준으로 시도하였다. 고문헌을 텍스트로 변환하는 OCR 기술은 구축의 기초 단계에서 활용하기에는 오탈자가 많아, 추후 작업을 진행하면서 활용하기로 선회하였다. 대신 인력을 투여하여 『정사책』의 형식과 내용에 따른 지침을 마련하고, 해당 지침에 따라 일부 데이터를 구축하였다. 구축팀에서는 엑셀 프로그램을 통해 날짜, 정사유형, 당상관의 출석 명부 및 망단자, 이비계사, 전교 등으로 내용을 분류하여 입력을 진행하였다. 이때 최우선으로 고려한 원칙은『정사책』의 자료 그대로를 입력하고, 가장 작은 단위까지 나누어 셀에 기재하는 것이다. 이는 원자료를 확인하지 않고 DB만으로도 활용 가능한 데이터를 구축하기 위함이다. 『정사책』에 기재된 내용이 완전하지 않기에 발생하는 어려움은 지속적으로 원칙을 마련하고, 가능하다면 입력 프로그램을 자체 개발하여 해소할 수 있을 것으로 기대된다.

『정사책』의 DB는 조선시대 인사제도 연구의 지평을 확장하는 계기로 작용할 것이다. 인사 행정의 통계화 작업을 통해 당시 인사 행정의 실상을 구현할 수 있으며, 법전의 조항이 당대 현실에 어떻게 적용되었는지의 양상도 검증할 수 있다. 게다가 대량의 데이터가 확보되었을 때만이 가능한 조선후기 정치 권력 구조에 대한 거시적 접근도 가능하다. 본고에서는 『정사책』을 활용하였을 때 논의될 수 있는 연구의 사례를 제시하였을 뿐이고, 보다 다양한 연구가 이뤄질 수 있을 것으로 예상된다. 다만 디지털 역사학이 갖는 한계를 최소화하기 위해서는 데이터를 계량화하는 작업에만 그쳐서는 안 된다. 『정사책』뿐만 아니라 연대기 사료에 파편적으로 등장하는 인사 관련 자료, 법전 조항, 인사규정집 등을 한데 모아 정량적 수치들에 역사적 맥락을 부여하는 작업이 필수적으로 수반되어야 한다.

디지털과 인문학이 융합한 디지털 인문학 분야의 연구는 어느 때보다 활발하게 진행되고 있다. 다양한 디지털 기술이 인문학에 접목되어 연구의 주제가 확대되고, 관련 학회지의 창간이 연구자들의 참여를 이끌어 내는 상황은 디지털 인문학이 하나의 학문적 조류를 형성하고 있음을 체감하게 한다. 역사학계에서도 GIS의 도입, 빅데이터 분석 시도, 토픽 모델링, 온톨로지 등 여러 방면에서의 연구 성과가 축적되고 있다. 본고는 이러한 디지털 인문학의 흐름 속에서 인사 제도와 관련한 현재까지의 데이터 구축 현황을 짚어보고, 기왕에 축적된 데이터와 비교하여 '새로운 정보'로서의 가치를 가지는 『정사책』의 구축 경험을 공유하였다. 18~19세기에 걸쳐 인사 행정의 과정을 엿볼 수 있는 『정사책』이 데이터베이스화되어 한국의 관인, 관직에 대한 정보를 확장하고, 더 나아가 조선시대 관료제의 실상을 파악하는 계기가 되기를 바란다.

제7장

한국 고전서사 재창작물의
인물 관계 및 수용자 반응 연구

「심청전」을 중심으로

정채연 · 김현진 · 임민영

1. 시작하며

한국 고전서사는 선사시대의 신화에서부터 20세기 고전소설, 판소리에 이르기까지 다양한 장르와 시대를 포괄한다. 이러한 서사는 인간 본성과 주변 세계를 이해하는 인지적 도구로서 기능하며, 전근대한국의 문화적 정신과 풍토를 반영한다. 또한 시대별 인간 경험의 핵심적인 측면을 탐구하면서도 보편적인 도덕 및 철학적 딜레마에 대한 독특한 통찰을 제공한다.

물론 고전서사에 묘사된 행동과 관습이 현대의 윤리적 기준과는 동떨어져 보여 현대의 수용자가 받아들이기 어려울 수도 있다. 그럼에도 불구하고 한국 고전서사는 대중에게 잘 알려진 매력적인 소재로서 현대에도 활발히 재창작되고 있다. 특히 한국 고전의 대표적인 서사라고 할 수 있는 「심청전」은 소설, 만화, 영화, 공연, 게임 등 다양한 매체에서 변주되고 있어 주목할 만하다.

고전서사와 이를 원작으로 한 현대 콘텐츠의 기법적 차원의 공통점을 찾는 연구나 서사적 관점에서 이를 비교하는 연구는 지속적으로 이루어지고 있으나[1], 이것이 현대의 수용자에게 어떻게 향유되고 있는가를 다루는 연구는 적다[2]. 하지만 인터넷 환경에서 댓글을 달거나 2차 창작을 하는 등 즉각적이고 적극적으로 소통하며 '능동적 읽기'를 하는 현대 수용자의 반응까지를 상호작용 매체 속 작품의 일부로 여기는[3] 현시대에서 수용자의 반응을 분석하는 것은 중요하다.

이에 본고는 「심청전」 재창작물과 수용자 반응을 중심으로 현대의 창작자와 수용자가 고전서사를 표현하고 받아들이는 양상을 파악하고, 한국 고전서사 재창작의 동력과 가능성을 알아보고자 한다. 대부분의 재창작물이 인물의 이름과 성격을 중심으로 고전서사를 차용하고 있어 작품별 인물 관계를 중심으로 분석한 후, 다량의 댓글 데이터를 기반으로 워드 클라우드, 토픽 모델링, 감정 분석의 디지털 인문학적 방법론을 활용하여 수용자의 반응을 분석하고자 한다.

연구 대상은 완판본 「심청전」과 웹소설 「용왕님의 셰프가 되었습니다」, 웹툰 「그녀의 심청」, 영화 「광대: 소리꾼」, 광고 「LG gram 360 x 줄리아 류 : 심청전 Dive 편」(이하 「다이브」)이다.

---

1) 서보영, 「웹툰 〈그녀의 심청〉의 고전소설 〈심청전〉 변용 양상과 고전 콘텐츠의 방향」 『어문론총』 88, 한국문학언어학회, 2021.
2) 최기숙, 「Daum 웹툰 〈바리공주〉를 통해 본 고전 기반 웹툰 콘텐츠의 다층적 대화 양상-서사구조와 댓글 분석을 중심으로」 『대중서사연구』 25(3), 대중서사학회, 2019 등의 연구가 존재하나 다양한 매체와 작품의 수용자 반응 양상을 다룬 연구는 찾기 어렵다.
3) 홍난지, 『웹툰 퍼포먼스와 독자의 즐거움』, 커뮤니케이션북스, 2018, pp.1~92.

2. 인물 관계 분석

1) 완판본 「심청전」

이본이 많은 「심청전」은 내용에 따라 크게 경판계와 완판계로 나눌 수 있다. 경판계와 완판계는 기본적인 서사 구조는 비슷하나 어휘나 문체 등에서 차이를 보이며, 등장인물에서도 차이를 보인다.[4] 심봉사, 심청과 같은 주요 등장인물은 어디에나 등장하지만, **뺑덕어미**나 장승상댁 부인은 완판계 중에서도 일부에 등장한다. 따라서 본고는 **뺑덕어미**, 장승상댁 부인과 같이 재창작물에 자주 나오는 인물이 모두 등장하는 서사를 기준으로 인물 관계를 정리하고자 완판 71장본을 연구 대상으로 선정하였다.

완판본 「심청전」의 서사 내용은 선행연구[5]를 통해 정리된 아래 표로 갈음하고자 한다.

[표 1] 완판본 「심청전」의 서사 내용 요약

번호	서사 단락명	서사 내용
1	심청의 탄생	시대적, 공간적 배경 소개 ~ 심청 모의 장례
2	심청의 성장	심청의 동냥 자청 ~ 심봉사 개천에 빠지는 대목
3	심청의 매신	심봉사의 시주 약속 ~ 심청이 거짓으로 공양미의 출처를 밝히는 대목
4	심청의 인당수행	심청의 매신 사실 고백 ~ 인당수로 나아가는 대목

---

4) 정하영 역주, 『심청전』, 고려대 민족문화연구원, 2015, pp.1~401.
5) 이승은·신호림, 「데이터로 판소리 읽기: 完板本『沈淸傳』을 대상으로」, 『어문연구』 51, 한국어문교육연구회, 2023.

5	심청의 투신	심청 투신 ~ 용궁에서의 생활 대목
6	심청의 환세	심청의 인당수로의 환세 ~ 황후 등극 대목
7	맹인잔치 배설	맹인잔치 배설 대목
8	심봉사의 황성행	**뺑덕어미** ~ 안씨맹인 대목
9	부녀상봉과 봉사개안	부녀상봉 ~ 개안 대목
10	후일담	개안 이후의 대목

서사 내용을 기반으로 인물 관계 그래프로 표현할 인물들을 설정하였다. 주요 인물로 심학규와 심청을 선정하였으며, 후일담에 등장하여 비중이 높지 않더라도 이들과 가족 관계인 인물은 모두 그래프에 포함하였다. 서사에 있어 중요한 역할을 하는 장승상댁 부인, 몽운사 화주승, 남경 선인들, 사해용왕 등도 포함하였다. 서사에 있어 결정적이지는 않지만 자주 언급된 인물로는 귀덕어미와 무릉태수를 포함하였다.

다음으로 이들 간의 관계를 정리하였다. 관계는 크게 두 종류로 첫째는 부부, 딸과 같은 인물 간 위치이며, 둘째는 우호적, 적대적과 같은 인물 간 감정이다.

인물과 인물 간 관계를 종합하여 neo4j [6]로 완판본 「심청전」의 인물 관계 그래프를 그리면 [그림 1]과 같다.

---

6) https://neo4j.com

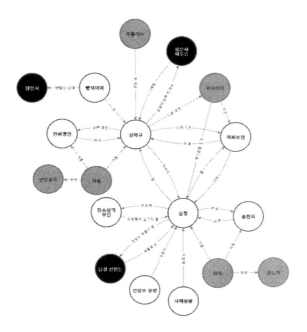

[그림 1] 완판본 「심청전」 인물 관계 그래프

인물 간 위치는 엣지로, 인물 간 감정은 노드의 색으로 표현하였다. 특히 흰색 노드는 '심청'을 기준으로 심청과 우호적 관계의 인물이며, 검정색 노드는 적대적 관계, 회색 노드는 중립적 관계이다.

이를 원작의 인물 관계로 정의하고, 현대 재창작물들과 인물 중심의 비교를 진행하였다.

2) 웹소설 「용왕님의 셰프가 되었습니다」

웹소설 「용왕님의 셰프가 되었습니다」는 심청이 인당수에 투신한 뒤 용궁이 아닌 드래곤 베르키스의 던전에 떨어지게 되며 일어나는 일을 담은 로맨스 판타지 작품이다. 이 작품의 주요 인물 관계를 그래프로 나타내면 다음과 같다.

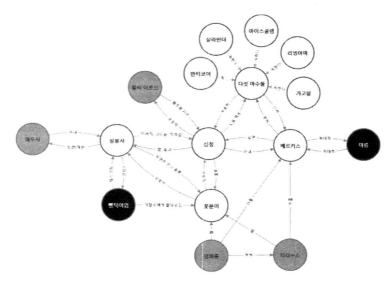

[그림 2] 「용왕님의 셰프가 되었습니다」 인물 관계 그래프

　우선 원작과 기본적인 인물 설정을 동일하게 가져갔음을 알 수 있다. 심청, 심봉사, **뺑덕어미**처럼 원작과 이름 및 특징이 같은 인물들이 등장한다. 황씨 어르신의 경우만 다소 특이한데 그는 심청과 한동네에 살고 사이가 좋았던 지인으로 묘사된다. 원작 속 **뺑덕어미**와 함께 심봉사의 돈을 훔쳐 달아나는 인물의 이름이 황봉사였다는 점에서, 새로운 인물을 창작하는 과정에서도 원작을 참고한 것으로 보인다.

　다만 이러한 원작 인물들의 성격적 특징 중 일부를 극대화하여 표현하였다. 심청은 원작에서도 효성이 지극한 딸이었지만, 이 작품에서는 그녀의 선하고 이타적인 면을 더욱 강화하여 아버지뿐 아니라 다른 모두에게 친절하고 헌신적인 모습을 보여준다. 또, 원작에서도 민첩하고 생활력이 강했던 것을 요리라는 특정 능력으로 구체화했고 이는 작품 제목에서도 드러나듯 핵심 요소가 되었다. 이러한 각색들은 드래곤의 던전이라는 매우 낯선 이계에 떨어졌음에도 심청이 그들과 좋은 관계를 형성하고 서사가 전개되는 데 있어 중요한 배경이 되어주었다.

심봉사의 경우 원작에서 드러난 딸을 사랑하는 아버지로서의 긍정적인 면과 어리석고 우유부단한 부정적인 면 중 전자를 중점적으로 활용하였다. 이 작품 속 심봉사 역시 딸 심청을 사랑하며, 특히 앞이 보이지 않아도 친화력이 좋고 다정한 성격으로 묘사된다. 그 덕에 심봉사는 드래곤 베르키스의 여동생인 꽃분이를 강아지인 줄 알고 돕는 것을 시작으로, 이계의 존재들에게 우호적으로 받아들여진다. 또, 심청과 심봉사 모두 더욱 밝은 심성의 인물로 재창작되었다는 점에서, 독자들에게 친근하게 다가가는 웹소설 장르의 특징을 파악할 수도 있다.

한편 이 작품과 원작의 가장 큰 차이점은 심청, 심봉사 외에도 매우 다양한 판타지 캐릭터들이 등장한다는 것이다. 인물 관계 그래프에서는 심청과 베르키스를 중심으로 가족 및 가장 핵심적인 캐릭터만을 정리하였으나 작품 전문에는 훨씬 더 많은 수의 캐릭터가 존재한다. 심청이 가게 되는 이계가 용궁에서 던전으로 바뀐 만큼, 그들은 모두 서양풍의 이국적인 이름을 지니고 있고 드래곤, 상상 속 동물, 살아 움직이는 사물 등 정체성도 판타지적이다. 베르키스의 경우 게으르고 무심한 성격이지만 심청에게 애정을 느끼며 변하게 되고, 다섯 마수들은 마수라는 명칭과 달리 순하고 친근한 모습을 보여주며 심청 부녀와 어우러진다. 앞서 언급했듯 심청과 심봉사는 특유의 밝은 성격으로 이계에 잘 적응하며, 그들이 서로 친밀해져 가는 과정의 흥미로움 자체가 독자들에게 어필되는 서사의 핵심 요소인 것이다.

다만 이때 원작과 유사한 관계적 특성을 살려, 낯설지만은 않은 이 야기를 만들어나가기도 했다. 이를테면 원작과 달리 이계에서 돌아오 는 내용은 사라졌지만, 심청의 결혼이나 심봉사의 재혼과 같은 관계 상에서의 주요 서사는 유지하고 있다. 심청은 황제가 아닌 베르키스 와 결혼하고, 심봉사는 안씨 맹인이 아닌 메두사와 재혼하는 방식이 다. 친숙하면서도 새로운 방향으로의 재창작은 로맨스와 모험이라는 이 작품의 주제 의식을 잘 드러냈다.

3) 웹툰 「그녀의 심청」

「그녀의 심청」은 소외 계층인 심청과 상류 사회 여성인 장승상 부 인, 두 여성의 연대와 사랑을 그린 웹툰이다. 꽃처럼 자란 장승상 부인 은 장승상과 결혼한 직후, 황금 자라를 먹고 병상에 누운 남편 장승상 을 위해 인당수에 몸을 던져 희생해야 할 위기에 처해 있었다. 장승상 부인은 심청을 자기 대신 제물로 삼고자 의도적으로 심청에게 접근하 였지만, 심청과 함께 시간을 보낼수록 심청에게 애정을 가지게 되었 다. 심청과 장승상 부인은 손을 잡고 남성 중심 사회의 부조리함을 폭로하며 함께 앞으로 나아간다. 이 작품에 등장하는 주요 인물 관계 를 그래프로 표현하면 다음과 같다.

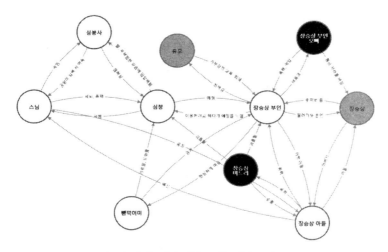

[그림 3] 「그녀의 심청」 인물 관계 그래프

원작 인물 관계 그래프에서는 심청과 심학규 중심으로 노드가 연결되어 있는 반면, 이 작품의 인물 관계 그래프에서는 노드 연결의 중심이 심청과 장승상 부인이다.

원작에서 장승상댁 부인은 심청을 수양딸로 삼고자 하는, 단순하고 수직적인 감정을 지니고 있다. 그러나 이 작품에서 장승상 부인은 심청을 이용하여 자신의 목숨을 부지하려고 하다가 끝내 애정을 느끼는 등 복잡하고 수평적인 감정을 지니고 있다는 데에 차이가 있다. 이는 주제 의식과 연관이 깊다. 원작의 장승상댁 부인이 심청을 수양딸로 삼고자 한 것은 심청의 효심과 선한 마음을 부각하기 위함이다. 그러나 이 작품에서는 장승상 부인이 심청을 이용하여 탈출하고자 했던 위기의 배경이 되는 가부장제에 대한 비판과 동성에 대한 사랑을 드러내고 있다. 같은 맥락에서 원작에서 심청의 남편으로 등장했던 송 천자는 등장하지 않았다.

장승상댁 부인의 노드는 원작에서는 심청과만 연결되어 있지만 이 작품에서는 유모, 장승상 부인의 오빠, 장승상의 아들, 장승상의 며느리 등 다양한 인물과 연결되어있다. 원작에서 무게를 두지 않았던 여성 인물의 개인사를 밝히고 개별성을 강조하여 여성 인물에게 특별한 서사를 부여했다는 것을 알 수 있다.

비슷한 맥락에서 이 작품의 **뺑덕어미**는 심학규의 첩이 아니라, 심청의 조력자이자 장승상 부인과 적대적인 관계를 맺으며 인물 관계 그래프를 복잡하게 만든다. 여성 인물의 서사가 남성 인물 서사의 일부에 불과했던 원작과 달리, 여성이 서사의 주체가 되어 여러 인물과 다양한 관계를 맺는다는 특징을 찾을 수 있다.

여성 인물 서사가 복잡해진 것과는 반대로, 심학규의 인물 관계는 단순해졌다. 심청과 장승상 부인의 로맨스가 주된 요소인 만큼, 심학규와 관련된 이야기는 심청의 성격을 냉소적으로 만들고 심청에게 시련을 가하는 역할로서만 등장하였기 때문인 것으로 보인다.

후반부에는 장승상의 아들에게 비중을 두어 그가 장승상 부인과 장승상 며느리에게 폭력을 가하는 장면을 삽입하여 가부장제의 어두운 면을 폭로하고자 하였다.

4) 영화 「광대: 소리꾼」

「광대: 소리꾼」은 심학규와 눈이 먼 딸 심청이 함께 납치된 아내 간난을 찾기 위해 전국 팔도를 돌아다니며 판소리 심청가를 부르는 이야기를 담은 영화이다. 작품에 등장하는 주요 인물 관계를 그래프로 표현하면 다음과 같다.

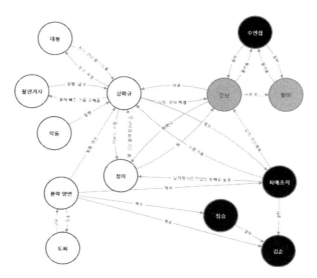

[그림 4] 「광대: 소리꾼」 인물 관계 그래프

이 작품은 주인공 심학규와 그의 아내인 간난과 딸 청이로 이루어진
한 가족의 재회를 주인공의 최종 목표로 삼고 있다. 따라서 원작에서
각각 심학규의 후처와 첩이 되었던 안씨 맹인과 뺑덕어미가 등장하지
않는다. 이를 통해 심학규, 간난, 청이 사이의 가족애가 두드러진다.

이 작품에는 원작과는 인물 관계가 완전히 뒤바뀐 경우가 많다. 먼
저 원작에서는 어머니 없이 자란 청이가 맹인인 심학규를 대신하여
밥을 차리고 돌보는 등, 돌봄과 보호의 주체가 되었다. 그러나 이 작품
에서는 심학규가 앞이 안 보이게 된 청이를 돌보고, 간난이 청이를
자매조직으로부터 탈출시키는 장면이 그려지는 등 청이가 보호의 객
체가 된다.

또 활인거사와 심학규의 관계가 반전되었다. 원작에서 몽운사 화주
승이 물에 빠진 심학규를 구해주는 것과는 반대로 이 작품에서는 심학

규가 물에 빠진 활인거사를 구해준다. 이는 활인거사가 심학규에게 감사하는 마음을 가지고 그의 일행에 합류하여 심학규의 목표 달성에 도움을 주는 계기가 된다.

작품 전반에 걸친 갈등 상황, 즉 가족의 헤어짐을 유발하는 인신매매 조직인 자매조직은 새롭게 등장한 요소이다. 그에 따라 자매조직, 그들과 손잡은 부패한 관료 김준과 정승을 체포하는 암행어사인 몰락 양반이 등장하여 여러 인물과 관계를 맺는다.

5) 광고 「다이브」

「다이브」는 심청이 인당수에 투신하는 장면을 음악과 함께 영상으로 제작한 광고이다. 즉 원작의 인물 관계보다는, 특정 화소를 중심으로 심청 개인의 성격적 특성 재해석에만 집중하였다. 원작에서 인당수에 투신하는 심청의 정서는 슬픔, 절망에 가까웠으나 광고에서는 밝고 당찬 분위기로 변화를 주었다. 심청의 움직임과 노래 가사에서 드러나는 성격 역시 진취적이고 적극적이다.

[그림 5] 「다이브」 인물 관계 그래프

[그림 5]에서 알 수 있듯 해당 작품은 심청에만 집중하고 있으며, 다른 캐릭터로는 남경 상인들이 잠시 등장할 뿐이다. 이때 심청과 남

경 상인들 사이 관계는 원작과 차이를 보인다. 원작에서 남경 상인들 과 심청은 인당수에 제물로 바쳐지는 일에 정당히 합의한, 크게 적대 적이지는 않은 관계였다. 반면 광고에서는 심청이 자신을 붙잡고 있 던 남경 상인들의 손을 방해된다는 표정으로 뿌리치는 행동을 보인다. 이는 심청의 주체성을 강조하기 위해 원작보다 적대적 관계를 조성한 것으로 볼 수 있다.

그 외의 서사 흐름과 인물 관계는 모두 암묵적으로 배제함으로써, 이미지로 구현되는 심청의 새로운 정신 표현에 집중한 사례이다.

3. 수용자 반응 분석

웹소설, 웹툰은 인터넷상에 작품이 공개되고, 수용자는 작품 바로 아래에 댓글을 달아 반응을 보일 수 있다. 영화나 광고 또한 인터넷에 서 확인이 가능하며, 수용자는 OTT 플랫폼이나 광고가 업로드된 유 튜브 채널에 댓글을 달아 반응을 보일 수 있다.

따라서 본고에서는 작품별 수용자의 댓글을 수용자 반응 데이터로 삼고, 파이썬 코드를 작성하여 크롤링하는 방식으로 데이터를 수집[7]

---

[7] 웹소설 「용왕님의 셰프가 되었습니다」는 네이버와 독점 계약을 맺은 작품으로, 네이버 웹소설, 네이버 시리즈의 댓글 5,998건을 크롤링하여 원시 데이터로 삼았다. 웹툰 「그 녀의 심청」은 현재 다양한 플랫폼에서 서비스되고 있어 봄툰, 네이버 시리즈, 리디, 교보문고, 알라딘의 댓글 7,359건을 크롤링하여 원시 데이터로 삼았다. 영화 「광대: 소리꾼」의 다시보기 서비스가 제공되는 플랫폼 중 수용자가 댓글을 남길 수 있는 곳으 로는 네이버 시리즈온과 왓챠가 있으며, 영화를 리뷰하는 유튜버나 블로거가 존재한 다. 이에 네이버 시리즈온, 왓챠피디아의 댓글과 네이버가 제공하는 영화 리뷰, 유튜브 영화 리뷰 스크립트 355건을 크롤링하여 원시 데이터로 삼았다. 광고 「다이브」는 LG

하였다.

1) 워드 클라우드

데이터 전처리 과정에서 형태소 분석을 하면 품사가 태깅된다. 이 품사 태깅 결과를 기반으로 단어 빈도 분석을 수행하여 작품별 수용자 반응의 키워드를 살펴보았다. 단어 빈도 분석은 명사와 형용사를 대상으로 수행되었으며, 작품별 상위 빈도 75단어를 워드 클라우드로 시각화하였다.

[그림 6] 작품별 워드 클라우드

의 공식 유튜브 채널과 애니메이션을 제작한 스튜디오의 유튜브 채널, 관련 뉴스를 보도하거나 창작자인 줄리아 류를 인터뷰한 채널에 영상으로 업로드되어 있다. 따라서 관련 유튜브 영상의 댓글 2,688건을 크롤링하여 원시 데이터로 삼았다.

　네 작품의 워드 클라우드를 살펴보면, 공통적으로 '심청'이라는 이름이 고빈도로 등장함을 알 수 있다. 덧붙여 웹소설은 '베르키스, 만티코어, 꽃분이'와 같은 주요 캐릭터 이름이, 웹툰은 '승상댁부인, 뺑덕, 스님, 장승상'과 같은 주요 인물 이름이, 영화는 '심학규, 간난'과 같은 주요 인물 이름이 고빈도로 등장하였다.

　또 '좋다, 재미있다'와 같은 감정 표현이 고빈도로 등장함을 알 수 있다. 이를 통해 수용자는 작품에 등장하는 인물의 이름을 언급하며 이에 대한 감정을 표출하는 댓글 반응을 보인다는 것을 짐작할 수 있다.

　작품별 특징적인 단어는 다음과 같다. 먼저 웹소설은 에피소드별로 등장하는 캐릭터가 많은데, '엘프, 징수관, 미카엘, 뱀파이어'와 같이 주요 인물이 아닌 캐릭터의 이름도 언급된 경우가 많았다. 또한 심청이 요리를 통해 이들에게 도움이 된다는 서사를 가지고 있어 '요리, 고추장, 맛, 엿, 맛있다'와 같은 요리 관련 단어가 등장하였다.

　웹툰은 글과 그림이 함께 있는 매체인 만큼 '작화, 연출, 예쁘다'와 같은 그림에 대한 평가가 등장하였다. 또한 작품이 여성 인물을 중심으로 전개되고, 당시의 여성들이 겪었던 문제를 다루고 있어 적대적으로 그려지는 남성 인물들에 대한 수용자의 반응이 '스놈, 땡중, 새끼'와 같이 욕설이 섞인 단어로 등장하였다. 웹소설이나 영화에서는 심봉사를 부르는 말로 '아빠, 아버지'가 고빈도로 등장한 것과 대비되게 웹툰에서는 '애비'가 고빈도로 등장하기도 하였다.

　영화는 주요 인물의 서사 속 이름보다도 '이봉근, 이유리, 김하연'과 같은 배우의 본명이 더 높은 빈도로 등장하였다. 또한 해당 작품이 마치 뮤지컬 영화처럼 배우가 직접 판소리를 부르는 장면이 등장한다는 특징이 있어 '판소리, 영화'와 같은 장르에 대한 언급이 고빈도로 등장하였다.

광고는 우선 캐릭터의 외모와 캐릭터가 노래를 부른다는 특징이 디즈니 애니메이션과 비슷하여 '디즈니'라는 언급이 고빈도로 등장하였다. 또한 '우리나라, 국뽕, 한국인, 한복'과 같은 한국에 관련된 단어들과 '효, 아버지, 인신공양'과 같은 원작 서사에 대한 단어가 고빈도로 등장하였다. 이를 통해 광고 노래 가사의 창작자가 한국계 미국인이라는 점에서 발생한 수용자의 상반된 반응[8]을 확인할 수 있다.

2) LDA 토픽 모델링

LDA 토픽 모델링을 통해서는 작품별 데이터의 주제를 대략적으로 파악할 수 있다. 본고는 댓글 데이터 하나를 하나의 문서로 삼아 분석을 진행하였으며, 명사를 대상으로 수행하였다. 데이터의 응집도를 그래프로 나타냈을 때 토픽 수를 4로 두는 것이 유의미하다는 결과를 얻어 모든 작품의 토픽 수를 4로 설정하였다. 이렇게 도출된 총 16개의 토픽마다 이름을 붙이고, 크게 다섯 주제로 분류하여 아래와 같이 시각화를 진행하였다.

----

8) 광고 속 노래는 한국계 미국인 줄리아 류가 하버드대학교 졸업 공연을 위해 기획한 창작 뮤지컬 '심청'의 넘버 'dive'이다. 한인 3세인 그녀가 한국의 고전서사를 재해석한 콘텐츠를 제작했다는 점에서 칭찬을 아끼지 않은 수용자들이 있었으나, 한편으로는 그녀를 비판하는 수용자들도 존재했다. 심청이 인당수에 뛰어든 것은 아버지를 위한 희생인데, 'dive I've waited all my life'라며 심청이 그 희생의 순간을 평생 기다려왔다고 표현했으니 그녀가 고전서사를 잘못 이해했다는 것이다. 사실 줄리아 류의 뮤지컬은 고전서사의 재현이 아닌 현대를 배경으로 한 창작극이기 때문에 위와 같은 가사가 나온 것이라, 그녀가 심청 서사를 잘못 해석했다는 반응은 적절하지 않다. 다만 본 연구는 광고에 대한 수용자 반응을 다루고 있기에 광고만을 본 수용자의 입장에서는 충분히 비판 가능한 부분이라고 보았다.

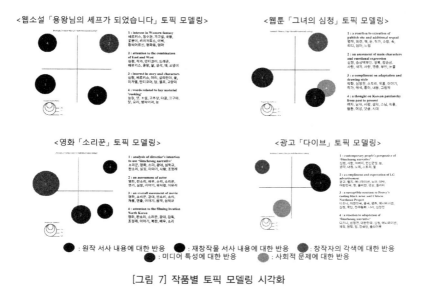

[그림 7] 작품별 토픽 모델링 시각화

네 그래프 모두에서 재창작물의 서사 내용에 대한 반응, 창작자의
각색에 대한 반응을 확인할 수 있었다. 이를 통해 수용자는 작가가
심청전을 각색하여 작품을 재창작했음을 인지하고 있음을 알 수 있다.
또한 일반적으로 다른 창작물에 그러하듯, 재창작물의 서사 내용에
대한 반응을 많이 남긴다는 것을 알 수 있다.

특징적인 것은 웹툰과 광고에 있어서는 사회적 문제에 대한 반응을
보인다는 점이다. 먼저 웹툰의 수용자는 사회적 약자인 여성의 문제
와 관련된 반응을 보였다. [그림 7]의 웹툰 토픽 모델링 토픽 4를 보면
'여자, 남자, 사람, 스님, 시대'와 같은 명사가 모여있는데, 이에 해당
하는 구체적인 댓글을 확인하면 단순히 서사에 등장하는 남성 캐릭터
를 비난하는 것에 그치는 것이 아니라, 당대 혹은 현대의 여성이 받은
차별에 대해 다루고 있음을 알 수 있다.

다음으로 광고의 수용자는 디즈니의 정치적 올바름에 대한 논란, 중국의 역사 왜곡과 같은 사회적 문제와 관련된 반응을 보였다. [그림 7]의 광고 토픽 모델링 토픽 3을 보면 '디즈니, 영화, 애니메이션, 심청, 흑인'과 같은 명사가 모여있다. 해당 광고는 디즈니에서 제작한 것이 아니지만 화풍이 비슷하다는 점에서 수용자들이 영화 「인어공주」의 에리얼역에 흑인 배우를 캐스팅한 디즈니의 행보를 떠올리며 댓글을 작성한 것을 확인할 수 있었다.

또 '대한민국, 중국, 전래동화, 나라'와 같은 명사도 확인할 수 있는데, 이는 광고에 스치듯 등장하는 남경 상인 때문이었다. 한복에 대한 중국의 역사 왜곡 시도가 여러 번 있었기에 전통 의상 표현에 예민해진 일부 수용자들이 남경 상인의 복식이 한복이 아닌 것 같다며 문제를 제기한 것이다. 이 때문에 남경은 한국이 아니라 중국 지명이라는 설명 댓글 또한 해당 토픽으로 분류된 것을 확인할 수 있었다.

3) 감정 분석

마지막으로 댓글 데이터를 문장 단위로 분리하고, KOTE 감정 분석 코드[9]를 활용하여 문장별 감정 분석을 진행하였다. 문장별로 수치가 0.5 이상인 감정 중에서 상위 5개를 추출한 후, 파이 차트와 바 차트로 시각화하였다. 감정의 종류는 총 44개이며 기쁨, 기대와 같은 긍정 감정은 밝은 계열의 색으로 나타내었고, 화남, 실망과 같은 부정 감정은 어두운 계열의 색으로 나타내었다.

---

9) https://github.com/searle-j/KOTE

파이 차트는 각 문장에서 가장 수치가 높게 나온 감정을 대표로 삼아 빈도를 표현한 것이다. 바 차트는 계산된 모든 감정 수치에 대한 감정별 평균을 구해 시각화한 것이다.

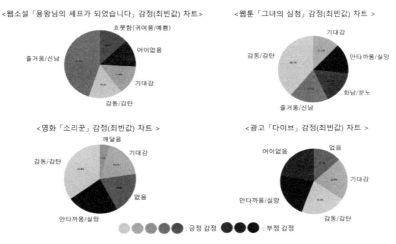

[그림 8] 작품별 감정(최빈값) 분석 차트

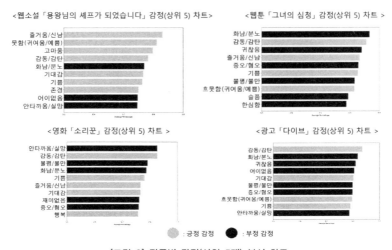

[그림 9] 작품별 감정(상위 5개) 분석 차트

비교적 평화로운 서사 내용을 가진 웹소설은 수용자 반응의 77%가 '흐뭇함, 즐거움/신남, 감동/감탄, 기대감'과 같은 긍정 감정이었다. 바 차트에서도 '즐거움/신남, 흐뭇함, 고마움, 감동/감탄'의 긍정 감정이 상위 1~4위를 차지하였다.

이에 비해 남성 캐릭터에 대한 분노, 사회적 문제에 대한 논의가 활발했던 웹툰의 바 차트에서는 분노 감정의 수치가 가장 높았음을 확인할 수 있다. 다만 댓글을 전체적으로 봤을 때는 작품의 내용이나 작화에 대한 칭찬이 많아서 단순 빈도를 구한 파이 차트에서는 약 70%가 '감동/감탄, 기대감, 즐거움/신남'과 같은 긍정 감정으로 나타났다.

영화는 19.4%의 문장이 감정이 없다고 분석되었는데, 이는 블로그나 유튜브와 같은 플랫폼의 특성상 수용자가 작품에 대한 감상만 남긴 것이 아니라 영화에 대한 정보성 글을 함께 남겼기 때문이다. 앞서 웹툰의 수용자가 화남의 감정을 표출한 이유가 서사와 관련이 있었다면, 영화 수용자의 실망 감정 수치가 가장 높았던 데에는 영화가 코로나 시기에 개봉하여 제대로 즐길 수 없었다는 서사와는 무관한 이유가 포함되었다.

앞선 세 작품은 파이 차트상 긍정 감정에 대한 빈도가 절반을 넘었다. 그러나 광고의 경우 긍정 감정이 42.5%로 절반을 넘지 못했고, 부정 감정에 대한 빈도가 44%로 꽤 높았다. 워드 클라우드와 토픽 모델링 결과를 통해 고전의 재해석 측면에서 작품을 부정적으로 바라보는 시선과 긍정적으로 바라보는 시선이 모두 존재함을 확인할 수 있었는데, 감정 분석의 결과 또한 양가적인 것이다.

감정이 없다고 분석된 문장도 13.4% 존재했다. 주로 한 수용자의 의문을 표하는 댓글에 정보성 답글을 달아주는 수용자로 인해 문장에 감정이 없다고 분석된 경우가 많았으며, 그러한 댓글과 답글이 반복되며 감정이 없는 문장의 비율이 커졌음을 확인할 수 있었다.

4. 마치며

「심청전」 재창작물의 인물 관계는 창작자가 수용자에게 전달하고 싶은 메시지에 따라서 달라졌다. 인물의 이름이나 주요 화소와 같은 원작의 주요 요소는 대부분 그대로 가져오는 한편, 인물의 성격을 현대적이고 현실적으로 바꾸거나 새로운 인물과의 관계를 추가하여 작품에 개성을 불어넣었다. 또한 원작 인물의 친족 관계는 유지하면서 그들의 감정 관계를 약간 변형하여 배치하거나 아예 뒤바꿈으로써 새로운 주제 의식을 내세웠다.

수용자 반응 분석 결과를 종합해보면, 현대의 수용자는 작품을 고전의 재해석으로 인식하며 흥미롭게 받아들이는 경향이 있다. 그러나 창작자의 재해석에 논리적 설득력이 부족할 경우, 원작을 잘못 이해하였다는 비판을 하기도 한다. 그러므로 고전서사를 활용한 재창작을 하는 경우, 원작에 대한 깊이 있는 이해가 필수적이다. 또한, 수용자의 반응은 작품의 내용뿐만 아니라 매체의 특성에서도 비롯되기 때문에, 특정 매체와 상호작용하는 수용자의 특성을 고려하는 것이 중요하다.

본고는 현대에 심청 서사가 어떻게 이해되고 변형되는지를 재창작물의 인물 관계의 변화를 통해 관계 중심적으로 살펴보고, 변화한 인물 관계에 대한 수용자 반응을 데이터 분석 기법을 통해 수치화하였다.

이를 통해 한국 고전서사의 대표격인 심청 서사가 현대인의 관점에서 재창작되는 동력과 가능성을 목격했다는 데에 의의가 있다.

또한 웹소설, 웹툰, 영화, 광고라는 서로 다른 매체의 작품을 다룸으로써 작품의 고유한 서사뿐 아니라 각 매체의 특징 또한 수용자의 반응에 영향을 미침을 보여주었다.

추후 기존 수집한 데이터를 활용하여 공기어 분석을 진행하거나, 동일 매체 하의 여러 서사 혹은 동일 서사의 매체 전환 사례를 연구 대상으로 선정하여 수용자 반응을 분석하는 것도 흥미로우리라 전망한다.

제8장

텍스트마이닝으로 보는 일본 문학관의 관광적 양상

온라인 여행 리뷰(クチコミ)에 나타나는 일본 전국 문학관과 지역 관광자원과의 관계를 중심으로

권민혁·정유진

1. 서론

문학은 단순히 텍스트로 소비되는 것이 아닌 물리적 공간을 통해 체험되며 관광자원으로서도 중요한 문화적 기능을 수행한다. 2024년 10월 작가 한강이 노벨 문학상을 수상한 이후, 그녀가 운영하는 서점을 방문하는 관광이 증가한 사례는 문학적 공간이 관광자원으로 확장되는 대표적인 사례로 볼 수 있다. 이러한 현상은 영국의 셰익스피어 생가, 아일랜드의 제임스 조이스 센터와 같은 세계 여러 지역의 문학적 공간에서도 유사하게 나타나며 이는 아스만의 문화기억 이론(Cultural Memory) 관점에서 문학관이 지역 정체성 형성과 문화 기억의 보존에 기여하는 중요한 자원임을 시사한다.[1] 문학적 공간은 단순한 문화유산의 차원을 넘어, 해당 지역의 역사적·문학적 정체성을 강화하고 지역 사회와 관광객 간

---

1) 알라이다 아스만 지음, 『기억의 공간: 문학적 기억의 형식과 변천』, 변학수·채연숙 옮김, 그린비, 2011.

의 문화적 교류를 촉진하는 중요한 자원으로 기능한다.

문학관과 같은 공간은 작가의 유산을 보존하는 동시에 지역 관광과 연계하는 매개체로서 작용하며 관광자원으로서의 활용 방안에 대한 실증적 분석이 요구된다. 2017년 기준 한국에는 공립 66개와 사립 40개를 포함해 총 106개의 문학관[2]이, 일본의 경우 745개[3]의 문학관 이 설립 및 운영되고 있다. '한국문학관협회'와 일본의 '전국문학관협 의회(全国文学館協議会)' 등 전국 규모의 문학관 네트워크 단체 사이의 교류가 활발해짐에 따라 문학관의 관광자원화를 전국적으로 조망하 는 정량적 분석의 필요성이 제기되고 있다.

1) 연구 목적과 필요성

본 연구는 일본 전역의 문학관과 그 주변 관광자원의 연계성을 텍 스트 마이닝 기술을 활용하여 실증적으로 분석하는 것을 목적으로 한 다. 특히, 관광객이 문학관을 방문할 때 인근 관광자원을 어떻게 활용 하는지, 그리고 문학관과 지역 관광자원이 어떤 방식으로 상호작용하 며 관광 패턴을 형성하는지 분석하고자 한다. 문학관은 지역의 문화 정체성을 보존하고 강화하는 동시에 독창적인 관광자원으로서 잠재 력을 지닌다. 그러나 문학관과 주변 관광자원의 연계성 및 그 활용 방법에 관한 실증적 연구는 아직 충분히 이루어지지 않은 상황이다. 본 연구는 이러한 연구 공백을 보완하고 문학관과 지역 관광자원의

---

2) https://www.khan.co.kr/culture/book/article/201711202134015
3) 木原直彦, 「全国文学館等一覧」, 『全国文学館協議会会報』 69, 全国文学館協議会事務 局, 2017, pp.17~38.

상호작용을 분석함으로써 문화 관광 전략의 수립에 기여하고자 한다.

문화관광의 중요성이 높아지는 가운데, 문학관이 관광자원으로서 어떻게 활용되고 있는지에 대한 관심이 증가하고 있다.[4] 문학관은 지역문화와 관광을 연결하는 매개체임에도 불구하고 문학관과 지역 관광자원의 상호 연계를 실증적으로 분석한 연구는 매우 제한적이다. 기존 연구는 주로 질적 접근을 통해 문학관의 문화적 역할을 탐구하는 데 기여해 왔으나, 문학관이 관광자원으로서 지역 경제와 관광객 경험에 구체적으로 미치는 영향을 양적으로 분석하는 데에는 한계가 있었다. 특히, 다수의 문학관을 대상으로 한 광범위한 실증 연구가 부족한 것이 현재 상황이다. 마스타니는 오늘날 문학 산책이 가지는 의의를 교육과 지역 활성화에 두고 있으며 문학관이 지방자치단체 또는 작가 관련 단체에 의해 설립되고 문학 관광에 기여하고 있다고 언급하였다.[5] 김정우 외 1명은 김유정문학촌과 이효석문학관을 사례로 제시하며 민간 단체와 공공 기관이 협력하여 지역을 문화 관광지로 육성하는 복합 문화 공간으로서 문학관을 발전시킬 필요성을 주장하였다.[6] 이들 연구는 개별 문학관의 역할을 심도 있게 탐구하는 데 기여했으나, 문학관이 지역의 관광자원으로서 관광객 경험이나 지역 경제에 어떤 영향을 미치는지에 대한 체계적이고 양적인 분석은 여전히 부족하다. 또한, 기존 연구는 연구 대상이 되는 지역이나 문학관의 범위가

---

4) 전윤경, 「문학관광자원으로 본 문학관의 활성화 방안 연구」, 『문화콘텐츠연구』 13, 건국대학교 글로컬문화전략연구소, 2018, pp.139~174.

5) 舛谷鋭, 「観光研究としての文学散歩」, 『立教大学観光学部紀要』 20, 新座: 立教大学観光学部, 2018, pp.95~99.

6) 김종우·윤학로, 「김유정문학촌과 이효석문학관의 운영현황과 전망」, 『비교문학』 41, 한국비교문학회, 2007, pp.375~407.

제한적이며 다수의 문학관을 대상으로 한 광범위한 실증 연구는 상대적으로 드문 편이다.

이러한 한계를 극복하기 위해 본 연구는 빅데이터와 텍스트 마이닝 기술을 활용하여 문학관과 지역 관광자원 간의 연계를 체계적으로 분석하는 것을 목표로 한다. 콘텐츠 투어리즘 등과 같은 주제에서는 텍스트 마이닝 기술을 활용한 연구가 활발히 진행되고 있는 반면[7] 기존의 문학관 연구는 주로 사례 중심의 질적 접근에 의존해 왔다.[8] 본 연구는 일본의 주요 여행 관련 홈페이지 'Jalan(じゃらん)'과 '4travel'에서 일본 전역을 대상으로 문학관에 관한 대규모 온라인 여행 리뷰(クチコミ) 데이터를 수집·분석하여 문학관 방문 경험과 소비 패턴에 관한 구체적인 내용을 탐구한다. 이를 통해 문학관이 관광자원으로서 수행하는 역할과 그 활용 방안을 보다 포괄적이고 신뢰성 있는 형태로 제시하며 문학관의 문화적·관광적 가치를 확장하는 데 기여할 것으로 기대된다.

2) 연구 범위

기존 연구는 특정 문학관이나 제한된 지역을 중심으로 문학관의 역할을 분석해 왔다. 반면, 본 연구는 텍스트 마이닝을 활용하여 일본

---

7) Byeongho Jung, 「Koreans' Reception of Japanese Cultural Contents Revealed through Text Mining」, 『Border Crossings: The Journal of Japanese-Language Literature Studies』 17(1), Global Institute for Japanese Studies, Korea University, 2023, pp.23~41.

8) 이승윤, 「문학관/문학공간의 활성화 방안과 콘텐츠 기획의 사례 연구: 박경리의 〈토지〉를 중심으로」, 『대중서사연구』 24(4), 대중서사연구회, 2018, pp.9~34.

전역의 문학관과 관광자원 간 연계성을 양적으로 분석한다. 이를 통해 문학관이 관광자원으로서 수행하는 구체적 역할과 기능을 체계적으로 규명하는 것을 목표로 한다. 이를 위해 다음과 같은 연구 질문을 설정하였다.

1. 온라인 여행 리뷰에 나타난 문학관에 대한 일본인의 인식은 어떠한가?
2. 관광객은 어떤 패턴으로 지역의 문학관을 관광자원으로 활용하고 있는가?
3. 문학관과 지역 관광자원의 상호작용은 지역 관광 활성화에 어떤 영향을 미치는가?

위 연구 질문을 통해 문학관이 관광객 경험에 미치는 영향을 실증적으로 분석하고, 이를 바탕으로 문학관이 지닌 관광자원으로서의 잠재력에 관한 새로운 시각을 제시하고자 한다. 이를 위해 본 연구는 일본 내 문학관과 그 주변 관광자원 사이에 형성된 네트워크에 초점을 맞추었다. 연구 데이터는 'Jalan'과 '4travel'에 게시된 문학관 방문자 리뷰를 중심으로 수집되었으며, 이를 토대로 문학관이 관광자원으로 활용되는 양상을 분석한다. 데이터 수집 범위는 2004년부터 2024년까지 작성된 여행 리뷰로 한정하며, 1990년 5월 1일, 2000년 6월 1일, 2003년 8월 1일의 일부 데이터를 제외하였다. 이러한 데이터를 기반으로 문학관이 관광자원으로서 수행하는 역할과 그 활용 패턴을 실증적으로 규명하고자 한다.

3) 구성

본 연구는 다음의 절로 구성되어 있다. 제2절 연구 방법에서는 본 연구에서 활용한 데이터 수집 및 전처리 과정과 분석 방법론에 대해 소개한다. 일본의 주요 여행 리뷰 사이트인 'Jalan'과 '4travel'에서 수집한 문학관 관련 리뷰 데이터를 바탕으로 문학관과 주변 관광자원 간 연계를 분석하기 위해 적용된 DMR Topic Modeling 절차를 설명한다.

제3절 분석 결과에서는 DMR Topic Modeling을 통해 도출된 분석 결과를 다양한 시각화 자료와 함께 제시한다. 이를 통해 관광객이 문학관을 방문할 때 주변 관광자원을 어떻게 인식하고 활용하는지에 대해 실증적으로 논의한다. 특히 Heatmap Table 시각화를 통해 문학관과 관련된 주요 관광자원 및 관광 패턴을 명확히 보여주고, 이러한 결과를 바탕으로 문학관과 지역 관광자원의 상호작용이 관광객 경험에 미치는 영향을 심층적으로 해석한다.

제4절 결론에서는 연구 결과를 종합하고, 문학관이 지역의 관광자원으로서 수행하는 역할과 관광객 경험에 미치는 영향을 논의한다. 본 연구의 이론적 및 실무적 시사점을 제시하며 연구의 한계와 향후 연구 방향을 제안함으로써 문학관의 관광자원화 및 문화 관광 전략 수립에 기여할 방안을 모색한다.

2. 연구 방법

1) 데이터 수집

본 연구는 일본 전역의 문학관과 그 주변 관광자원 간의 연계를 텍스트 마이닝 기법을 활용하여 실증적으로 분석하고, 관광객이 문학관을 방문할 때 주변 관광자원을 어떻게 활용하는지 규명하는 것을 목적으로 한다. 이를 위해 데이터 수집 과정을 체계적으로 설계하였다. 먼저, 연구 대상으로 할 문학관 목록을 작성하기 위해 2017년『전국문학관협의회회보(全国文学館協議会会報)』제69호에 게재된 기하라 나오히코(木原直彦)의「전국 문학관 및 기타 시설 목록(全国文学館等一覧)」[9]을 참고하였다. 이 목록에서 폐업했거나 전시 등 일부 기능만 있는 시설은 제외하고, 현재 운영 중인 문학관만을 최종 연구 대상으로 선정하였다.

다음으로, 일본 주요 여행 플랫폼 'Jalan'과 '4travel'에서 문학관 방문 리뷰 데이터를 수집하였다. 데이터 수집에는 웹 스크래핑 기술과 Python의 Selenium 패키지를 활용하여, 문학관 목록에 포함된 각 문학관명을 기준으로 검색된 리뷰를 자동으로 수집하였다. 수집된 데이터는 관광객의 문학관 방문 경험과 주변 관광자원 간 상호작용을 분석하는 데 활용하였다. 이와 같은 과정을 통해 'Jalan'에서 총 5,352건, '4travel'에서 2,838건으로 합계 8,190건의 리뷰를 수집하였다. 이러한 텍스트 데이터는 관광객이 지역 문학관을 어떤 형태로 관광자

---

9) 木原直彦,「全国文学館等一覧」,『全国文学館協議会会報』69, 全国文学館協議会事務局, 2017, pp.17~38.

원으로 인식하고 있는지, 그리고 문학관이 주변 관광자원과 어떻게
연계되어 있는지를 분석하기 위한 기초 자료로 활용되었다.

2) 데이터 전처리

수집된 텍스트 데이터는 일본어 형태소 분석기인 MeCab-ipadic-
neologd 사전을 활용하여 형태소 단위로 분리하였다.[10] 형태소 분석
은 텍스트를 최소 의미 단위로 분리하는 과정으로, 특히 단어를 띄어
쓰기로 구분하지 않는 일본어와 같은 언어를 분석하는 데 유용하다.
본 연구에서는 문학관과 관광자원의 연계성을 명확히 파악하기 위해
지명 및 시설명과 같은 명사에 초점을 맞추어 분석을 진행하였다. 따
라서 조사, 접속사, 형용사, 동사 등 분석에 불필요한 품사는 제거하여
분석의 정밀도를 향상시켰다. 형태소 분석 후 각 형태소는 출현 빈도
(Term Frequency, TF)와 품사를 기준으로 분류하였다. 출현 빈도는
특정 형태소가 텍스트 내에서 등장하는 횟수를 의미하며, 이를 기반
으로 불용어(Stop Words) 사전을 작성하였다.[11] 총 23,585개의 형태
소 중 의미 전달에 불필요한 단어들은 불용어로 처리하고 제거함으로
써 분석의 신뢰성을 높였다. 또한, "吉屋信子記念館"과 같은 고유명사
키워드가 형태소 분석 과정에서 "吉屋信子", "記念", "館"으로 잘못 분

---

10) https://github.com/neologd/mecab-ipadic-neologd
11) 불용어란 텍스트 내에서 의미 전달에 기여하지 않는 단어를 지칭하며 조사, 접속사,
  '그리고', '또한'처럼 고빈도 단어를 포함한다. 불용어를 제거함으로써 텍스트의 핵심
  주제와 관련된 주요 패턴이나 연관성이 더욱 명확하게 드러나며 데이터의 노이즈가
  감소하여 분석의 정확성과 효율성이 향상된다.

리되지 않도록 원형 복원 작업을 수행하여 의미의 일관성을 유지하였다. 이와 같은 전처리 과정은 문학관과 관광자원 간 연계 패턴을 명확히 분석할 수 있는 데이터 기반을 구축하여 연구의 신뢰성과 정밀도를 향상시키는 데 기여하였다.

3) 분석 방법

텍스트 데이터를 활용하여 관광객의 문학관 방문 경험과 주변 관광자원 간의 상호작용을 분석하기 위해 DMR(Dirichlet-Multinomial Regression) Topic Modeling 기법을 적용하였다. Topic Modeling은 감정 분석, 클러스터링, 네트워크 분석 등과 함께 텍스트 분석의 주요 방법론 중 하나로, 텍스트 내 숨겨진 토픽을 발견하는 확률적 접근법을 사용한다. 이는 단순히 키워드의 출현 빈도에 의존하는 기존 텍스트 분석 방법과 달리 새로운 데이터에 대한 적응력이 높다는 장점을 지니고 있다.

Topic Modeling 기법 중 가장 널리 사용되는 것은 LDA(Latent Dirichlet Allocation) Topic Modeling으로 이는 국내외를 막론하고 인문학, 사회과학, 공학 등 다양한 분야에서 활발히 활용되고 있다.[12]

---

12) 노석현·김보상·조남욱, 「LDA와 Word2Vec을 이용한 실감영상기술 특허 분석」, 『한국경영공학회지』 27(3), 한국경영공학회, 2022, pp.105~120; 시유, 「LDA 토픽 모델링 기법을 활용한 무용공연의 연구 동향 분석」, 『산업융합연구』 22(3), 대한산업경영학회, 2024, pp.13~25; 이승석·이상준, 「AI 할루시네이션에 대한 빅데이터 분석: LDA 토픽 모델링 및 감성 분석을 중심으로」, 『한국산업보안연구』 14(2), 한국산업보안연구학회, 2024, pp.153~168; 서춘우·성광숙, 「중국 소셜미디어 빅데이터의 LDA 토픽 모델링 분석을 통한 유기적 패션디자인 연구」, 『조형미디어학』 26(2), 한국일러스아트학회, 2023, pp.139~149; 심준식·김형중, 「LDA 토픽 모델링을 활용한 판례 검색 및

그러나 LDA Topic Modeling 기법에는 토픽 수 설정의 기준이 명확하지 않거나 분석 결과가 자주 등장하는 키워드에 편향되거나, 제목 또는 본문 외의 메타데이터(Meta Data)를 반영하지 못하는 등의 한계가 있다.

DMR Topic Modeling은 LDA Topic Modeling의 파생 모델로 기존의 한계를 보완한 분석 기법이다. DMR Topic Modeling은 텍스트 내 단어가 특정 토픽에 속할 확률에 기반하여 주요 토픽을 도출하는 방법으로 특정 문학관과 관련된 관광자원이 공통적으로 언급되는 토픽을 파악하는 데 효과적이다. 예를 들어, 리뷰에서 '공원', '산책', '길' 등의 단어가 함께 등장하는 경우 DMR Topic Modeling은 이를 '공원과 산책'이라는 토픽으로 분류할 수 있다. 또한, 평점 및 카테고리 등 시설과 관련된 본문 이외의 정보, 즉, 메타데이터(Meta Data)를 본문의 형태소 분석 내용과 교차 비교함으로써 LDA Topic Modeling 보다 풍부한 해석을 제공할 수 있다. 이를 통해 관광객이 문학관을 방문할 때 언급되는 주요 토픽과 주변 관광자원 간의 연계를 체계적으로 분석할 수 있다. 나아가 특정 토픽에 따라 문학관과 주변 관광자원이 어떻게 연결되며 관광객이 문학관을 어떻게 경험하는지를 세부적으로 이해하는 것도 가능하다.

DMR Topic Modeling에서는 토픽 수가 모델의 분석 결과에 큰 영향을 미치기 때문에 토픽 수를 신중히 결정하는 것이 중요하다. 이를

분류 방법」, 『전자공학회논문지』 54(9), 대한전자공학회, 2017, pp.64~75; 장지수·신서경, 「개별화 학습 지원을 위한 지능형 튜터링 시스템 연구 동향 분석: LDA 토픽 모델링을 활용하여」, 『교육정보미디어연구』 29(4), 한국교육정보미디어학회, 2023, pp.1095~1122.

위해 본 연구에서는 Perplexity와 Coherence 지표를 활용하였다. Perplexity는 모델이 텍스트 데이터를 얼마나 잘 설명하는지를 평가하는 지표로, 값이 낮을수록 모델의 예측력이 높고 데이터에 대한 이해도가 깊다는 것을 의미한다. 본 연구에서는 Perplexity 값을 지속적으로 모니터링하여 문학관과 관광자원의 연계성을 효과적으로 도출할 수 있는 최적의 토픽 수를 선정하였다. 이를 통해 관광객이 문학관을 방문할 때 주로 어떤 토픽과 관련된 관광자원을 방문하는지 해당 양상을 더욱 정확히 파악할 수 있도록 모델의 해석력을 향상시켰다.

한편, Coherence는 토픽 내 단어들이 의미적으로 얼마나 밀접하게 관련되어 있는지를 측정하여, 토픽의 품질을 평가하는 지표이다. Coherence 값은 토픽 내 단어들의 의미적 일관성을 수치화하며, 값이 높을수록 동일 토픽 내 단어 간 연관성이 강하다는 것을 나타낸다. 이는 토픽의 의미 구조를 명확히 파악하고 모델의 해석 가능성과 의미적 유효성을 높이는 데 중요한 기준으로 활용된다. 본 연구는 Perplexity와 Coherence 값을 함께 사용하여 최적의 토픽 수를 20개로 결정하였다. 이러한 접근은 관광객이 문학관을 방문할 때 주로 언급되는 토픽과 관련된 관광자원을 더욱 체계적으로 분석할 수 있도록 기여하였다. 자세한 내용은 [그림 1]에서 확인할 수 있다. 이와 같은 데이터 수집, 전처리 및 분석 과정을 통해 본 연구는 문학관이 지역 내 다양한 관광자원과 어떤 형태로 상호작용하고 있는가를 실증적으로 규명할 수 있는 기초 자료를 구축하였다. 이를 바탕으로 문학관의 관광자원으로서의 역할을 다각적으로 분석하고, 문화 관광 전략 수립에 기여할 수 있는 시사점을 도출하는 것을 목표로 한다.

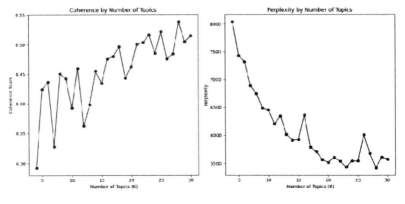

[그림 1] Coherence(좌)와 Perplexity(우)

3. 분석 결과

1) DMR Topic Modeling 분석 결과

본 연구는 문학관 관련 여행 리뷰를 대상으로 DMR Topic Modeling을 수행하였다. 각 리뷰가 특정 문학관과 관련되었음을 확인할 수 있도록 문학관명을 메타데이터로 수집하고, 분석 과정에서 토픽별 상위 20개의 키워드를 검토하였다. 이를 통해 문학관 관련 여행 리뷰에서 반복적으로 언급되는 핵심 토픽을 파악하고, 문학관과 관광자원 간의 상호작용을 구체적으로 분석할 수 있었다.

분석 결과는 [표 1]에 요약되어 있다. [표 1]은 '토픽', '문학관명', '상위 20개의 키워드'라는 세 가지 열로 구성되어 있다. 첫 번째 열 '토픽'에는 각 토픽의 주요 주제가 제시된다. 이는 문학관과 관련된 특정 관광 패턴이나 주요 토픽을 반영한다. 두 번째 열 '문학관명'에는 각 토픽과 연관성이 가장 높은 문학관 상위 3곳이 표시된다. 문학관 이름 옆 괄호 안에 표시된 숫자는 해당 토픽과 관련된 여행 리뷰 문서의 개수를 나타낸다. 이는 특정 토픽이 특정 문학관과 얼마나 밀접하게 연결되어 있는지를 직관적으로 이해할 수 있도록 돕는다. 마지막 열인 '상위 20개의 키워드'에는 해당 토픽 내에서 가장 자주 등장한 키워드 20개가 내림차순으로 정리되어 있다. 키워드마다 괄호 안에 해당 토픽 내에서 각각의 키워드가 등장할 확률이 표시되어 있어, 각 키워드의 중요도를 정량적으로 파악할 수 있다. 이와 같은 분석 결과는 문학관과 관련된 주요 주제 및 관광자원 간의 연계성을 체계적으로 이해하고, 문화 관광 전략 수립에 실질적인 통찰을 제공할 수 있을 것으로 기대된다.

[표 1] DMR Topic Modeling 분석결과

토픽	문학관명	상위 20개의 키워드
Topic 1 공원과 산책 (公園と散歩)	미우라아야코기념문학관 (三浦綾子記念文学館) (63), 모토오리노리나가기념관 (本居宣長記念館)(31), 엔도슈사쿠기념관 (藤沢周平記念館)(29)	공원(公園)(0.0547), 산책(散歩)(0.0207), 정비(整備)(0.0136), 빙점(氷点)(0.0126), 성(城)(0.0120), 미우라아야코(三浦綾子)(0.0106), 돌담(石垣)(0.0101), 원내(園内)(0.0089), 벚꽃(桜)(0.0087), 나쓰메소세키(夏目漱石)(0.0081), 후지사와슈헤이기념관(藤沢周平記念館)(0.0078), 나카지마공원(中島公園)(0.0074), 신주쿠구립소세키산방기념관(新宿区立漱石山房記念館)(0.0074), 야마모토유조기념관(山本有三記念館)(0.0069), 아사히카와(旭川)(0.0067), 주차장(駐車場)(0.0066), 홋카이도립문학관(北海道立文学館)(0.0062), 광장(広場)(0.0058), 길(道)(0.0058), 무대(舞台)(0.0058)
Topic 2 가마쿠라문학관과 장미정원 (鎌倉文学館とバラ園)	가마쿠라문학관 (鎌倉文学館)(169), 스즈키다이세쓰관 (鈴木大拙館)(40), 일본근대문학관 (日本近代文学館)(16)	건물(建物)(0.0286), 정원(庭園)(0.0257), 장미(バラ)(0.0195), 뜰(庭)(0.0190), 서양식건물(洋館)(0.0172), 가마쿠라(鎌倉)(0.0143), 꽃(花)(0.0134), 견학(見学)(0.0129), 벚꽃(桜)(0.0123), 산책(散歩)(0.0123), 경치(景色)(0.0121), 가마쿠라문학관(鎌倉文学館)(0.0101), 무료(無料)(0.0090), 초록(緑)(0.0086), 나무들(木々)(0.0080), 장미정원(バラ園)(0.0076), 사진(写真)(0.0076), 단풍(紅葉)(0.0074), 자연(自然)(0.0073), 정취(趣)(0.0069)

Topic 3 다리와 공원 (橋と公園)	고이즈미야쿠모기념관 (小泉八雲記念館)(327), 야이즈고이즈미야쿠모기 념관(焼津小泉八雲記念 館)(126), 오사라기지로기념관 (大佛次郎記念館)(96)	고이즈미야쿠모(小泉八雲)(0.0888), 이즈미야쿠모기념관(小泉 八雲記念館)(0.0451), 마쓰에성(松江城)(0.0255), 항구가보이 는언덕공원(港の見える丘公園)(0.0208), 다리(橋)(0.0197), 마 쓰에(松江)(0.0190), 무사저택(武家屋敷)(0.0187), 오사라기 지로기념관(大佛次郎記念館)(0.0186), 가나가와근대문학관(神 奈川近代文学館)(0.0150), 일본(日本)(0.0138), 야이즈(焼津) (0.0131), 전시(展示)(0.0127), 오사라기지로(大佛次郎)(0.0097), 고이즈미야쿠모생가(小泉八雲旧居)(0.0092), 시오미나와테(塩 見縄手)(0.0085), 무테키다리(霧笛橋)(0.0081), 공원(公園) (0.0079), 거리(通り)(0.0074), 생가(旧居)(0.0066), 고양이 (猫)(0.0066)
Topic 4 노래 문학관과 박물관 (歌の文学館· 博物館)	아쿠유기념관(阿久悠記 念館)(33), 가고시마근대문학관(かご しま近代文学館)(16), 만요관(万葉館)(15)	박물관(博物館)(0.0170), 아쿠유기념관(阿久悠記念館)(0.0103), 견학(見学)(0.0083), 무료(無料)(0.0080), 가고시마근대문학 관(かごしま近代文学館)(0.0077), 전시(展示)(0.0073), 만요관 (万葉館)(0.0073), 데라야마슈지(寺山修司)(0.0070), 온천(温 泉)(0.0067), 메이지대학(明治大学)(0.0063), 아쿠유(阿久悠) (0.0060), 탕(湯)(0.0057), 무코다구니코(向田邦子)(0.0057), 작사(作詞)(0.0053), 니토베이나조(新渡戸稲造)(0.0053), 노 래(歌)(0.0050), 시키기념박물관(子規記念博物館)(0.0050), 가 고시마(鹿児島)(0.0050), 일본(日本)(0.0050), 곡(曲)(0.0050)
Topic 5 관광마을· 문학연고지 (観光村·文学 ゆかりの地)	도손기념관(藤村記念館) (92), 오쿠노호소미치종착지기 념관(奥の細道むすびの地 記念館)(77), 야마데라바쇼기념관 (山寺芭蕉記念館)(21)	마쓰오바쇼(松尾芭蕉)(0.0531), 시마자키도손(島崎藤村)(0.0221), 도손기념관(藤村記念館)(0.0205), 오쿠노호소미치(奥の細道)(0.0176), 마고메주쿠(馬籠宿)(0.0154), 미술관(美術館)(0.0141), 오쿠노 호소미치종착지기념관(奥の細道むすびの地記念館)(0.0141), 하 이쿠(俳句)(0.0127), 스이몬강(水門川)(0.0116), 오가키(大垣) (0.0096), 여행(旅)(0.0085), 전시(展示)(0.0083), 주변(沿い) (0.0074), 가이코엔(懐古園)(0.0074), 야마데라(山寺)(0.0071), 언덕(坂)(0.0069), 돌계단(石畳)(0.0056), 역참(宿場)(0.0054), 혼진(本陣)(0.0054), 관광(観光)(0.0054)
Topic 6 전시와 학습 (展示と勉強)	가네코미스즈기념관 (金子みすゞ記念館)(76), 고이즈미야쿠모기념관 (小泉八雲記念館)(70), 일본근대문학관 (日本近代文学館)(70)	전시(展示)(0.1008), 문학(文学)(0.0208), 팬(ファン)(0.0187), 원고(原稿)(0.0165), 공부(勉強)(0.0147), 사진(写真)(0.0145), 재현(再現)(0.0131), 연고(ゆかり)(0.0129), 책(本)(0.0112), 건물(建物)(0.0107), 기획전(企画展)(0.0097), 서재(書斎) (0.0094), 역사(歴史)(0.0094), 전시품(展示品)(0.0091), 전시 물(展示物)(0.0084), 견학(見学)(0.0078), 자료관(資料館) (0.0078), 직필(直筆)(0.0076), 직필원고(直筆原稿)(0.0065), 유품(遺品)(0.0065)
Topic 7 가나자와의 문학관 (金沢の文学館)	이즈미교카기념관 (泉鏡花記念館)(55), 스즈키다이세쓰관 (鈴木大拙館)(23), 도쿠다슈세이기념관 (徳田秋聲記念館)(18)	신사(神社)(0.0243), 가나자와(金沢)(0.0241), 가즈에마치(主 計町)(0.0205), 이즈미교카기념관(泉鏡花記念館)(0.0181), 찻 집거리(茶屋街)(0.0173), 이즈미교카(泉鏡花)(0.0168), 길(道) (0.0135), 버스(バス)(0.0114), 오솔길(小径)(0.0114), 다리(橋) (0.0105), 스즈키다이세쓰관(鈴木大拙館)(0.0100), 아사노가 와대교(浅野川大橋)(0.0097), 하차(下車)(0.0089), 동쪽찻집 거리(ひがし茶屋街)(0.0089), 정류소(停留所)(0.0076), 생가터

		(生家跡)(0.0065), 관광(観光)(0.0057), 초록(緑)(0.0057), 가나자와시(金沢市)(0.0057), 거리(通り)(0.0054)
Topic 8 시비와 산책 (詩碑と散歩)	가네코미스즈기념관 (金子みすゞ記念館)(110), 무로사이세이기념관 (室生犀星記念館)(41), 가마쿠라문학관 (鎌倉文学館)(19)	시(詩)(0.0327), 비석(石碑)(0.0170), 산책(散歩)(0.0165), 가루이자와(軽井沢)(0.0148), 가네코미스즈기념관(金子みすゞ記念館)(0.0133), 절(お寺)(0.0103), 주차장(駐車場)(0.0103), 무로사이세이기념관(室生犀星記念館)(0.0098), 거리(通り)(0.0094), 사이세이(犀星)(0.0094), 별장(別荘)(0.0081), 호리다쓰오(堀辰雄)(0.0074), 무로사이세이(室生犀星)(0.0071), 센자키(仙崎)(0.0066), 인생(人生)(0.0066), 가네코미스즈(金子みすゞ)(0.0064), 자동차(車)(0.0062), 구가루이자와(旧軽井沢)(0.0059), 혼자(一人)(0.0057), 안내(案内)(0.0054)
Topic 9 조각상과 미술관 (像と美術館)	도손기념관(藤村記念館)(33), 기노사키문예관 (城崎文芸館)(26), 하코다테시문학관 (函館市文学館)(17)	미술관(美術館)(0.0141), 전시(展示)(0.0125), 고후역(甲府駅)(0.0115), 홋카이도(北海道)(0.0107), 조각상(像)(0.0091), 문학(文学)(0.0080), 아리시마다케오(有島武郎)(0.0077), 시가나오야(志賀直哉)(0.0077), 히메지성(姫路城)(0.0072), 도손기념관(藤村記念館)(0.0069), 건물(建物)(0.0067), 사카모토료마(坂本龍馬)(0.0067), 역사(歴史)(0.0067), 기노사키(城崎)(0.0064), 기타구치(北口)(0.0061), 야마나시현(山梨県)(0.0061), 하코다테(函館)(0.0059), 건축(建築)(0.0059), 공원(公園)(0.0056), 삿포로(札幌)(0.0053)
Topic 10 생가와 팬 (旧居とファン)	다자이오사무기념관 「사양관」(太宰治記念館 「斜陽館」)(143) 나카하라주야기념관 (中原中也記念館)(56), 신초샤기념문학관 (新潮社記念文学館)(35)	다자이오사무(太宰治)(0.0444), 집(家)(0.0195), 생가(旧居)(0.0176), 건물(建物)(0.0156), 나카하라주야(中原中也)(0.0140), 사양관(斜陽館)(0.0118), 나카하라주야기념관(中原中也記念館)(0.0101), 견학(見学)(0.0099), 다케시마(竹島)(0.0085), 유다온천(湯田温泉)(0.0083), 창고(蔵)(0.0077), 팬(ファン)(0.0075), 주야(中也)(0.0068), 이노우에야스시(井上靖)(0.0068), 신초샤기념문학관(新潮社記念文学館)(0.0062), 신초샤(新潮社)(0.0061), 저택(屋敷)(0.0059), 전시(展示)(0.0053), 무료(無料)(0.0050), 자료관(資料館)(0.0050)
Topic 11 가족과 동화 (家族と童話)	미야자와겐지기념관 (宮沢賢治記念館)(467), 가네코미스즈기념관 (金子みすゞ記念館)(29), 니이미난키치기념관 (新美南吉記念館)(16)	미야자와겐지(宮沢賢治)(0.1048), 어린이(子ども)(0.0282), 미야자와겐지기념관(宮沢賢治記念館)(0.0251), 전시(展示)(0.0216), 동화(童話)(0.0177), 미야자와겐지동화마을(宮沢賢治童話村)(0.0113), 계단(階段)(0.0104), 어른(大人)(0.0096), 하나마키(花巻)(0.0086), 세계관(世界観)(0.0084), 영상(映像)(0.0082), 산고양이회관(山猫軒)(0.0071), 신하나마키역(新花巻駅)(0.0069), 학교(学校)(0.0067), 팬(ファン)(0.0065), 이하토브관(イーハトーブ館)(0.0065), 시(詩)(0.0059), 버스(バス)(0.0057), 그림책(絵本)(0.0057), 공부(勉強)(0.0057)

Topic 12 건물과 건축 (建物と建築)	마쓰야마시언덕위의구름뮤지 엄(松山市坂の上の雲ミュージ アム)(375), 언덕위의구름뮤지엄(坂の上 の雲ミュージアム)(117), 니이미난키치기념관 (新美南吉記念館)(90)	건물(建物)(0.0381), 시바료타로(司馬遼太郎)(0.0378), 언 덕위의구름(坂の上の雲)(0.0323), 언덕위의구름뮤지엄(坂 の上の雲ミュージアム)(0.0273), 마사오카시키(正岡子規) (0.0262), 뮤지엄(ミュージアム)(0.0229), 전시(展示)(0.0207), 마쓰야마(松山)(0.0177), 역사(歴史)(0.0150), 팬(ファン) (0.0147), 설계(設計)(0.0140), 안도다다오(安藤忠雄) (0.0130), 아기여우곤(ごんぎつね)(0.0120), 박물관(博物 館)(0.0114), 전시물(展示物)(0.0110), 마쓰야마성(松山 城)(0.0091), 니이미난키치(新美南吉)(0.0091), 드라마 (ドラマ)(0.0081), 반스이소(萬翠荘)(0.0080), 테마(テー マ)(0.0079)
Topic 13 뱃놀이와 문학관 (川下りと 文学館)	하쿠슈기념관 (白秋記念館)(27), 고이즈미야쿠모기념관 (小泉八雲記念館)(14), 후쿠오카시문학관 (福岡市文学館)(9)	버스(バス)(0.0203), 역(駅)(0.0145), 기타하라하쿠슈(北 原白秋)(0.0119), 가비(歌碑)(0.0090), 하쿠슈기념관(白 秋記念館)(0.0084), 설계(設計)(0.0084), 편(便)(0.0071), 버스정류장(バス停)(0.0065), 배(船)(0.0065), 관광(観光) (0.0061), 후쿠오카시문학관(福岡市文学館)(0.0058), 노 선버스(路線バス)(0.0058), 코스(コース)(0.0058), 다쿠보 쿠(啄木)(0.0052), 택시(タクシー)(0.0052), 도보(徒歩) (0.0052), 교통(交通)(0.0048), 후쿠오카시(福岡市)(0.0048), 섬(島)(0.0045), 운행(運行)(0.0045)
Topic 14 바다와 문학관 (海と文学館)	나가사키시엔도슈사쿠문학관 (長崎市遠藤周作文学館)(71), 마쓰모토세이초기념관 (松本清張記念館)(52), 기타큐슈시립마쓰모토세이초 기념관(北九州市立松本清張 記念館)(37)	고쿠라성(小倉城)(0.0265), 마쓰모토세이초기념관(松本清 張記念館)(0.0204), 엔도슈사쿠(遠藤周作)(0.0188), 마쓰 모토세이초(松本清張)(0.0166), 바다(海)(0.0119), 엔도 슈사쿠문학관(遠藤周作文学館)(0.0112), 공원(公園)(0.0105), 무대(舞台)(0.0103), 도로휴게소(道の駅)(0.0103), 고 쿠라(小倉)(0.0101), 침묵(沈黙)(0.0097), 경치(景色) (0.0090), 이치요기념관(一葉記念館)(0.0085), 성(城) (0.0079), 료칸(인물)(良寛)(0.0076), 구매(購入)(0.0076), 견학(見学)(0.0072), 세이초(清張)(0.0072), 세트(セット) (0.0070), 가쓰야마공원(勝山公園)(0.0070)
Topic 15 관광을 위한 서비스 (観光のためのサ ービス)	언덕위의구름뮤지엄(坂の上 の雲ミュージアム)(41), 미야자와겐지기념관 (宮沢賢治記念館)(22), 가네코미스즈기념관 (金子みすゞ記念館)(14)	관광(観光)(0.0258), 편리(便利)(0.0230), 주차장(駐車場) (0.0200), 호텔(ホテル)(0.0186), 자동차(車)(0.0156), 방 (部屋)(0.0151), 역(駅)(0.0149), 도보(徒歩)(0.0105), 버 스(バス)(0.0103), 계단(階段)(0.0086), 길(道)(0.0082), 바로앞(目の前)(0.0082), 비(雨)(0.0077), 마쓰야마성(松 山城)(0.0074), 도로(道路)(0.0072), 화장실(トイレ) (0.0068), 숙소(宿)(0.0060), 숙박(宿泊)(0.0058), 식사 (食事)(0.0058), 언덕위의구름뮤지엄(坂の上の雲ミュージ アム)(0.0056)

Topic 16 식사와 휴식시설 (食事· 休憩施設)	고이즈미야쿠모기념관 (小泉八雲記念館)(23), 미야자와겐지기념관 (宮沢賢治記念館)(22), 이즈미교카기념관 (泉鏡花記念館)(12)	가게(店)(0.0344), 레스토랑(レストラン)(0.0172), 세트 (セット)(0.0120), 커피(コーヒー)(0.0115), 카페(カフェ) (0.0110), 소바(そば)(0.0110), 기념품(お土産)(0.0095), 디자인(デザイン)(0.0090), 메뉴(メニュー)(0.0090), 점 내(店内)(0.0075), 차(お茶)(0.0075), 런치(ランチ) (0.0075), 맛(味)(0.0070), 구매(購入)(0.0070), 판매 (販売)(0.0067), 가가와도요히코기념관(賀川豊彦記念館) (0.0065), 식사(食事)(0.0060), 세타가야문학관(世田谷文 学館)(0.0060), 말차(抹茶)(0.0052), 도로휴게소(道の駅) (0.0050)
Topic 17 철학 (哲学)	스즈키다이세쓰관 (鈴木大拙館)(140), 나가이다카시기념관 (永井隆記念館)(95), 시바료타로기념관 (司馬遼太郎記念館)(54)	뜰(庭)(0.0244), 박사(博士)(0.0221), 스즈키다이세쓰(鈴 木大拙)(0.0211), 뇨코도(如己堂)(0.0136), 가나자와(金 沢)(0.0125), 나가이다카시(永井隆)(0.0113), 나가사키시 나가이다카시기념관(長崎市永井隆記念館)(0.0102), 스즈 키다이세쓰관(鈴木大拙館)(0.0094), 건물(建物)(0.0092), 나가이(永井)(0.0081), 자택(自宅)(0.0077), 수경(水鏡) (0.0073), 피폭(被爆)(0.0069), 도보(徒歩)(0.0067), 서재 (書斎)(0.0065), 선(禅)(0.0065), 장서(蔵書)(0.0063), 원 폭(原爆)(0.0061), 나가사키(長崎)(0.0061), 미술관(美術 館)(0.0056)
Topic 18 겐지 이야기와 교토 (源氏物語 と京都)	겐지이야기뮤지엄(源氏物語 ミュージアム)(111), 우지시겐지이야기뮤지엄 (宇治市源氏物語 ミュージアム)(61), 노구치우쬬기념관 (野口雨情記念館)(20)	겐지이야기(源氏物語)(0.0453), 길(道)(0.0368), 겐지이 야기뮤지엄(源氏物語ミュージアム)(0.0278), 우지가미신사 (宇治上神社)(0.0207), 우지(宇治)(0.0156), 뵤도인(平等 院)(0.0136), 영화(映画)(0.0122), 우지십첩(宇治十帖) (0.0119), 산책(散歩)(0.0119), 우지신사(宇治神社) (0.0116), 사와라비(さわらび)(0.0110), 우지가와(宇治川) (0.0091), 교토(京都)(0.0085), 노구치우조(野口雨情) (0.0079), 신사(神社)(0.0076), 무대(舞台)(0.0074), 단풍 (紅葉)(0.0071), 우지다리(宇治橋)(0.0071), 뮤지엄(ミュー ジアム)(0.0068), 우지시겐지이야기뮤지엄(宇治市源氏物 語ミュージアム)(0.0062)
Topic 19 건물과 중요문화재 (建物と重要 文化財)	오다와라문학관 (小田原文学館)(40), 이시카와근대문학관 (石川近代文学館)(29), 스즈키다이세쓰관 (鈴木大拙館)(24)	건물(建物)(0.0846), 견학(見学)(0.0203), 무료(無料) (0.0190), 외관(外観)(0.0187), 전시(展示)(0.0153), 역사 (歴史)(0.0132), 건축(建築)(0.0114), 서양식건물(洋館) (0.0104), 구조(造り)(0.0096), 지정(指定)(0.0094), 유료 (有料)(0.0093), 중요문화재(重要文化財)(0.0088), 길(道) (0.0084), 레트로(レトロ)(0.0073), 오다와라문학관(小田 原文学館)(0.0070), 박물관(博物館)(0.0068), 메이지시대 (明治時代)(0.0063), 건설(建設)(0.0062), 근대적(近代的) (0.0058), 이시카와근대문학관(石川近代文学館)(0.0058)

| Topic 20
카페
(カフェ) | 일본근대문학관
(日本近代文学館)(236),
모토오리노리나가기념관
(本居宣長記念館)(61),
미시마유키오문학관
(三島由紀夫文学館)(23) | 문학(文学)(0.0245), 카페(カフェ)(0.0243), 책(本)(0.0193),
모토오리노리나가(本居宣長)(0.0150), 근대문학(近代文学)
(0.0145), 도서관(図書館)(0.0135), 고마바공원(駒場公園)
(0.0128), 산책(散歩)(0.0125), 자료관(資料館)(0.0115),
역(駅)(0.0108), 모토오리노리나가기념관(本居宣長記念館)
(0.0106), 도보(徒歩)(0.0100), 일본(日本)(0.0098), 전시
(展示)(0.0096), 일본근대문학관(日本近代文学館)(0.0091),
이벤트(イベント)(0.0083), 보존(保存)(0.0079), 하루(一
日)(0.0076), 무료(無料)(0.0074), 견학(見学)(0.0071) |

Topic 1: 공원과 산책

Topic 1은 '공원(公園)', '산책(散歩)', '원내(園内)', '길(道)' 등의 키워드에서 '공원과 산책'이라는 토픽을 도출하였다. 리뷰 원문에 따르면 '후지사와슈헤이기념관(藤沢周平記念館)'은 일본 벚꽃 명소 100선에 선정된 '쓰루오카공원(鶴岡公園)'과 함께 언급된 것이 확인되었다. 마찬가지로 '홋카이도립문학관(北海道立文学館)' 역시 벚꽃 명소로 유명한 '나카지마공원(中島公園)'과 함께 나타난다는 점이 밝혀졌다. 리뷰를 통해 관광객들은 문학관을 방문하며 주변 공원에서 산책을 즐기는 경향이 확인되었다. 한편 '신주쿠구립소세키산방기념관(新宿区立漱石山房記念館)'은 소세키공원(漱石公園) 내에 위치하고 있어 이를 방문한 관광객들이 소세키공원에서 산책을 즐기는 경향이 있음을 확인할 수 있다. '야마모토유조기념관(山本有三記念館)'에서도 관광객들이 이노카시라공원(井の頭公園)을 거닐며 자연을 즐기는 모습이 나타났다. '아사히카와(旭川)'와 '미우라아야코(三浦綾子)'의 경우 아사히카와에 위치한 '미우라아야코기념관(三浦綾子記念館)'을 의미하며 관광객들이 인근 '외국수종견본림(外国樹種見本林)'에서 산책하는 관광 양상을 보여준다. 이처럼 Topic 1에서는 공원, 산책과 함께 언급된 문학관 그룹을 소개하고 있다.

Topic 2: 가마쿠라문학관과 장미정원

Topic 2는 '가마쿠라문학관(鎌倉文學館)', '건물(建物)', '서양식건물(洋館)', '장미(バラ)', '정원(庭園)' 등의 키워드로부터 '가마쿠라문학관과 장미정원'이라는 토픽을 도출하였다. '가마쿠라문학관(鎌倉文學館)'의 건물은 '구가쵸노미야저택(旧華頂宮邸)'과 '구후루카와저택 오타니미술관(旧古河邸大谷美術館)'과 함께 가마쿠라의 3대 서양식 건물 중 하나로 꼽힌다. 한편, 매년 5월과 10월에는 문학관 앞 정원에 장미가 만개하는데 '장미정원(バラ園)'을 즐기기 위해 가마쿠라문학관을 방문하는 관광객들도 상당수에 달한다. Topic 2에서는 서양식 건축물과 정원에 핀 장미꽃을 감상하기 위한 목적으로 문학관을 방문하는 관광 양상을 확인할 수 있다. 이는 문학관의 건축미와 자연환경이 조화를 이루어 관광객들에게 독특한 경험을 제공함을 보여준다.

Topic 3: 다리와 공원

Topic 3은 '다리와 공원'이라는 토픽으로 표현할 수 있다. '고이즈미야쿠모기념관(小泉八雲記念館)'과 '마쓰에성(松江城)'은 다리를 사이에 두고 인접해 있으며 마쓰에성은 '마쓰에조잔공원(松江城山公園)'에 둘러쌓여 있다. '오사라기지로기념관(大佛次郎記念館)'과 '가나가와근대문학관(神奈川近代文學館)'은 '무테키다리(霧笛橋)'를 사이에 두고 마주하고 있으며 두 문학관을 둘러싸고 '항구가보이는언덕공원(港の見える丘公園)'이 조성되어 있다. Topic 3에서는 문학관 근처에 조성된 공원과 다리라는 상징물이 관광객들에게 중요한 명소로 작용하며, 관광적 측면에서 주목 받고 있음을 살펴볼 수 있었다.

Topic 4: 노래 문학관과 박물관

Topic 4는 '노래(歌)', '곡(曲)', '작사(作詞)' 등의 키워드에서 '노래 문학관과 박물관'이라는 토픽을 도출할 수 있다. 이 토픽에서는 '노래 (歌)'가 가요(歌謠曲), 하이쿠(俳句), 와카(和歌) 등을 대표하며 문학과 음악적 요소를 결합한 상징적 의미로 등장한다. '메이지대학(明治大学)' 내부에 있는 '아쿠유기념관(阿久悠記念館)'은 작사가이자 작가인 아쿠 유(阿久悠)와 가요와 관련된 자료를 전시하며, 가요 문화와의 연계를 보여준다. '시키기념박물관(子規記念博物館)'에서 기념하는 마사오카 시키(正岡子規)는 가인(歌人)이며 '만요관(万葉館)'에서는 일본 고전 시집인 만요슈(万葉集)와 와카가 전시되고 있다. 이는 모두 노래와 관련된 시설로 노래와 문학의 결합은 해당 문학관들이 공유하는 핵심 주제이다. 한편, '온천(温泉)', '탕(湯)'이 등장하는 이유는 '데라야마슈지기념관(寺山修司記念館)'을 방문할 때 주변의 시민 온천 '윳코(湯っこ)'가 언급된 리뷰가 있었기 때문이며, 시키기념박물관과 만요관 주변에도 도고온천(道後温泉), 와카노우라온천(和歌浦温泉)이 있기 때문이라고 해석할 수 있다.

Topic 5: 관광 마을과 문학 연고지

Topic 5는 '여행(旅行)', '관광(観光)', '마고메주쿠(馬籠宿)', '오쿠노호소미치종착지기념관(奥の細道むすびの地記念館)', '도손기념관(藤村記念館)' 등의 키워드에서 '관광 마을과 문학 연고지'라는 토픽을 선정하였다. '도손기념관(藤村記念館)'이 위치한 나카쓰가와시(中津川市)

는 시마자키 도손(島崎藤村)의 연고지이다. 도손기념관이 '돌계단(石畳)', '언덕(坂)', 그리고 나카센도 43번째 역참인 마고메주쿠 등의 키워드와 함께 등장하는 것으로 보아 리뷰 작성자는 도손기념관을 방문하면서 마고메주쿠도 함께 관광했을 것으로 추측된다. 키워드 '가이코엔(懷古園)'이 Topic 5에 포함된 이유는 도손기념관과 관련이 있다. '도손기념관(藤村記念館)'은 나카쓰가와시에도 있지만 동일한 이름의 시설이 고모로시(小諸市)의 가이코엔 내부에도 있기 때문으로 해당 토픽에 포함된 것으로 판단된다. 한편, 오쿠노호소미치[13]의 종착지인 오가키시(大垣市)는 마쓰오 바쇼(松尾芭蕉)의 문학적 연고지로 유명하다. 이처럼 문학적 연고지라는 특징은 '오쿠노호소미치종착지기념관'을 비롯하여 스이몬강(水門川)[14] 주변에 늘어선 바쇼의 하이쿠 비석을 통해서도 나타난다. 오가키시는 바쇼의 하이쿠를 테마로 뱃놀이, 하이쿠 비석 문학산책 등 다양한 관광 프로그램을 제공하며, 문학과 관광을 결합한 체험형 프로그램으로 주목받고 있다. Topic 5에서는 문학관 방문자가 마고메주쿠와 오가키시 같은 관광 마을 및 문학적 연고지에 위치한 문학관을 방문할 때 주변 관광 시설 및 프로그램을 경험하며 함께 즐기는 경향이 있음을 시사한다.

---

13) 『오쿠노 호소미치(奥の細道)』는 마쓰오 바쇼의 마지막 기행문으로 그가 46살이 되던 1689년 3월 27일 에도를 출발하여 오쿠슈(奥州)와 호쿠리쿠(北陸) 지역의 역사적 유적지와 명승지를 돌아보고 일본 열도의 서쪽 해안선을 따라 오가키시로 돌아온 약 5개월에 걸친 여행의 내용을 담고 있다.
14) 오가키시의 강.

Topic 6: 전시와 학습

Topic 6은 '전시(展示)', '문학(文学)', '팬(ファン)', '원고(原稿)', '전시물(展示物)', '유품(遺品)' 등의 키워드에서 '전시와 학습'이라는 토픽을 도출하였다. 리뷰 작성자들은 문학관을 방문하여 작가의 '직필원고(直筆原稿)', '사진(写真)', 재현된 '서재(書斎)' 등의 '전시물'을 관람한다. Topic 6은 문학관 방문자가 문학관을 작가의 삶과 작품을 배우는 공간으로 생각하며, 다양한 전시물을 통해 문학의 역사를 공부하는 공간이라는 인식을 가지고 있음을 명확히 드러낸다.

Topic 7: 가나자와의 문학관

Topic 7은 '이즈미교카기념관(泉鏡花記念館)', '스즈키다이세쓰관(鈴木大拙館)', '찻집거리(茶屋街)', '신사(神社)', '아사노가와대교(浅野川大橋)', '카즈에마치(主計町)', '가나자와시(金沢市)' 등의 키워드로부터 '가나자와의 문학관'이라는 토픽을 도출하였다. 이즈미교카기념관과 스즈키다이세쓰관은 모두 가나자와시에 위치한 문학관으로, 이 지역의 문학적 중심지 역할을 하고 있다. 또한, 주변에는 '동쪽찻집거리(ひがし茶屋街)', 카즈에마치찻집거리(主計町茶屋街), 서쪽찻집거리(にし茶屋街) 세 곳으로 구성된 찻집거리와 '오야마신사(尾山神社)', '가나자와성공원(金沢城公園)' 등의 관광지가 있어 두 문학관을 방문한 관광객들이 주변 관광 시설을 함께 방문하고 있음을 Topic 7의 키워드를 통해 확인할 수 있다.

Topic 8: 시비와 산책

Topic 8은 '시(詩)', '비석(石碑)', '산책(散歩)' 등의 키워드로부터

'시비와 산책'이라는 토픽을 설정하였다. 시인 '가네코미스즈(金子み
すゞ)'를 기념하는 '가네코미스즈기념관(金子みすゞ記念館)' 주변과 '가
루이자와(軽井沢)' 전역에는 시가 새겨진 다수의 비석이 존재한다. 이
와 같은 키워드가 도출된 것은 리뷰 작성자가 시비를 따라 걸으며 산책
과 시 낭송을 즐기는 관광 형태를 보이고 있기 때문인 것으로 유추할
수 있다. 한편, '무로사이세이기념관(室生犀星記念館)'과 '호리다쓰오
문학기념관(堀辰雄文学記念館)'이 위치한 가루이자와는 별장이 많은
지역으로 유명하다. 가루이자와는 걸어서 이동하는 것이 어려울 정도
로 시설과 시설 사이의 거리가 먼 것이 특징으로 관광객들은 리뷰를
통해 '자동차(車)'를 다수 언급하고 있는데, 이는 시비를 둘러보기 위
해서도 자동차가 필요할 정도의 거리를 이동해야한다는 의미라고 해
석할 수 있다. 가네코미스즈기념관의 경우에는 주차장이 마련되어 있
어 자동차와 주차장이 중요한 키워드로 등장하는 이유를 설명해 준다.

Topic 9: 조각상과 미술관

Topic 9는 '조각상(像)', '미술관(美術館)' 등의 키워드로부터 '조각
상과 미술관'이라는 토픽을 도출하였다. '하코다테(函館)'의 '아리시
마기념관(有島記念館)', 시마자키 도손을 기념하는 '도손기념관(藤村
記念館)', '사카모토료마(坂本龍馬)' 기념관 주변에는 이들의 조각상이
있어 방문객들에게 인상적이었음이 리뷰를 통해 추측된다. 또한, 도
손기념관과 '히메지문학관(姫路文学館)' 주변에는 미술관이 위치해 있
어 리뷰 작성자들이 이 시설들을 문학관과 함께 언급한 사례를 확인할
수 있었다.

Topic 10: 생가와 팬

Topic 10은 '생가(旧居)', '다자이오사무(太宰治)', '사양관(斜陽館)', '나카하라주야(中原中也)', '나카하라주야기념관(中原中也記念館)', '팬(ファン)' 등의 키워드에서 '생가와 팬'이라는 토픽을 도출하였다. 다자이 오사무와 나카하라 주야는 일본 작가들 중에서도 많은 팬을 보유한 인물이다. 다자이 오사무의 기념관 사양관은 다자이의 생가이며 나카하라주야기념관은 그가 살았던 생가 터에 설립되었다. 이곳은 두 작가의 생가를 기념하는 시설로, 이들의 팬들에게 특별한 의미를 가진다. 사양관과 나카하라주야기념관을 방문한 리뷰 작성자들 중에는 이들의 팬이 많으며 자신이 좋아하는 작가의 생가라는 상징성이 그들의 방문 의사에 영향을 주었음을 추측할 수 있다.

Topic 11: 가족과 동화

Topic 11은 '미야자와겐지(宮沢賢治)', '미야자와겐지기념관(宮沢賢治記念館)', '미야자와겐지동화마을(宮沢賢治童話村)', '어린이(子ども)', '어른(大人)', '동화(童話)' 등의 키워드로부터 '가족과 동화'라는 토픽을 도출하였다. 미야자와 겐지는 「도토리와 산고양이(どんぐりと山猫)」, 「주문이 많은 요리점(注文の多い料理店)」, 「은하철도의 밤(銀河鉄道の夜)」 등 어린이를 위한 동화를 다수 남긴 문인이다. 이 때문에 미야자와 겐지 관련 리뷰에서는 '어른'과 '어린이' 같은 가족 단위 관광객의 방문 양상이 나타나는 키워드가 등장한다. 이는 동화를 주제로 한 문학관이 가족 친화적 관광지로 자리 잡고 있음을 시사한다.

Topic 12: 건물과 건축

Topic 12는 '설계(設計)', '안도다다오(安藤忠雄)', '건물(建物)' 등의 키워드에서 '건물과 건축'이라는 토픽을 설정하였다. '마쓰야마(松山)'에는 '시바료타로(司馬遼太郎)'와 '마사오카시키(正岡子規)'를 기념하는 '언덕위의구름박물관(坂の上の雲ミュージアム)'이 있다. 언덕 위의구름박물관은 건축가 안도 다다오가 설계한 건물로써 이곳 방문객들에게 인지되고 있음을 이 토픽에서 확인할 수 있다. 대부분 문학관 건물을 설계할 때에 있어서 기존의 건물의 용도 변경 또는 디자인 공모를 진행하는 방법을 채택하고 있다. 그러나 Topic 12에 나타난 리뷰 양상에 따르면 방문객에게 미치는 건축물 설계자의 영향력은 무시할 수 없을 것으로 보여진다. 한편, 마사오카 시키를 기념하는 '마쓰야마시립시키기념박물관(松山市立子規記念博物館)'과 '마쓰야마성(松山城)' 또한 언덕위의구름박물관 방문객들이 함께 방문하는 것으로 미루어 볼 수 있다.

Topic 13: 뱃놀이와 문학관

Topic 13은 '기타하라하쿠슈(北原白秋)', '하쿠슈기념관(白秋記念館)', '버스(バス)', '배(船)', '관광(観光)', '후쿠오카시(福岡市)', '후쿠오카시문학관(福岡市文学館)' 등의 키워드를 통해 '뱃놀이와 문학관'이라는 토픽을 도출하였다. 후쿠오카시문학관은 후쿠오카시의 하쿠슈기념관과 지리적인 공통점이 있어 이 토픽에 포함되었다고 볼 수 있다. 하쿠슈기념관 주변 야나가와(柳川)에서는 '배(船)'를 타고 뱃놀이를 즐길 수 있는 관광 코스가 있으며 하선장에서 바로 가까운 곳에 하쿠슈기념관이 위치해 있다. 하쿠슈기념관을 방문하는 관광객들은 '하쿠슈시

비앞(白秋詩碑前)' 버스 정류장까지 이동하는데 이러한 이유로 '버스
(バス)', '시비(歌碑)', '버스정류장(バス停)' 등의 키워드가 함께 등장한
다고 추측해볼 수 있다. Topic 13을 통해서는 뱃놀이와 같은 문학관
주변 체험 관광자원과 문학관을 연계하는 사례를 살펴볼 수 있으며
이는 문학관 방문이 단순한 학습의 장을 넘어 주변의 체험 관광자원과
협력하여 방문객의 흥미를 높이고, 문학관 방문 경험을 보다 다층적으
로 만들어 긍정적인 영향을 미칠 수 있음을 시사한다.

Topic 14: 바다와 문학관

Topic 14는 '바다(海)', '경치(景色)' 등의 키워드에서 '바다와 문학
관'이라는 토픽을 설정하였다. '고쿠라(小倉)'에 있는 '마쓰모토세이초
기념관(松本清張記念館)'과 나가사키에 있는 '엔도슈사쿠문학관(遠藤
周作文学館)'은 바다와 근접하다는 특징이 있다. 마쓰모토세이초기념
관과 엔도슈사쿠문학관을 방문한 관광객들이 리뷰를 통해 문학관 주
변의 바다와 경치를 함께 언급하고 있다. 이는 아름다운 자연 경관을
보유한 지역에서 문학관 입지를 계획할 때, 바다와 같은 자연 경관과의
근접성 또는 이를 감상할 수 있는 배치가 중요한 고려 요소임을 시사한
다. 자연 경관은 문학관의 입지 선정뿐만 아니라 관광객의 전반적인
방문 경험에도 중요한 영향을 미치는 핵심 요소로 작용하는 것으로
해석할 수 있다.

Topic 15: 관광을 위한 서비스

Topic 15는 '관광(観光)', '편리(便利)', '호텔(ホテル)', '객실(部屋)',
'숙소(宿)', '차(車)', '주차장(駐車場)', '역(駅)', '버스(バス)', '화장실

(トイレ)' 등의 키워드를 중심으로 '관광을 위한 서비스'라는 토픽을
도출하였다. '호텔', '객실', '숙소'는 숙박과 관련된 키워드이며 '차',
'주차장', '역', '버스'는 교통과 관련된 서비스다. 또한, '화장실'처럼
편의 시설이 키워드도 등장하고 있다. 이를 종합하면 관광 시 필요한
다양한 서비스가 포함된 주제임을 알 수 있다. 문학관 방문이 거주
지역과 떨어진 여행지에서 이루어지고 있으며 숙박, 교통, 편의 시설
등 다양한 관광 서비스를 포함하는 활동임을 시사한다.

Topic 16: 식사와 휴식 시설

Topic 16은 '레스토랑(レストラン)', '식사(食事)', '카페(カフェ)',
'커피(コーヒー)', '가게(店)', '기념품(お土産)', '구매(購入)', '판매(販
売)' 등의 키워드로부터 '식사와 휴식 시설'이라는 토픽을 도출하였
다. 해당 토픽에서는 관광지에서 일반적으로 이루어지는 활동과 관련
된 키워드들이 다수 등장한다. 이는 문학관을 방문한 관광객들이 식
사 및 카페와 같은 휴식 시설을 이용하거나 기념품을 구매하는 관광
활동을 즐긴다고 해석할 수 있지만, 아래의 Heatmap Table을 보며
보다 상세하게 살펴보고자 한다.

Topic 17: 철학

Topic 17은 '뇨코도(如己堂)', '선(禅)'[15], '나가이다카시(永井隆)',
'스즈키다이세쓰(鈴木大拙)' 등의 키워드에서 '철학'이라는 토픽을 도
출하였다. 나가이다카시기념관에 있는 뇨코도는 나가이 다카시가 '자

---

15) 불교의 일파인 선종(禅宗)의 가르침과 사상.

신을 사랑하듯 타인을 사랑하라'는 의미의 말에서 이름을 따왔고, 불교 선종의 가르침을 전한 스즈키 다이세쓰. 리뷰 작성자는 두 인물이 전하는 사랑과 자비의 철학을 느끼기 위해 뇨코도와 스즈키다이세쓰관의 '수경의정원(水鏡の庭)'에 방문한 것으로 나타난다.

Topic 18: 겐지 이야기와 교토

Topic 18은 '겐지이야기뮤지엄(源氏物語ミュージアム)', '우지(宇治)', '보도인(平等院)', '교토(京都)', '우지십첩(宇治十帖)', '사와라비(さわらび)[16]', '무대(舞台)' 등의 키워드에서 '겐지 이야기와 교토'라는 토픽을 도출하였다. 우지는 교토의 마을로 겐지이야기뮤지엄이 있는 공간이자 겐지 이야기의 무대가 되었던 장소이다. 리뷰 작성자는 겐지이야기뮤지엄을 방문하고 작품의 무대가 되었던 우지 일대를 찾아가 함께 관광하고 있음을 Topic 18을 통해 확인할 수 있다.

Topic 19: 건물과 중요문화재

Topic 19는 '건물(建物)', '외관(外観)', '건축(建築)', '서양식건물(洋館)', '구조(造り)', '중요문화재(重要文化財)' 등의 키워드로부터 '건물과 중요문화재'라는 토픽을 도출하였다. '오다와라문학관(小田原文学館)'이나 국가 지정 중요문화재인 '이시카와근대문학관(石川近代文学館)'의 '레트로(レトロ)'한 건물 외관처럼 관람 가치가 높은 건물은 문학관을 방문하는 하나의 이유로 작용한다고 해석할 수 있다.

---

16) 「사와라비(さわらび)」는 「겐지 이야기(源氏物語)」 54첩 중 48째 첩으로 오늘날 교토의 우지(宇治) 지역을 주요 무대로 하는 '우지십첩'의 네 번째 첩이다.

Topic 20: 카페

Topic 20은 '카페(カフェ)', '책(本)', '문학(文学)' 등의 키워드에서 '카페'라는 토픽을 도출하였다. '모토오리노리나가기념관(本居宣長記念館)' 근처에는 '스즈노야카페(鈴ノ屋カフェ)'가 있으며, '고마바공원(駒場公園)'에 위치한 '일본근대문학관(日本近代文学館)'에는 'BUNDAN'이라는 카페가 있다. 문학관 방문의 이유가 '전시'나 '이벤트'에 있는 경우도 있지만 Topic 20의 리뷰에 나타난 바에 따르면 카페 자체를 목적으로 방문하는 패턴이 나타나고 있음을 알 수 있다. 문학관이 단순한 전시 공간을 넘어 관광객들에게 다양한 문화적 경험을 제공하는 장소로 기능하고 있음을 보여준다.

2) Heatmap Table

다음 [그림 2]의 Heatmap Table은 DMR Topic Modeling 분석 결과를 기반으로 작성되었다. 그림의 왼쪽 Key Facilities에는 [표 1]에서 등장한 상위 50개의 문학관 중 중복을 제거한 41개의 문학관 이름이 표시되어 있다. 그림 하단의 Topics에는 Topic 1부터 Topic 20까지가 순서대로 나열되어 있다. 그래프의 색상은 각 문학관이 특정 토픽에 대해 얼마나 높은 기여도(Contribution)를 가지고 있는지를 확률 분포 또는 확률 밀도로 나타낸 것이다. 이 기여도는 특정 문학관과 관련된 리뷰가 해당 토픽에 얼마나 확률적으로 높은 가중치를 부여했는지를 의미한다. 색상은 기여도의 높고 낮음에 따라 진한 파란색에서 연한 노란색까지 그라데이션으로 표현된다. 특정 토픽에 대한 기여도가 높을수록 진한 파란색으로, 낮을수록 연한 노란색에 가깝게

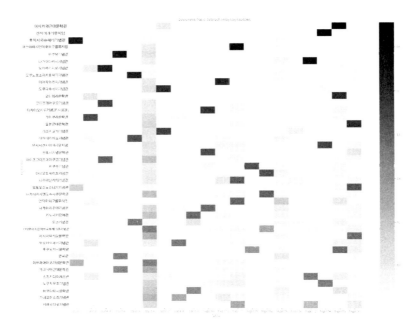

[그림 2] 문학관명(y축)과 토픽명(x축) Heatmap Table

표현된다. Heatmap Table은 문학관과 토픽 간의 연관성을 시각적으로 확인할 수 있는 자료로, 특정 문학관이 어떤 토픽과 밀접하게 연결되어 있는지를 명확히 보여준다. 이를 통해 각 문학관의 특징과 관련된 주요 토픽을 효과적으로 파악할 수 있다.

3) 종합 분석

본 연구는 서론에서 제시한 연구 질문에 답하기 위해 DMR Topic Modeling과 Heatmap Table 분석을 활용하여 문학관에 대한 일본인의 인식을 파악하고, 문학관이 관광자원으로서 어떻게 활용되고 있는지에 대한 패턴을 분석하였다. 이를 통해 문학관과 지역 관광자원 간의 상호작용이 지역 관광 활성화에 미치는 영향을 실증적으로 검토하였다. 이상의 분석 결과를 바탕으로 다음과 같은 고찰과 해석을 제시한다.

(1) 문학관에 대한 일본인의 인식

가장 먼저 주목해보아야 하는 토픽은 Topic 6이다. Topic 6을 살펴보면 대부분의 문학관명으로부터 0.2 이상의 기여도를 받아 세로로 긴 녹색의 막대가 형성되어 있는 것을 알 수 있다. 또한, '전시와 학습'이라는 주제에 부합하는 '전시(展示)', '문학(文学)', '원고(原稿)', '전시물(展示物)', '유품(遺品)' 등의 키워드로 구성되어 있다. 이러한 점으로 미루어 보아 대다수의 관람객들이 리뷰를 통해 문학관을 방문하면서 느낀 학습적 가치를 언급했을 것으로 보인다. 이는 일본인들이 문학관을 문학이나 문학사와 관련된 지식을 습득할 수 있는 학습의 장소로 인식하고 있음을 보여준다. 또한, 일본인들은 문학관을 전시와 학습의 공간으로 인식하는 동시에, 문학 작품과 작가의 아우라를 직접 느낄 수 있는 공간으로 인식하고 있다. Topic 10에서 언급된 '생가(旧居)', '다자이오사무(太宰治)', '사양관(斜陽館)', '나카하라주야(中原中也)', '나카하라주야기념관(中原中也記念館)', '팬(ファン)' 등의 키워드는 특정 작가의 팬들이 해당 작가의 아우라를 느끼기 위해 문학관(생가)을 방문하는 패턴을 나타낸다.

한편, Topic 16의 '레스토랑(レストラン)', '식사(食事)', '카페(カフェ)', '커피(コーヒー)', '가게(店)', '기념품(お土産)', '구매(購入)', '판매(販売)' 등의 '식사와 휴식 시설'과 관련된 키워드는 대부분의 리뷰에서 언급되지 않은 것으로 나타났다. 이는 일본의 문학관 내부 또는

주변에 식사 및 휴식 시설이 거의 준비되어 있지 않거나 방문객들의 목적이 시설 관람이지 식사와 휴식이 아니기 때문일 것으로 추측할 수 있다. 그러나 Topic 20에서는 '카페'가 중심 주제라는 사실을 위에서 확인할 수 있었다. 이는 일본근대문학관처럼 문학관 내부에 적극적으로 카페를 마련하거나 근처에 유명한 카페가 있는 경우에는 카페 자체가 문학관 방문객에게 매력적인 시설로써 인기를 끌고 있음을 확인할 수 있다.

다시 말해, 일본인은 문학관을 문학적 지식을 습득할 수 있으며 작가의 아우라를 느끼기 위한 공간으로 인식하고 있음을 알 수 있다. 반면, 일본의 경우 문학관 내부에 카페와 같은 휴식 시설이 존재하지 않는 경우가 대부분이지만 문학관 방문객의 입장에서 문학관 내부 또는 근처에 마련된 카페와 같은 휴식 시설은 매력적인 공간으로 받아들여지고 있음을 확인할 수 있었다. 이는 문학관의 공간 구성과 방문객의 경험을 더욱 풍부하게 할 수 있는 요소로 활용될 수 있음을 시사한다.

(2) 문학관의 관광자원으로서의 활용 패턴

관광객들은 문학관을 방문함과 동시에 지역 전체를 하나의 테마파크처럼 즐기고 있는 것으로 나타났다. Topic 5에서는 도손기념관과 근처 마고메주쿠, 돌계단, 언덕 등이 함께 언급되었으며, Topic 7에서는 이즈미교카기념관과 근처 찻집거리, 신사, 공원 등 나카쓰가와시와 가나자와시를 대표하는 지역 관광자원이 문학관과 연계된 관광 패턴임을 확인할 수 있었다. 이처럼 문학관과 주변 일대를 함께 관광하는 현상이 발생하고 있으며, 이는 곧 문학관이 지역 관광자원으로 활용되고 있음을 시사한다. 또한, Topic 10, Topic 12, Topic 19의 분석 결과에 따르면, 문학관 건물의 문화재적 가치나 아름다운 외관이 관광 목적으로 높은 평가를 받고 있다. 이는 '서양식건물(洋館)', '외관(外観)', '중요문화재(重要文化財)'와 같은 키워드가 빈번히 언급되고 있는 모습에서 파악할 수 있다.

한편, 벚꽃이 핀 공원이나 거리처럼 계절감을 느낄 수 있는 요소도 방문객을 끌어들이는 중요한 요인으로 작용하고 있음을 알 수 있으며, 가마쿠라문학관의 장미정원이나 스즈키다이세쓰관의 수경의 정원 등 일본인들에게 정원은 매력적인 관광자원으로 작용하고 있음을 확인할 수 있었다. 또 다른 매력적인 관광 패턴으로는 바다와 같은 자연 경관이 있다. 마쓰모토세이초기념관과 엔도슈사쿠문학관을 방문한 관광객들은 리뷰를 통해 '바다'와 '경치' 같은 키워드를 함께 언급하는 패턴을 보이고 있다. 이는 바다가 있는 지역에서 문학관 설립을 기획하는 경우, 문학관의 입지를 바다와 인접하거나 보이는 장소를 선택하는 것이 더 많은 관광객을 유치할 수 있음을 시사한다. 마지막으로 Topic 11은 다수의 동화를 남긴 미야자와 겐지의 문학관과 관련된 토픽이다. 미야자와겐지 동화마을은 동화를 주제로 다양한 체험이 가능하며 숙박 시설과 음식점이 구비되어 있다. 이와 같은 특징과 더불어 전체 토픽 중 유일하게 '어른'과 '어린이'라는 키워드가 출현하고 있다는 점을 통해 어린 아이를 동반한 가족 단위 관광객을 중심으로 방문 패턴이 형성되고 있음을 유추해볼 수 있다. 결론적으로, 문학관은 단순한 문화 시설을 넘어 지역 관광자원과 연계되어 방문객들에게 풍부한 경험을 제공하고 있다. 건축적 매력, 계절적 요소, 자연 경관, 가족 단위 체험 활동 등은 문학관이 지역 관광 활성화에 기여하는 중요한 요인으로 작용하고 있음을 확인할 수 있다.

(3) 문학관과 지역 관광자원의 상호작용이 지역 관광 활성화에 미치는 영향

문학관과 주변 관광자원의 상호작용은 지역 관광 활성화에 긍정적인 영향을 미치고 있다. 문학관을 중심으로 한 지역 탐방은 관광객의 체류 시간을 연장시키고, 다양한 관광 시설 방문을 촉진하며, 소비 활동 활성화에 기여하고 있다. Topic 13에서 나타난 하쿠슈기념관과 야나기강 뱃놀이의 상호작용은 주목할 만한 사례다. 둘 중 한 곳에 목표를 둔 관광객도 자연스럽게 두 관광자원을 모두 즐길 수 있는 구조가 형성되어 지역 관광 활성화에 기여할 가능성을 보여주고 있다. Topic 18의 교토와 우지 지역에서는 '겐지 이야기' 테마 탐방이 두드러지게 나타났다. 지역의 여러 장소가 작품의 배경이 된 교토의 경우 문학관 방문과 더불어 실제로 무대를 찾아가는 문학산책이 이루어지고 있는 모습을 리뷰를 통해 살펴볼 수 있었다. 이는 지역을 대표하는 브랜드로서 문학은 매력적인 관광자원이 될 수 있다는 점을 시사하며, 문학관과 지역 관광자원의 결합이 관광객들에게 매력적인 경험을 제공한다는 점을 보여준다. 다시 말해, 문학관은 단순한 전시 공간을 넘어 지역의 관광자원과 연계하여 지역 경제와 관광을 활성화하는 데 중요한 매개체로 기능하고 있다. 이러한 상호작용은 지역의 정체성을 강화하는 동시에 관광객의 만족도를 높이며, 지역을 더욱 매력적인 여행지로 발전시키는 데 기여하고 있다.

4. 결론

본 연구는 디지털 인문학적 관점에 기반하여 문학관이 관광자원으로서 지역 사회에 미치는 영향을 실증적으로 분석하는 것을 목적으로 한다. 텍스트 마이닝 기술을 활용하여 일본 내 문학관과 지역 관광자원 간의 연계성을 규명하고, 문학관이 관광자원으로서 어떻게 활용되고 있는지 그 패턴과 인식을 구체적으로 밝히고자 하였다. 이를 위해 2017년 『전국문학관협의회회보』 제69호에 게재된 기하라 나오히코의 「전국 문학관 및 기타 시설 목록」을 참고하여 연구 대상 문학관 리스트를 작성하였다. 이후 Python의 Selenium 패키지를 사용하여 'Jalan'에서 5,352건, '4travel'에서 2,838건으로 총 8,190건의 여행 리뷰를 수집하였다. 이러한 디지털 인문학적 방법론을 통해 일본 문학관의 관광적 양상을 탐구함으로써 다음과 같은 효과가 있을 것으로 기대된다.

첫째, 지역 관광자원으로서 문학관이 가지는 가치를 재발견한다. 본 연구는 문학관 방문에 대한 온라인 리뷰 데이터를 대규모로 수집하고 DMR Topic Modeling과 Heatmap Table이라는 텍스트 마이닝 기법을 통해 분석하였다. 이를 통해 문학관이 단순한 문화 공간을 넘어 관광 시설로서 방문객에게 제공하는 경험을 리뷰 본문 속에서 나타나는 키워드를 통해 실증적으로 검토하였다. 이를 통해 문학관이 지역 관광자원으로서 관광객들에게 어떤 시설로 인식되고 있는지 그 가치를 재발견하는데 기여한다.

둘째, 문학관과 지역 관광자원의 연계 강화 모델을 제시한다. 본 연구는 문학관과 주변 관광자원이 상호작용하는 방식을 분석하고 관광객의 방문 패턴을 파악하였다. 이를 통해 문학관이 지역 관광과 어떻게 상호 보완적으로 기능할 수 있는가에 대해 학술적 근거에 기반하여 제시하였다. 이는 문학관과 지역 관광자원의 협력 모델 구축에 도움이 될 것으로 기대된다.

셋째, 지속 가능한 문화 관광 전략 수립을 위한 기초 자료를 제공한다. 본 연구의 결과는 지방자치단체나 관광 관련 기관이 문학관을 중심으로 특정 지역에서 문화 관광을 활성화하기 위한 전략을 수립하는 데 실질적인 기초 자료로 활용될 수 있다. 문학관 방문자의 행동 패턴과 그들이 문학관에 대해 가지는 인식을 바탕으로 새로운 문화 관광 정책의 수립에 기여하고 지역 사회와 관광객 간의 문화적 경험이 상호 촉진되는 방식을 구체적으로 제안할 수 있다.

마지막으로 본 연구는 일본 전역의 문학관이 관광자원으로 활용되는 패턴을 실증적으로 분석하여 문학관이 지역 사회와 관광객에게 제공하는 가치를 보다 명확히 이해하고자 하였다. 일본의 사례에 대한 심층적인 이해를 통해 문학관이 지역 문화 관광자원으로서 핵심적인 역할을 어떻게 수행할 수 있는가에 대한 학술적 논의의 초석으로 작용할 것이다.

이 글은 「A Text Mining Study on the Utilization of Japanese Literary Museums as Tourism Resources — Analyzing the Relationships between Literary Museums and Local Tourism through Reviews on「Jalan」and 「4travel」」 *Border Crossings: The Journal of Japanese-Language Literature Studies* 19(1), The Global Institute for Japanese Studies, Korea University, 2024, pp.211-233.를 본서의 취지에 맞추어 가필 수정한 것임을 밝힌다.

제9장

일본 시티팝의 대중서사와 소비자의 욕망

1980년대 전후의 일본과 2020년 전후의 한국

강민정·김지우·신민경·유하영·이상혁

1. 들어가며: 한국에서의 일본 시티팝의 유행

2017년을 전후하여 한국에서는 일본 시티팝에 대한 관심 및 언급이 급증했다. 구글 트렌드에서 한국의 '시티팝(シティポップ)' 검색량은 2017년 4월부터 조금씩 증가하기 시작하다가 2018년부터 폭발적으로 증가한다[본문 뒤에 기입한 자료 1 참조]. 네이버 블로그에서는 시티팝과 관련된 글이 2017년 전후를 기준으로 급증하는 양상을 보이며, 유튜브에서는 2021년에 업로드된 한국인의 일본 시티팝 플레이리스트 영상이 574만회의 조회수를 기록하고 있다.

이처럼 높은 인기를 얻고 있는 시티팝의 세계적 재유행에 대해 오타 겐지[1]는 익명의 해외 유튜버가 업로드한 다케우치 마리야의 〈플라스틱 러브〉를 그 계기로 본다. 오타의 논문은 아즈마 히로키의 '데이

---

1) 太田健二, 「データベース消費から読み解くシティポップ・リヴァイヴァル」, 甲南女子大学研究紀要I(60), 甲南女子大学図書委員会, 2024年, pp.109~117.

터베이스형 소비론'을 기반으로 시티팝 재유행 현상을 설명하는데, 그 초점은 미디어-기술적 환경에 맞춰져 있다. 이에 비해 본고는 이런 시티팝의 인기 및 재유행을 일종의 문화적 소비 현상으로서, 당대 일본 대중의 욕망이 담긴 일본 시티팝이 현대 한국 소비자가 지닌 욕망과 일정 부분 겹쳐지고 있음을 보여주는 징후로서 읽으려고 한다. 오타 겐지의 선행론 이외에도 시티팝이 아시아 국가에서 유행한 배경에 대해 다룬 김은영의 선행론 등이 있지만, 이 선행론들은 정량적 분석 방법을 통한 실증적 입증, 혹은 시티팝 재유행을 둘러싼 소비자 욕망에 대한 구체적 분석 등에서 아쉬움이 남는다.

　연구대상으로서 시티팝은 명확히 정의하기 힘들다. 홋카이도 대학의 김성민(金成玫)은 음악평론가 시바사키 유지(柴崎祐二)를 인용하여 "웨스트코스트 록(ウェストコーストロック), AOR(Adult Oriented Rock), 퓨전(フュージョン), 소울(ソウル), 디스코(ディスコ), 블랙 컨템포러리 뮤직(ブラックコンテンポラリーミュージック), 올디즈(オールディーズ), 그리고 일부의 브라질 라틴음악(ブラジル~ラテン音楽) 등으로부터 커다란 영향을 받으며 이를 모방하려고 한 일본의 '동시대적 음악'"이라고 소개하지만, "원래 시티팝은 정의가 어려운 단어로 알려져 있다"라고 평가한다.[2] 시바사키의 시티팝 정의 자체가 수많은 음악 장르가 뒤섞여 있다는 점에서 애초에 명료하게 정의하기 힘든 것이기도 하다. 혹은 1970년대 중반부터 인기를 얻기 시작하는 '뉴 뮤직'을 시기적으로 겹쳐지는 시티팝과 거의 동일한 것으로 정의내릴 수도 있겠지만, '뉴 뮤직' 역시

[2]　金成玫, 『日韓ポピュラー音楽志――歌謡曲からK―POPの時代まで』, 慶應義塾大学出版会, 2024年, pp.295~296.

"젊은 세대 지향의 자작곡 및 스스로 연주하는 음악", "시기적 유행을 추구하지 않는, 진지한 자기표현"을 추구하는 음악, "데뷔 당시 다케우치 마리야 등 텔레비전에 나와 직업작곡가의 곡을 부르면 '아이돌'로 취급되었던"[3] 경우 등 그 정의가 명료하지 않다. 때문에 본고는 시티팝의 정의가 무엇인지는 고려하지 않은 채, 지금 현재 한국의 소비자들이 '시티팝'으로 간주하고 있는 곡들을 '시티팝'으로서 다루겠다. 이는 1980년대 일본의 '새로운 음악'으로서의 시티팝과 2020년 전후의 한국 소비자들의 공통점과 차이점을 보려고 하는 논문의 목적에도 부합할 것이다.

이를 위해 본고에서는 우선 디지털인문학의 정량적 데이터를 이용하여 보다 실증적인 접근을 하려고 한다. 나아가 정량적 데이터를 기반으로 1980년대 일본 시티팝 가사에서 드러나는 특성과 2020년 전후 한국 대중들의 시티팝 소비의 특징을 파악하고, 이를 통해 시대에 따른 소비적 특징 및 그 소비의 토대를 검토해보려고 한다.

2. 연구 대상 및 방법

1) 연구대상

본 연구는 '1980년대 일본의 시티팝'과 '2020년 전후의 한국 소비자들의 반응'이라는 크게 두 부분으로 나뉘어져 있다. 이는 1980년대

---

3)　輪島裕介,『踊る昭和歌謡――リアリズムからみる大衆音楽』、NHK出版新書、2016年、p.194.

일본에서 유행하던 시티팝의 가사를 통해 당대 일본 소비자들의 특성을 파악하고, 이를 지금의 한국 소비자들의 특성과 연결하여 비교 분석하려는 본고의 목적에 따른 것이다. 이를 위해 본 연구에서는 디지털인문학의 방법론을 이용하여 정량적인 분석을 도입하려고 하였고, 그 방법으로 크게 '시티팝 가사', '블로그', '유튜브 댓글'의 세 가지 유형의 자료를 수집하고 결과를 분석하였다.

먼저 본 연구가 그 대상을 설정함에 있어 가장 문제가 되는 부분은 어떤 곡을 시티팝으로 정의하는가에 있다. 시티팝은 그 의미가 명확하게 정의되지 않은 용어로 기무라 유타카(木村ユタカ)에 따르면 음악을 정의하는 엄격한 틀이라기보다는 느낌에 가까운, 도시적인 생활방식을 가진 이들을 위한 도시형 팝으로 정의되고 있다[4]. 이는 시티팝이 어떤 특정한 음악적 형식을 가진 장르라기보다는 음악을 향유하는 사람들의 '느낌'에 의존하는 경향성이라는 점을 지적하고 있는 것이다. 따라서 '시티팝'은 구체적으로 어떤 곡들이 속해 있는지 불분명하다는 문제점을 안고 있다. 이에 본고는 '시티팝'을 통해 1980년대 일본의 시공간적 배경이 2020년대의 한국인으로 하여금 어떤 식으로 상상되고 있는지를 파악하고자 하는 바, 시티팝이라는 용어를 명징하게 하는 것보다 한국의 대중이 시티팝이라고 '인식하고 있는' 시티팝을 연구 대상으로 삼기로 한다. 다시 말해 본 연구의 대상인 시티팝은 한국 대중의 감각에 의한 시티팝이다. 이를 수집하기 위해 대중적으로 활발히 사용되는 미디어 커뮤니티인 유튜브(YouTube)를 활용하여 1980년

---

4) 木村ユタカ, 『コロにクルシリーズ:ジャパニーズ・シティ・ポップ』 シンコーミュージック, 2006年.

대 일본의 시티팝을 정의하고 이에 해당하는 곡의 가사를 수집하고자 하였다. 본고는 유튜브에서 한국인 유저가 업로드한 영상 중 '1980년 대 일본 시티팝 플레이리스트'에 해당하는 영상을 조회수를 기준으로 내림차순으로 나열하여 조회수가 높은 영상부터 13개의 영상을 선정 하였다. 이후 영상에서 수집한 곡 중 가사 수집이 불가능한 곡, 가사가 존재하지 않는 연주곡, 가사가 영어로만 구성되어 일본어 형태소 분석 기인 mecab을 사용할 경우 분석의 정확도가 떨어지는 곡을 제외하고 총 80곡을 분석대상으로 삼았으며 그 목록은 [자료 2]와 같다.

또한 분석대상이 된 시티팝 곡들은 시기적으로 1980년대 일본곡들 로 한정하였다. 최근까지 일본과 한국에서 시티팝으로 불리는 곡들이 발표되고 있지만, 1980년대 일본 소비자와 2020년 전후 한국 소비자들 에게 있어서 시티팝 수용의 특징을 분석하는 것이 본고의 목적이기에 대상이 되는 곡들을 한정하였다. 이 곡들에 대한 분석은 가사 분석을 중심으로 수행되었다. 멜로디나 미디어 등까지 고려한 곡 분석이 가장 이상적이겠지만, 이는 추후의 연구 과제로 남겨두고 본 연구에서는 가 사 분석에 집중하였다. 나아가 이 특징들과 2020년을 전후한 한국에서 의 시티팝 재유행 현상이 가진 공통점 및 차이점을 비교분석하였다.

2020년 전후의 시티팝 재유행 현상에 대한 한국 소비자들의 반응 을 파악하기 위해서는 블로그와 유튜브 댓글의 두 가지 데이터를 확보 하였다.

먼저 한국의 빅데이터 분석 플랫폼인 '텍스톰(TEXTOM)'[5)에서 2010

---

5) 텍스톰은 한국의 주식회사 더아이엠씨에서 개발한 텍스트마이닝 기반의 빅데이터 분 석 솔루션으로, 한국의 포털사이트인 네이버의 블로그 게시물 텍스트를 비롯해 뉴스, 페이스북 게시물 텍스트 등 다양한 플랫폼의 텍스트 데이터를 수집, 정제하고 분석하

년부터 2024년 7월까지 게시된 일본 시티팝 관련 블로그 텍스트 데이터를 수집하였다. 이후 수집된 데이터는 형태소 분석 및 불용어 삭제 등 전처리와 정제 과정을 거쳐 빈도분석을 바탕으로 '워드 클라우드'와 'n-gram'을 활용해 시각화하여 단어 간 연관성을 살펴보았다. 또한 상술한 유튜브 '플레이리스트' 게시물에 달린 한국어 댓글을 수집하여 분석을 보완하고자 하였다.

'들어가며'에서 언급한 것처럼 2017~2018년도에 시작된 서구권에서의 '시티팝 붐'은 한 유저가 유튜브에 올린 다케우치 마리야의 〈플라스틱 러브〉로부터 촉발[6]되었다. 한국에서의 시티팝 재유행 시점 역시 동일하다는 점에서 시티팝의 재유행은 글로벌한 소비 동향의 특징을 보여주는 증거이기도 하다. 본고는 이 글로벌적 소비 양상의 기저에 있는 특징을 살펴보기 위해, 앞서 선정한 13개의 일본 시티팝 플레이리스트 영상의 한국어 댓글을 수집하여 1980년대 일본 시티팝에 대한 현재 한국인의 인식적 특징을 파악하고자 하였다. 댓글은 파이썬 기반의 selenium(셀레니움) 패키지를 이용하여 수집하였고, csv 파일의 형태로 수집한 댓글은 형태소 분석과 불용어 제거 과정을 거친 후 정제하였다.

2) 연구방법

본 연구는 '빈도분석'과 '토픽 모델링'이라는 두 가지의 디지털 방

여 데이터 확보를 용이하게 하는 프로그램이다.

6) 太田 健二, 『データベース消費から読み解くシティポップ・リヴァイヴァル』, 甲南女子大学研究紀要I, 甲南女子大学図書委員会, 2024.

법론을 중심으로 연구를 수행하였다. 빈도분석은 비정제 텍스트 데이터에서 형태소 분석을 비롯한 전처리 과정을 통해 특정 품사의 단어를 도출한 후, 해당하는 단어의 빈도수를 계산하여 의미를 분석하는 방법이다. 본고는 수집한 1980년대 시티팝 가사를 구글의 Jupyter Notebooks 서비스인 google colab에서 python 환경을 구축하여, Mecab 형태소 분석기와 pandas 라이브러리를 활용하여 형태소 분석을 진행하였다. 이후 일반명사만을 추출하여 Counter 메서드를 통해 빈도수를 계산하였다.

　토픽 모델링은 텍스트 마이닝 기법 중에서 가장 많이 활용되는 기법 중 하나로, 다양한 문서 집합에 내재한 주제를 파악할 때 사용된다. 문서 분류가 텍스트의 내용을 파악해서 해당 문서의 성격을 예측하는 것에 목적을 둔다면, 토픽 모델링은 예측보다는 내용의 분석 자체를 목적으로 한다. 즉 주어진 텍스트에 대해 사후적으로 분석하는 기법에 해당한다. 토픽 모델링은 어떤 알고리즘을 사용하는가에 따라 STM, LDA 등 다양하게 나누어지지만 본 연구에서는 LDA 토픽 모델링 기법을 사용하고자 한다. LDA(Latent Dirichlet Allocation)는 토픽 모델링에 가장 널리 사용되는 기본적인 알고리즘으로, 문서가 작성될 때 그 문서를 구성하는 몇 개의 토픽(주제)이 존재하며 각 토픽은 단어의 집합으로 구성되어 있다는 것이다. 그러나 각 문서의 토픽과 토픽을 이루는 단어들은 명시적으로 드러나지 않기 때문에 LDA 토픽 모델링을 통해 추출된 토픽은 '내재된 주제 혹은 토픽'에 해당한다.

　토픽 모델링에 사용된 가사는 1980년부터 1989년까지의 시티팝 곡에 해당하며, 상술한 선정 기준에 의거하여 총 80곡을 토픽 모델링의 대상으로 하였다. 이렇게 추출된 토픽을 통해 1980년대 일본 시티팝에서 표출되는 특징을 파악하려고 하였다. 가사는 곡을 구성하는 다양한 요소 중 일부에 불과하지만, 가사를 통해 생산자는 곡의 주제를 드러내고 소비자는 곡을 이해·수용한다는 점에서 그 곡의 핵심을 드러내고 있는 것이기도 하다. 다만 시티팝 곡들은 곡의 분위기부터 음악적 장르, 내용 등이 매우 다양하기에 이 곡들로부터 공통적인 '토픽(주제)'을 이끌어내기 쉽지 않다. 주제를 도출해내더라도 표면적인 것일 수 있고, 그 곡들 안에 내재되어 잘 보이지 않는 '토픽(주제)'을 이끌어내는 것은 간단치 않다. 이때 토픽 분석이라는 디지털인문학의 방법은 그 효용성을 드러낸다. 통계적인 분석을 기반으로 중구난방처럼 보이는 가사로부터 어떤 공통적 기준에 의해 분류된 주제들을 제시해주기 때문이다. 이렇듯 보이지 않던 '내재된 주제'를 파악하면 시티팝 곡들을 관통하는 시대적 특징과 그에 반응하는 소비자의 특징을 고찰할 수 있을 것이다.

3. 일본 시티팝의 대중서사

　본 연구에서는 시티팝 속에 담긴 1980년대 일본 대중의 욕망을 파악하기 위해 우선 시티팝의 가사를 살펴보았다. 그 방법으로는 '가사 속 명사의 빈도수 분석'과 '토픽 모델링'이라는 두 가지의 양적 분석 방법[7]을 활용하여 당대의 대중서사를 수치적으로 파악하고자 하였다.

---

7) 시티팝 가사는 분석 결과의 정확성을 높이기 위해 반복적으로 등장하는 후렴구를 삭제하여 활용하였다. 하지만 후렴구 외의 반복되는 단어 및 어구를 전부 삭제하기에는 현실적인 어려움이 있어, 특정 곡에서 특정 단어가 반복되는 경우 빈도수 분석 및 토픽

동시에 수치적으로 드러나지 않는 부분은 질적 분석 방법을 활용하여 양적 분석과 질적 분석이 조화를 이룰 수 있도록 하였다.

1) 서양과 소비사회

(1) 명사 빈도수 분석

우선 가사의 명사 빈도수를 분석한 결과, 전반적으로 영단어가 빈번히 등장하는 것을 확인할 수 있었다[자료 4 참조]. 이는 빈도수 1~3위가 각각 'you(71, 빈도수-이하 생략)', 'I(68)', 'love(68)'인 것에서도 잘 드러난다. 특히 '恋(41)'와 '愛(39)'가 각각 7위와 8위를 차지한 것과 비교하면, 시티팝 가사에서는 사랑을 나타내는 일본어 단어보다 'I love you'라는 영어 문장이 훨씬 자주 사용된다는 사실을 알 수 있다. 이외에도 'Baby(29)', 'dance(21)', 'night(20)', 'Summer(20)' 등의 단어가 상위권에 위치해 있는 것을 확인할 수 있다. 이처럼 영단어가 많이 쓰이는 현상은 시티팝 자체가 서구적인 색채를 지향(재즈, 신디사이저 등[8])하는 음악이자, 이 시대의 대중이 영어로 상징되는

모델링에 다소 영향을 미칠 수 있었음을 밝혀둔다. 빈도수 분석은 수치가 두 자릿수 이상인 단어를 기준으로 하되, 범위를 조금 넓혀 수치가 9인 단어까지도 포함시켰다. 토픽 모델링은 각 곡에서 연관도가 가장 높게 나타난 토픽을 기준으로 분석을 진행하였다.

8) 시티팝은 특유의 창법이나 도시적 리듬, 재즈 코드 등의 요소뿐만 아니라 당대 서양 대중음악에서 유행하던 신디사이저-전자음 등의 요소를 본격적으로 도입한 음악적 결과이다. 신디사이저-전자음의 청각적/음악적 효과가 형성하는 소비자 감성은 어떤 의미에서는 후술하는 '현실/가짜'의 경계가 무너지는 시뮬라크르적 효과와도 연결되는 것처럼 보인다. 하지만 본고에서는 우선 이러한 음악적 요소를 배제하고 논의를 진행하도록 한다.

서양의 문화를 위화감 없이 소비했다는 특성을 보여준다.

(2) 사물 빈도수 분석

한편 [자료 4]에서 제시한 부분 외에 전반적인 빈도수에서 서양으로부터 유입된 문화 요소(장소, 사물, 예술 등) 역시 빈번히 등장하는 것을 확인할 수 있었다. 이는 특히 '사물'의 형태로 자주 등장했는데, 개별 사물 단어의 빈도수는 낮지만 비슷한 성질을 지닌 단어끼리 범주화했을 때 유의미한 결과를 나타낼 것으로 예상되었다. 따라서 시티팝 가사를 직접 살펴보며 총 178개의 사물 단어를 10개의 범주로 분류했고[자료 5], 범주별로 속한 단어들의 빈도수를 합산한 뒤 범주 자체를 항목명으로 설정하여 빈도수 분석 대상에 포함시켰다.[9] 이를 통해 아래와 같은 결과를 얻을 수 있었으며, 총 9개의 범주(색으로 표시된 항목)가 빈도수 9 이상의 수치를 얻었다.

[표 1] 시티팝 가사 속 사물 빈도수 분석

순위	명사	빈도수	순위	명사	빈도수
11	교통수단(交通手段)	37	52	악세사리 · 화장품 (アクセサリー·化粧品)	11
12	여가 · 소비생활[서양] (余暇·消費生活[西洋])	34	53	인공적인 빛 (人工的な光)	11

9) 이 작업에서 '사물'은 기본적으로 사용이 가능한 '물건'을 기준으로 하고 장소(카페) 등은 제외하였다. 사물은 a. 기본적인 사용 용도(루주[ルージュ] – 치장한다) b. a.가 다양한 경우 가사에서 사물이 사용된 맥락 두 가지의 기준으로 범주를 나누고 분류하였으며, b.까지 다양하여 특정 범주로 분류하기 어려운 경우에는 해당 단어를 제외하였다. 한편 서양의 인물 이름(보즈 스캑스[ボズスキャッグズ]), 음악 장르(발라드) 등 서양의 소비사회와 관련하여 특징적인 단어의 경우 예외적으로 포함시켰다.

14	미디어(メディア)	30	66	휴양지 용품[바다·수영장] (休養地用品[海·プール])	9
18	옷(服)	25	67	광물(鉱物)	9
46	술(酒)	12			

우선 상위 3개의 범주 중에서 가장 높은 빈도수를 지닌 '교통수단 (交通手段, 37)'의 경우, 세부적으로는 각각 '자동차(車, 27)', '비행기 (飛行機, 1)', '배(船, 9)'로 분류할 수 있었다. 그 중 가장 높은 빈도수 를 지닌 '자동차'에서는 '헤드라이트(ヘッドライト)', '앞유리(フロントグ ラス)', '핸들(ハンドル)' 등 자동차의 부속품과 관련된 사물 단어들이 주를 이루었다. 이는 시티팝에서 자동차를 가사의 소재로 자주 사용 하며 개별 곡의 상황에 맞게 구체적으로 묘사한다는 것을 의미한다. 실제로 각 가사를 살펴보면 자동차 자체가 핵심 소재인 곡(〈망가진 와 이퍼(壊れたワイパー)〉)나 화자 및 상대의 행위가 자동차에서 이루어지 는 곡(〈Summer Suspicion〉)이 다수 존재한다. 한편 '자동차'의 '지프 (ジープ)', '쿠페(クーペ)', '바겐(ワーゲン)'(각각 자동차 종류)과 '비행기 (飛行機)'의 '세스나(セスナ, 미국의 경비행기 메이커)', '배(船)'의 '딩기 (ディンギー, 캐빈이 없는 소형 선박)'처럼 교통수단의 구체적인 종류나 메이커를 언급하고 있다는 점 역시 인상적이다. 이는 1980년대 일본 사회에서 자동차를 위시한 교통수단이 개인 소비의 상징으로서 사람 들의 일상에 녹아들어 있었음을 시사한다.

다음으로 높은 빈도수를 지닌 '여가·소비생활[서양](余暇·消費生活 [西洋], 34)'의 경우, 서양식 취미나 유흥, 소비와 관련된 사물 단어들을 기준으로 범주화한 것이다. 이 범주에서는 사물이 아니지만 서양 문화

와 관련하여 특징적인 단어들이 다수 포함되었다. 이 범주를 살펴보면 '콘서트(コンサート)', '디스코(disco)', '쇼윈도(ショーウィンドウ)', '모닝커피(モーニングコーヒー)', '다이어트 푸드(ダイエットフード)'와 같이 서양의 취미/유흥/소비 문화와 깊은 관련이 있는 단어들이 등장하는 것을 확인할 수 있다. 특히 인상적인 부분은 '보즈 스캑스(ボズ·スキャッグズ)', '마돈나(マドンナ)', '페이 다나웨이(フェイダナウェイ)', '벤 존슨(ベンジョンソン)'과 같이 서양의 유명인 이름이 다수 언급되었다는 것이다. 노래는 기본적으로 대중성 및 상업성이 중요하기 때문에, 노래 가사에 인물의 이름이 들어가는 경우 해당 인물에 관한 인식이 대중 사이에 어느 정도 공유되고 있음을 전제로 한다. 따라서 1980년대 일본 사회에서는 서양과 관련된 문화를 소비하는 것이 친숙하고 일상적인, 나아가 유행하는 행위였음을 알 수 있다.

세 번째로 높은 빈도수를 지닌 '미디어(メディア, 30)'의 경우, '메시지를 전달하는 수단'을 기준으로 하여 관련 단어들을 범주화하였고, 세부적으로는 '아날로그(アナログ, 16)'와 '기기(機器, 14)'로 분류하였다. '아날로그'에서는 '편지(手紙)', '카드(カード)', '지도(地図)'와 같이 전통적인 미디어를 확인할 수 있었다. 동시에 '기기(機器)'를 통해 '라디오(Radio)', '케이블 TV(ケーブルテレビ)', '턴테이블(ターンテーブル)'과 같이 1980년대에 자주 사용되었던 미디어 역시 함께 확인할 수 있었다. '편지(手紙)'로 상징되는 것에서 '라디오(Radio)'나 '턴테이블(ターンテーブル)'로 상징되는 것으로의 변화는 이전까지와는 다른 1980년대의 특징을 보여준다. 1980년대의 일본 사회는 미디어적 관점에서 전통적인 미디어와 비교적 최신의 영상·음성 미디어를 자유로이 사용하며 발전하고 있었다는 것을, 더 나아가 '편지'가 상징하는 두 사람만

의 '마음'이 '라디오'나 '턴테이블'처럼 음악 소비 및 신체적 소비(댄스)와 함께 전달되는 것으로 바뀌고 있었음을 보여주고 있다.

(3) 서양 및 소비사회와의 관련성

이밖에도 대부분의 사물 단어는 영단어 혹은 가타카나를 사용하여 표기한 외래어로 이루어져 있었다. 이는 앞서 언급한 바와 같이 1980년대 일본 대중이 영어로 상징되는 서양의 문화에 융화되고 있었음을 시사하며, 특히 "1970~80년대 일본 젊은이 사이에서 공유된 '아메리카와의 동시대성'"[10]이라는 특징을 보여준다.

또한 주목할 만한 부분은 '여가·소비생활[서양](余暇·消費生活[西洋])'에 속한 단어 외에도 상당수가 서양의 '소비사회'와 관련되어 있었다는 점이다. 사물로 분류하지 않고 제외한 단어까지 포함시킨다면 시티팝 가사 내에서 서양의 소비사회와 관련된 단어가 차지하는 비율은 훨씬 높을 것으로 예상할 수 있다. 일본의 1970~80년대는 전공투와 안보투쟁으로 상징되는 이른바 '정치의 계절'이 끝나고, 개인 및 개인의 내면에 대한 관심이 집중되어가는 시기이자, 버블 경제로 호황을 누리며 서양의 라이프스타일이나 사상 등이 적극적으로 도입·소비되던 시기였다. 장 프랑수아 리오타르[11], 장 보드리야르[12], 프레데릭 제임슨[13], 아즈마 히로키[14] 등에 따르면, 그러한 포스트모던 시대에는

---

10) 김성민은 일본 시티팝이 유행하던 시대적 특징으로서 '아메리카와의 동시대성'과 함께 '확장하는 도쿄에서 사는 감각'을 든다.
11) 장 프랑수와 리오타르, 『포스트모던의 조건』, 민음사, 2018, p.21.
12) 장 보드리야르, 『시뮬라시옹』, 민음사, 2001, pp.12~13.
13) 프레데릭 제임슨, 『포스트모더니즘, 혹은 후기자본주의 문화 논리』, 문학과 지성사, 2022, pp.60~61.

'커다란 이야기'가 상실되면서 현실도 가상도 아닌 시뮬라크르의 시대가 도래했다. 모두가 믿고 따르는 '커다란 이야기'의 상실은 곧 현실에서 모두가 추구하는 이상(理想) 및 의미가 사라졌다는 것을 나타낸다. 미야다이 신지는 이를 '끝나지 않는 일상'(무의미한 현실)으로 설명하는데, 장 보드리야르에 따르면 이 '끝나지 않는 일상'이야말로 소비사회의 특징을 대표적으로 보여주는 개념이다. 모두가 공유하는 사회적 의미-믿음이 사라지면서 기존의 '의미'를 띤 관계가 아닌 일종의 '무의미'로서의 관계가 일상 속에 자리잡게 되었다. 그로 인해 사물을 대체제로서 끝없이 욕망하는 개별적 소비자의 특성이 강하게 나타나는 시대, 더 이상 '커다란 이야기' 속에서 정체성을 확립할 수 없기에 역으로 사물-상품으로부터 정체성을 가져오려는 시대가 도래한 것이다.[15]

　실제로 시티팝 가사를 살펴보면 당시에 자주 소비되던 상품과 관련된 단어들이 높은 빈도로 존재한다. 이미 언급한 사물은 물론이고, '옷(服, 25)', '술(酒, 12)', '악세사리·화장품(アクセサリー·化粧品, 11)' 등의 범주에서도 각각 '펌프스(パンプス, 여성용 구두 종류)', '마티니(マティーニ, 칵테일 종류)', '루주(ルージュ)'와 같은 단어가 등장한다. 이는 '정치의 계절'이 막을 내리면서 개인에 대한 관심이 증가하는 한편, 사회경제적으로는 호황(버블)이 지속되고 사상적으로는 포스트모더니즘이 유행하는 등 급격히 변화하던 사회적 분위기에 영향을 받은 것으로 해석할 수 있다. '커다란 이야기'가 힘을 잃고 개인적/소비적 쾌락이 중요한 가치로서 부상하던 시대적 흐름에 따라, 허무하고 공허

---

14) 아즈마 히로키(東浩紀), 『동물화하는 포스트모던: 오타쿠를 통해 본 일본 사회』, 문학동네, 2007, pp.56~57.
15) 장 보드리야르, 『소비의 사회: 그 신화와 구조』, 문예출판사, 2015, p.128.

한 마음을 새로운 소비문화 및 라이프스타일을 통해 달래고자 하는 소비사회의 풍조가 1980년대 시티팝에서도 드러나는 것이다.

2) 이중성

(1) 이중성 설정

본 연구의 초기 단계에서 설정한 주안점은 시티팝이 지닌 '이중성'이었다. 일반적인 인식 수준에서 현대 한국 대중은 시티팝을 두 가지의 서로 다른 이미지로 소비하는 경향을 보였기 때문이다. 하나는 여름의 해변가에서 바람을 맞으며 즐거운 시간을 보내는 '풍요'의 이미지이고, 다른 하나는 어두운 밤의 도시에서 유흥에 빠진 채로 방황하는 '허무'의 이미지이다. 본 연구에서는 이러한 시티팝의 이중성을 당대 일본 대중이 적극적으로 소비하였으며, 현대 한국 대중 역시 시티팝의 매력 포인트로서 인식한다는 가정하에 연구를 진행하였다.

실제로 명사 빈도수 분석에서는 상술한 이미지에 해당하는 단어들이 다수 등장하였다. [자료 4]를 보면 '옷(夜, 45)', '바람(風, 24)', '바다(海, 23)', '댄스(dance, 21)', '밤(night, 20)', '여름(Summer, 20)', '거리(街, 19)', '혼자(一人, 18)', '오늘밤(今夜, 13)', '파도(波, 12)' 등의 단어가 보인다. 하지만 가사를 개별적으로 살펴보았을 때, 각 이미지와 단어가 반드시 일정한 방식으로 대응되는 것은 아니었다. 예를 들어 '바람이 부는 여름 바다'는 '풍요'의 이미지로서 소비된다고 판단했지만, 실제로는 여름 바다에서 바람을 맞으며 이별의 쓸쓸함을 노래하는 가사 등이 존재했기 때문이었다. 따라서 앞서 설정한 이중성은 불완전한 개념이며 시티팝만이 지닌 고유한 특징이라고도 말하기 어려운 지점이 존재한다. 대상의 범주가 넓어지면 넓어질수록, 예를 들면 당시 오리콘 차트의 일반 대중가요에서도 '낮/밤', '바다/도시' 등의 대비를 통한 이중성은 흔하게 나타나기 때문이다.

그렇기에 이번에는 다른 단어에 주목해 보기로 했다. [자료 4]를 보면 '추억(想い出, 11)', '꿈(夢, 22)', 'DREAM(14)'과 같은 단어가 나타나는 것을 볼 수 있다. 대상을 명사 빈도수 분석 전체로 확대하면 'Joke(8)', '이매지네이션(イマジネーション, 7)', '파라다이스(パラダイス, 6)'와 같은 단어를 확인할 수 있다. 이 단어들의 공통점은 바로 '이상', '가상', '허구'와 관련이 있다는 것이다. 더불어 앞서 언급한 이론들(시뮬라크르론, 소비사회론, 포스트모더니즘론 등)을 고려했을 때, 시티팝의 대중 서사는 '현실과 가상의 교차'라는 이중성에 존재할 것이라는 새로운 가설을 설정하였다.

(2) 토픽 모델링

이러한 이중성을 보다 구체적으로 살펴보기 위해 시티팝 가사에 대한 토픽 모델링을 실시하였다. 최종적으로 도출되는 토픽 수를 4로 설정하고 모델링을 실시한 결과, '토픽 1'에 18곡, '토픽 2'에 12곡, '토픽 3'에 31곡, '토픽 4'에 19곡이 할당되었다. 다만 토픽 모델링에서는 텍스트의 내용을 기반으로 하여 토픽을 구분할 뿐 각 토픽이 무엇인지는 정의하지 않는다. 따라서 각 토픽별로 할당된 곡들의 가사를 직접 살펴보며 공통의 주제를 도출하는 작업을 진행했다.[16) 그 결

---

16) 토픽 모델링은 기본적으로 시, 가사와 같이 함축적인 의미를 지니며 문장 간의 연결성이 명확하지 않은 텍스트에는 적합하지 않다. 따라서 본 연구에서 사용한 토픽 모델링은 정확도가 다소 떨어질 수 있으며, 각 토픽의 공통 주제를 도출하는 작업에서도 다른

과 토픽별로 다음과 같은 공통 주제를 발견할 수 있었다.

[표 2] 토픽 모델링 - 토픽별 공통 주제

토픽 1	- 공통 주제: '현실 부정'을 통해 사랑에 대처하는 화자의 태도 - 세부 내용: 토픽 1에 속한 곡들에서 화자는 사랑, 특히 이별로 인해 고통스러워한다. 따라서 고통스러운 현재 상황을 부정하려 하고, 그 방식은 과거의 행복했던 추억을 회상하는 모습, 이별하기 전 마지막 밤을 즐기며 현실을 도피하는 모습 등의 형태로 나타난다. - 예시: 大瀧詠一〈君は天然色〉(1981), 杏里〈goodbye boogie dance〉(1983), 亜蘭知子〈Midnight Pretenders〉(1983), 菊池桃子〈Night cruising〉(1986) 등
토픽 2	- 공통 주제: '상대에 대한 강한 감정'을 기반으로 사랑에 대처하는 화자의 태도 - 세부 내용: 토픽 2에 속한 곡들에서 화자는 상대에게 일방적으로 강한 감정을 지니고 있다. 따라서 상대를 향한 뜨거운 마음을 적극적으로 표현하는 모습, 이미 떠나간 상대를 계속해서 그리워하며 기다리는 모습, 상대와 이별한 이후 크게 동요하며 밤의 도로를 질주하는 모습 등이 나타난다. - 예시: 山下達郎〈Christmas Eve〉(1983), 伊勢正三〈Orange Grove〉(1983), 中森明菜〈oh no, oh yes〉(1986), 杉山清貴〈最後のHoly Night〉(1986) 등
토픽 3	- 공통 주제: '현실에서의 순응'과 '가상에서의 욕구 실현'을 통해 사랑에 대처하는 화자의 태도 - 세부 내용: 토픽 3에 속한 곡들에서 화자는 현실 상황(이별 등)에 순응하고 감정에 크게 얽매이지 않거나 이미 체념한 듯한 태도를 보인다. 동시에 가상 세계(환상, 꿈 등)를 통해 욕구(재회, 자유 등)를 실현하려 하는 태도를 보인다. 따라서 '춤', '여행', '술', '바람' 등에 몸을 맡기고 자유로이 흘러가는 듯한 모습, '꿈', '신기루', 'plastic', '마법' 등을 통해 현실을 극복하고 욕구를 실현하려는 모습 등이 나타난다. - 예시: 池田典代〈Dream In The Street〉(1980), 杏里〈Last Summer Whisper〉(1982), 中原めいこ〈Fantasy〉(1982), 竹内まりや〈プラスティック・ラヴ〉(1984), 八神純子〈IMAGINATION〉, 秋元薫〈Dress Down〉(1986), 鮎川麻弥〈プラスティックNight〉(1988) 등

곡들과의 내용적 일관성이 현저히 떨어지는 곡은 토픽 분할 시의 오류로 판단하고 제외하였음을 밝혀둔다. 한편, 토픽 모델링의 특성상 같은 소재를 다루는 텍스트라도 구체적인 묘사 방식에 따라 배정되는 토픽이 달라질 수 있다. 따라서 토픽별 공통 주제 도출 시 각 곡의 '뉘앙스'를 중점적으로 살펴보았으며, 결과적으로 각 주제 간에 뚜렷한 차이는 적을 수 있음을 밝혀둔다.

토픽 4	- 공통 주제: '변하지 않는 마음'으로 사랑에 대처하는 화자의 태도 - 세부 내용: 토픽 4에 속한 곡들에서 화자는 한결같이 계속되는 마음을 지니고 있다. 따라서 긴 시간이 지나도 여전히 상대를 좋아하거나 미련을 가지는 모습, 현실적인 어려움 앞에서도 결국 상대를 사랑할 수밖에 없음을 한탄하는 모습, 두 사람의 변치 않는 사랑을 노래하는 모습 등이 나타난다. - 예시: 杏里〈shyness boy〉(1983), 杉山清貴&オメガトライブ〈ふたりの夏物語 NEVER ENDING SUMMER〉(1985), 菊池桃子〈Mystical Composer〉(1986), wink〈涙をみせないで~Boys Don't Cry~〉(1987) 등

[표 2]를 보면 토픽 1부터 토픽 4는 전반적으로 사랑에 대처하는 화자의 태도가 어떠한가, 라는 기준하에 그 태도 및 대처 방법으로 구분되고 있다는 것을 알 수 있다. 그중에서도 토픽 3에 특히 주목해보면, 앞서 설정한 '현실과 가상의 교차'라는 이중성과 맞닿아 있다는 사실을 알 수 있다. 예시로, 토픽 3에는 시티팝 재유행 현상을 주도한 다케우치 마리야의 〈플라스틱 러브〉가 속해 있다. 〈플라스틱 러브〉에서 화자는 과거에 한 남성으로부터 상처를 받은 뒤 사랑을 게임으로 여기며 매일 밤 가짜 사랑만을 반복한다. 이는 '상처'라는 '현실'을 '가짜 사랑'이라는 '가상'으로서 극복하려는 시도인 동시에, 그 '가상'을 통해 사실은 '진짜 사랑'을 얻으려는 화자의 욕구를 역설적으로 드러낸다. 토픽 1의 '현실 부정'은 이러한 토픽 3과 연결되는 지점이기도 하다.

(3) 이중성과 소비사회

앞서 언급했다시피, '현실과 가상의 교차'라는 이중성은 현실과 가상의 경계가 무너진 1980년대의 소비사회적인 특성과도 연결된다. 〈플라스틱 러브〉의 가사는 유흥을 즐기며 가짜 사랑을 추구하는 모습, 즉 풍요 속의 허무를 추구하는 모습을 통해 '풍요=소비'와 '허무=고독'

이 이중적으로 공존하는 80년대 소비사회의 모습을 반영한다. 이는 개인적 허무나 고독에 한정되는 것이 아니라, 소비사회를 둘러싼 사회적 현상이자 시대적 영향을 받은 당대 소비자의 특성을 보여주는 것이다. 또한 현실에서의 욕구를 가상에서 해결한다는 것은 곧 동경의 대상이 더 이상 '자연'적인 것이 아니라 '인공'적인 것이 되었음을 의미한다. '자연/인공'의 경계 및 '현실/가상'의 경계가 무너진 시뮬라크르의 시대에는 '인공적인 이상', '아름다운 가상(가짜)'이 그 상실의 자리를 메운다. 결론적으로, 1980년대 일본 시티팝은 '현실-가상'이 교차하며 1980년대 일본의 소비사회적 특성과 이중성을 담아내고 있다. 이에 대해서는 5장에서 더욱 자세히 고찰하도록 하겠다.

4. 일본 시티팝에 대한 현대 한국 소비자의 감상

그렇다면 1980년대의 일본 시티팝이 2020년 전후의 한국 소비자들 사이에서 재유행하는 현상은 이러한 대중서사와 어떻게 연결될 수 있는지 고찰하고자 한다. 이를 위해 빅데이터 분석 플랫폼인 TEXTOM을 통해 '일본 시티팝' 관련 블로그 글을 텍스트 마이닝하여 한국 소비자들이 일본 시티팝을 수용하고 인식하는 양상을 분석하였으며, 그 결과로 내릴 수 있는 결론은 다음과 같다.

1) 시티팝 가사 분석의 의의

블로그 글의 텍스트 마이닝 결과에서 '가사' 키워드가 총 341건으로

15위에 집계된 것은 유의미하다[자료 6]. 가령 멜로디, 사운드, 리듬, 화성 등 대중음악의 다른 감상 요소, 특히 음악적 요소와 관련한 키워드들에 비해 압도적으로 상위권에 등장했다는 점에서 그러하다. 45위의 '해석' 키워드 역시 172건이 추출되었다는 점을 고려하면, 한국 소비자들은 시티팝을 감상함에 있어 언어적 장벽이 있지만 가사를 이해할 수 있거나 이해하려는 시도를 하고 있음을 알 수 있다. 바꿔 말하면 시티팝의 가사가 한국 소비자들이 시티팝을 매력적으로 인식하는 하나의 요인인 것이다. N-gram에 나타난 '가사-해석(111)', '해석-독음(48)' 등의 결과도 이를 뒷받침한다[자료 7]. 따라서, 언어의 장벽이 있음에도 한국 소비자들이 시티팝의 '가사'에서 매력을 느낀다고 할 수 있을 것이다.

2) 시티팝 가사 속 '레트로 감성'

(1) '친숙한 서사'와 '레트로한 단어'의 괴리

앞서 시티팝 가사의 토픽 모델링을 통해 시티팝 곡들의 서사 구조는 다른 대중가요, 특히 현대 한국의 대중가요에서도 전형적으로 드러나는 '사랑' 혹은 '이별'에 대한 일반적인 태도 유형들이라는 점을 발견했다[표 2]. 즉, 가사의 내용에 주목한다면 한국 대중가요 혹은 다른 장르의 곡들과 크게 다르지 않은, 따라서 한국 소비자들이 특별히 매력적으로 여기기보다는 친숙하게 느낄만한 요소, 혹은 이질감을 느끼지 않고 접근하게 되는 요소 정도에 불과한 것으로 보인다.

하지만 다른 한편으로 가사의 내용보다 직관적인 '가사 속에 등장하는 단어들'에 집중할 필요가 있다. 앞선 사물 단어들의 분류를 통해

현대의 한국 소비자들에게 다소 '이질적인 단어' 혹은 '레트로한 단어'
들을 확인할 수 있었다. 예를 들어 'Radio', '케이블 TV', '턴테이블',
'펌프스', '마티니', '루주' 등의 단어들이다. 이 이질적인(레트로한) 단
어들은 친숙한 상황 혹은 내용 속에서 등장한다는 점에서 '신선함'이
더욱 증폭될 것으로 예상할 수 있다. 나아가 최근의 한국 대중가요가
신조어, SNS 등 현대사회와 관련된 소재를 적극적으로 이용하는 양상
을 보인다는 점에서 한국 소비자들에게 레트로 혹은 뉴트로적 감상을
불러일으키는 것이라고 추측할 수 있다.

이와 관련하여 2020년 전후 한국 소비자들에 대한 텍스트 마이닝의
결과로서 도출된 '레트로' 키워드의 빈도수(249건)를 보면, 한국인들
이 시티팝에 대해 주로 '레트로'함을 느낀다는 것을 알 수 있다. 물론,
한국의 70~80년대 가요 역시 레트로한 단어들과 일상적인 가사 내용
의 혼합이기에 일본 시티팝과 큰 차이가 없다고 지적할 수 있다. 그러
나 일본 시티팝의 '레트로'에는 영상 세대에게 과거를 떠올리게 하는
'라디오' 등의 단어, 이미 쓰지 않는 말이 된 '루주' 등의 단어, 결정적으
로 화려함과 몰락이 동시에 떠오르는 '버블' 등의 단어가 들어가 있다
는 점에서 당대 일본 특유의 시대적 특징을 드러내고 있다. 결론적으로
'일본 시티팝'에 대한 한국 소비자들의 인식에는 친숙한 단어나 분위기
와 함께 지금 시점에서 볼 때의 '레트로-뉴트로'함이 공존하고 있다.

(2) 시티팝 특유의 '레트로'와 한국 소비자들의 감상

한국 소비자들은 이러한 일본 시티팝 특유의 '레트로'함에 반응하
고 있는 것처럼 보인다. 이를 검증하기 위해 관련 블로그를 텍스트
마이닝한 뒤 명사 빈도수 및 N-gram의 상위 키워드들을 '일본적 감

성', '레트로 감성', '버블', '동경', '향수'의 범주로 구분지었다.[17] 분
량상 여기서는 중요 키워드만 제시하고 자세한 데이터는 [자료 6],
[자료 7]을 참조하면 된다.

[표 3] '일본 시티팝' 블로그의 명사 빈도수 중요 키워드(요약)

일본적 감성 (日本的感性)	감성(469), 느낌(382), 분위기(367), 도시(349), 여름(251), 레트로(249), 애니메이션(238), 스타일(187), 도쿄(156), 서울(117), 기분(113), 특유(107)
레트로 감성 (レトロ感性)	년대(699), 감성(469), 느낌(382), 분위기(367), 유행(271), 레트로(249), 재즈(243), 시대(187), 스타일(187), 당시(187), 시절(187), 서울(117), 옛날(91)
버블 (バブル)	버블경제(205), 시대(187), 당시(187), 시절(180)
동경 (憧れ)	매력(104), 최고(80)
향수 (郷愁)	옛날(91), 추억(62)

[표 4] '일본 시티팝' 블로그의 N-gram 중요 키워드(요약)

일본적 감성 (日本的感性)	일본-애니(80), 여름-밤(42), 도시-분위기(37), 일본-도쿄(28), 일본-특유(24), 도시-밤(24), 도시적-분위기(22), 시티팝-애니(19), 도시-야경(17), 특유-분위기(12), 도시적-느낌(12), 일본감성-시티팝(10)
레트로 감성 (レトロ感性)	레트로-시티팝(31), 팝-스무디(35), 펑크-디스코(25), 패션-재즈(23), 레트로-움짤(19), 팝-재즈(16), 일본-옛날(12), 아날로그-레트로(10)

17) 상위 키워드를 구분하는 범주는 블로그에서 한국인들이 시티팝을 언급할 때 자주 연상한 이미지를 기준으로 하였다. 예를 들어, '동경'과 '향수'는 빈도수 분석에서 직접적으로 드러나지 않지만, 각 블로그 글을 질적으로 분석하는 과정에서 사람들이 1980년대의 일본 시티팝과 관련하여 동경 및 향수의 감성을 드러내는 것을 다수 포착할 수 있었다. 상위 키워드 분류의 경우, a. 단어가 기본적으로 지닌 의미 b. 단어가 블로그에서 사용된 맥락 두 가지의 기준으로 범주를 분류하였고, b.가 다양한 경우에는 동일한 단어를 복수의 범주에 기재하였다. 단, 분류 과정에서 모든 블로그의 맥락을 고려할 수 없었기에 각 키워드를 다소 표상적으로 구분하였음을 밝혀둔다.

버블 (バブル)	버블경제-시대(24), 강대-자본력(24), 자본력-고급(22), 경제-호황기(12), 일본-호황(7)
동경 (憧れ)	시티팝-매력(23), 일본-최고(7)
향수 (郷愁)	일본-옛날(12), 시대-추억(7)

　먼저 '일본적 감성'과 '레트로 감성'에 관련된 키워드를 보면, '감성
(469)', '느낌(382)', '분위기(367)', '스타일(187)', '기분(113)' 등 '감
성'과 관련된 단어가 최상위권부터 포진해 있는 것을 확인할 수 있다.
나아가 일본적 감성과 레트로 감성은 압도적으로 다양한 단어들을 통
해 표출되고 있으며, 겹치는 단어가 많다는 점에서 두 개념 간의 밀접
한 연관성을 확인할 수 있다. N-gram 역시 '일본-특유(24)', '특유-분
위기(12)', '일본감성-시티팝(10)'과 '레트로-시티팝(31)' 등이 나타
난다. 이를 통해 현대 한국 소비자들이 시티팝과 일본적 감성, 레트로
감성을 연관 지어 파악하고 있다는 사실을 알 수 있다.
　다음은 '버블'의 범주에 들어가는 키워드이다. '버블경제(205)', '시
대(187)', '당시(187)', '시절(180)' 등의 키워드는 한국 소비자가 시티
팝을 인식하고 공유하는 과정에서 자연스레 '버블'이라는 당대 일본
특유의 시대적 특징에 대한 연상이 동반됨을 보여준다. 앞서 살펴본
사물 단어에서 알 수 있듯이 시티팝 가사들은 자동차, 클럽, 댄스, 술
등 당시 버블 사회의 대중서사를 나타내는 단어들을 포함한다. 또한
그 구체적인 단어들이 현대 한국 사회에서 거의 사라졌다고 해도 될
정도로 '레트로' 해진 단어들이기도 하다는 점은 주의 깊게 보아야
할 지점이다. '케이블 TV'나 '루주' 등의 용어는 한국에서 거의 사라진

단어이고, '라디오'라는 단어 역시 영상 세대들에게 '레트로'한 이미지로만 다가오는 단어이다. 이런 점을 고려하면, 한국 소비자가 시티팝에서 느끼는 레트로한 감성은 버블이라는 시대적 특성과 연결된 것, 혹은 적어도 한국 소비자들이 버블과 일본의 80년대를 의식적이든 무의식적이든 연결하여 인식하고 있다는 점을 알 수 있다.

이와 동시에 '매력(104)', '최고(80)'나 '옛날(91)', '추억(62)' 등 한국 소비자들의 시티팝에 대한 '동경', '향수'를 암시하는 유의미한 키워드도 등장한다. 즉 한국 소비자들은 일본 시티팝을 통해 '레트로'한 감성, 소비적-유희적 문화, 개인 중시와 풍요로운 분위기를 소비하고 있다. 또 하나 흥미로운 단어는 '도쿄(156)', '서울(117)'이다. 이는 각각 일본과 한국의 대표적 도시공간으로서 시티팝 소비를 둘러싼 '도시'적 측면과 연결된 것이기도 한데, 이는 제5장에서 더욱 자세히 다루도록 하겠다.

(3) 시티팝에 대한 한국 소비자들의 모종의 욕망: 인공적 이상

시티팝의 '레트로'함은 한국 소비자로 하여금 신선함과 즐거움을 느끼게 하고, 결과적으로 시티팝의 활발한 소비와 확산에 기여한다고 볼 수 있다. 그렇다면 여기서 자국도 아닌 타국의 과거에서 느끼는 '레트로 감성'의 근원은 과연 무엇일지에 대한 질문에 맞닥뜨리게 된다. [표 3], [표 4]의 결과처럼 현대 한국 소비자의 시티팝 소비 양상에 있어 일본적 감성, 레트로 감성, 버블 경제, 동경, 향수는 다양한 형태로 밀접한 관련성을 지니고 작동한다. 특히 한국인이 시티팝에서 느끼는 '레트로 감성'과 '일본적 감성'은 '버블 경제'와 연결되며 풍요로웠던 일본의 과거에 대한 '동경'과 '향수'를 드러내기도 한다. 우리는 아직 이루지 못한 것(경제 호황)을 동경하고, 이미 지나가버린 것 (1980년대)에서 향수를 느끼기 때문이다.

시티팝 〈Oh no, oh yes〉에 대해 "일본 쇼와시대에 살아본 적 없지 만 이때의 넘쳐나는 부가 간접적으로 느껴지는 것 같기도 하고 대표적 인 노스탤지어의 대상이 된 이유를 대충은 알 것 같다"[18], 〈헬로 투데 이(ハロートゥデイ)〉에 대해 "저 시대 일본에서 살고 싶다"라는 구체적 인 블로그 감상을 통해서도 이 사실을 확인할 수 있다. 특히, 〈Night Cruising〉에 대해 "모든 게 끝나고 친구랑 과거를 회상하는 느낌 (중 략) 막연한 회귀를 꿈꾸는 사람들 (중략) 과거의 모든 시간들은 다 무엇이었을까 신기루처럼 사라졌다 도저히 믿을 수 없다 무엇을 남긴 걸까 분명 실재했는데"[19]와 같은 감상에서는 지나간 과거를 '추억'이 라는 '가상'으로서 메우려는 '인공적 이상'의 추구 역시 드러난다. 이 처럼 1980년대 일본의 산물은 현대 한국의 소비자들에게 '자연'스러 운 것이 아니고, 본인의 경험 속에 '실재'했던 것이 아님에도 불구하 고, 일종의 가상-환상으로서 '인공적인 이상'을 세우고 이를 동경 또 는 향수하고 있는 것이다.

이때 주목할 만한 또 하나의 지점은 시티팝 가사에서 드러났던 즉흥 적이고 유희적인 소비(댄스, 원나잇 스탠드 등)가 현재 한국 소비자들의 반응에서는 잘 보이지 않는다는 점이다. 이런 즉흥적이고 유희적이며

---

18) [일본노래추천/J-POP추천/일본 시티팝]나카모리 아키나(中森明菜)-Oh No, oh Yes! 듣기/가사해석, 네이버블로그, https://blog.naver.com/razz_j/222119833116 (검 색일: 2024.10.15.)
19) "감성대폭발 [일본 시티팝]추천 (시티팝2편)", https://blog.naver.com/lionking979/ 222214902669 (검색일: 2024.10.15.)

소비적인 쾌락에 대한 반응보다는 '인공적 이상'에 대한 동경 및 향수
의 반응이 상대적으로 훨씬 많이 드러나고 있다. 이는 1980년대 일본
시티팝 가사에서 드러나는 특징과는 다소 구별되는, 2020년을 전후한
한국 시티팝 소비자들이 지닌 특징이다.

　다음 장에서는 1980년대 전후 일본과 2020년 전후 한국을 연결하
여 2020년 전후의 한국 소비자들이 추구하는 '인공적 이상'의 의미와
소비자의 욕망에 대해 조금 더 살펴보겠다.

5. 인공적 이상(理想)과 도시라는 '공간감각'

　지금까지 1980년대 일본의 시티팝 가사 및 2020년 전후 한국의
블로그 데이터를 바탕으로 당대 일본 대중의 특징과 일본 시티팝의
재유행 현상에 대해 분석하였다. 이번 장에서는 '인공적 이상'이라는
개념을 중심으로 이 현상에 대해 설명하려고 한다.

　한국인이 시티팝을 듣고 남긴 블로그 감상을 확인해보면, 과거의
경제 호황(풍요)과 **레트로 감성**이 연결되어 드러나는 동시에 새로운
것, 혹은 **아름답고 세련된** 전유물로서 여겨지는 경우가 많다. 블로거들
은 시티팝과 함께 떠오르는 이미지로 버블경제 당시 제작되어 영상미
넘치는 코카콜라 CF, 세련된 라이프 스타일을 반영하는 편집샵, 미국
을 배경으로 여유로움을 담아낸 일러스트 등을 꼽았다[20]. 또한 N-gram

---

20) 「시티팝이란? ②우리가 잘 몰랐던 시티팝 영향력과 한국 시티팝」, 네이버 블로그,
　　https://blog.naver.com/grace_voice/223459445112 (검색일: 2024.10.15.)

에서 '움짤'과 연관성이 높은 단어 중 '레트로'가 상위권을 차지한 점을 고려하여 '움짤'을 통해 한국 소비자들이 시티팝에 대해 지니는 인식을 살펴보았다. 실제로 시티팝 관련 '움짤'로는 레트로 감성이 짙게 드러나는 옛 애니메이션이 주로 활용되었다. 고층빌딩과 네온사인으로 가득한 옛 일본의 밤 풍경, 드라이브를 하는 사람, 도시를 가로지르는 전철, 디지털 카메라와 소형 TV, 화장품 등이 그 예시이다. 움짤과 함께 '색감이 예쁘다', '청량하다'[21], '찬란하게 아름답다', '버블경제 애니가 좋다'[22] 등의 감상도 제시되었다. 이로 미루어보았을 때, 한국 소비자들은 1980년대 일본의 개인 중시 및 소비 사회의 분위기와 함께, 버블경제 시기의 풍요로움을 일종의 '환상'으로서 소비하고 있다는 것을 알 수 있다. '레트로' 감성 역시 과거의 것의 향수인 동시에, 젊은 세대에게는 자신들이 경험하지 못한 '옛 것의 새로움'이며, 이 향수-새로움의 감성은 **아름답게 가공된 이미지**와 연결된다.

　이것은 '**인공적 이상**(理想)'의 추구로 정의할 수 있으며, 이 관점을 통해 시티팝에 매력을 느끼는 한국 소비자들의 욕망을 일정 부분 설명할 수 있다. 관련 블로그 중, 다케우치 마리야의 〈플라스틱 러브〉와 그 뮤직 비디오에 관하여 다음과 같은 감상이 존재했다. "풍요롭고 화려한 도시생활 속에서 자유롭게 이루어지는 남녀사이의 연애라고는 하지만 뮤비에서 그려지는 연인들의 모습은 우울하게만 보인다.

---

21) 「z플립6 커버화면 gif 모음 여름감성 시티팝 귀여운 움짤」, 네이버 블로그, https://blog.naver.com/megbaby_/22351972 7359 (검색일: 2024.10.15.)

22) 「고전 애니 〈변덕쟁이 오렌지 로드〉 - 찬란하게 아름다운 80년대 시티팝 배경 (로맨스 코미디/버블경제)」, 네이버 블로그, https://blog.naver.com/write_wendyhill/2231 97572330 (검색일: 2024.10.15.)

그들에게 사랑은 소비적이고 순간적인 쾌락에 가깝다. 지금의 사랑은 곧 사라질지도 모른다는 깊은 허무만이 가득하고 마음 속에서는 진정한 사랑을 갈구한다."[23] 즉, 일종의 안식처가 사라지고 허무함(결핍)만을 느끼는 가운데 진정한 사랑을 갈구하는 분투가 **가짜 사랑**(인공적 이상)의 추구로 형상화되는 것이다. "저녁이 오기 전 노을로 세상이 붉게 물드는 황홀한 시간. 첫사랑과 이별, 아픔과 치유가 공존했으며 (중략) 낭만을 이야기하던 시대 (중략) 세상에 두려움이 없었던 젊은 시절. 저에게 시티팝은 다양한 기억의 조각과 가장 빛났던 젊음의 추억이 담겨있습니다."[24] 이는 한 블로그에 게재되어 있었던 글로, 빛났던 시절의 추억이 담긴 과거로 돌아가게 하는 작용제인 시티팝을 감상함으로써 현재의 쓸쓸함과 허무함을 해소하는 모습이 보인다. 유튜브의 시티팝 플레이리스트의 댓글 또한 "모든 게 풍성하던 시절의 일본에서 나의 어린 시절을 보냈지 (중략) 그때로 다시 돌아갈 수 있다면 내 수명의 절반을 내줄 수 있다", "몸이 아파서 우울할 때 들으면 기분 좋아요. 현실을 잠시 잊게 해주는데 그게 너무 좋아요."[25]와 같이 현실의 결핍을 메워주는 기제로서 시티팝을 이상적으로 감상하고 있다.

이런 데이터와 감상을 고려하면 2020년을 전후한 한국 소비자들은 시티팝을 형성하여 일종의 '인공적 이상' 혹은 빛나는 '가상-환상'을

23) 「'시티팝'의 역주행 그리고 'Plastic Love'」, 네이버 블로그, https://blog.naver.com/junhs0626/223341159911 (검색일: 2024.10.15.)

24) 「시티팝(City Pop) 그리고 당신의 영광의 시대는 언제였나요?」, 네이버 블로그 https://blog.naver.com/jinh0729/22355 3740414 (검색일: 2024.10.15.)

25) 「[playlist] 레트로 감성 듬뿍, 80년대 일본 시티팝 모음 | 80's Japanese City Pop シティポップ」 (검색일: 2024.10.15.) https://www.youtube. com/watch?v=pM9LBjINS0Q&t=10s

통해 자신들을 둘러싼 현실의 결핍을 해결하고 있다고 할 수 있을 것이다. 80년대 일본 시티팝의 가사에서는 현실에서 이루어지지 못하는 사랑이 가짜 사랑과 같은 '환상' 내지 댄스와 같은 '유희', 상품과 같은 '소비'를 통해 해결되었듯이, 현재의 한국 소비자들은 일본 시티팝의 레트로한 감성, 버블의 풍요, 개인 중시와 유희적 소비, 고독과 여유의 공존을 통해 현실 속 자신의 결핍적 상황을 대리-충족하고 있는 듯 보인다. 이렇듯 '인공적 이상' 혹은 빛나는 가상-환상은 일본 시티팝의 전세계적 유행의 중요한 원인 중 하나로 볼 수 있을 것이다.

시바 토모노리(柴那典)는 인터넷에서의 유희 문화인 '밈(ミーム)'으로 시티팝의 전세계적 유행을 설명하는 관점에 대해 보충설명하며, 그 현상을 '환시(幻視)'라고 말한다[26]. 여기서 중요한 것은 '밈'이나 '환시'에는 사실=진실과의 간극이 존재한다는 점이다. 사실=진짜가 중요한 것이 아니라 가상적인 것을 유희로서 즐기고, 그런 유희의 문화는 하나의 사실=현상이 된다. 이는 '일본 시티팝' 관련 블로그에서 많이 언급되는 '도시'와도 연결된다. 가토 겐(加藤賢)에 의하면, 시티팝의 '시티'는 실제의 '도쿄'라기보다는 일종의 '공간감각'이라고 한다[27]. 김성민 역시 "(확장한) 도시를 살아가는 감각"을 시티팝의 중요한 특징 중 하나로 꼽는다. 이들에 의하면, 시티팝에서의 '도시'는 일

26) 柴那典, 「ミームの幻視と音楽ビジネスの都市再開発」, 日高良祐編『シティ·ポップ文化論』, フィルムアート社, p.18 - 전세계적 시티팝 유행의 출발이었던 〈플라스틱 러브〉에는 다케우치 마리야의 얼굴이 그려져 있지 않다. 하지만 해외의 일러스트레이터가 그녀의 얼굴이 그려진 〈Sweetest Music〉의 음반 재킷을 모방하여 인터넷에 올리며 〈플라스틱 러브〉와 그녀의 얼굴이 들어간 앨범 자켓이 하나의 이미지로 소비자들에게 받아들여졌다고 한다.
27) 加藤賢, 「シティ·ポップの「シティ」はどこか――ポピュラー音楽の都市論」, 日高良祐編『シティ·ポップ文化論』, フィルムアート社, p.41.

종의 무국적성과도 연결되는 다양성이 담보된 일종의 추상적 '공간'
이다. 결국 시티팝의 특징적 요소 중 하나는 실체가 아닌 추상적 공간
으로서의 도시이고 이는 일종의 '가상' 내지 '환상'으로서의 도시에
다름 아니며, 그렇기에 시대와 장소를 넘어서는 동시대성을 띠게 된
다. 현실의 실제 삶과 추상으로서의 도시 속 삶, '장소'가 아닌 '공간'
의 감각, 도시의 자유로움과 고독이라는 양가성이 '도시'에는 혼재하
는 것이다.

결론적으로 한국인들은 일본 시티팝을 통해 암울한 현실의 대비로
서 '버블'로 상징되는 풍요로운 레트로 감성을, 미야다이 신지(宮台真
司)의 말을 빌리면 '끝나지 않는 현실'을 채워줄 '빛나는 미래'[28]로서
'인공적인 이상'을 가상-환상으로서 소비한다고 말할 수 있다.

6. 결론

이상의 분석을 기반으로 1980년대 일본과 2020년을 전후한 한국
소비자층의 특징을 다음과 같이 정리할 수 있을 것이다.

첫째, 일본 시티팝에서는 '가상-현실', '풍요-허무', '추억-유희',
'환상-즉흥적 쾌락' 등의 이중적 특징이 나타나고 있다. 이는 '커다란
이야기'의 종언과 함께 개인을 중시하는 소비사회로의 변환과 연결된
다. 당대의 소비자는 이 변화 속에서 생겨난 결핍을 댄스 등의 유희적

---

28) 宮台真司, 『終わりなき日常をいきろ-オウム完全克服マニュアル』, ちくま文庫, 2018, pp.114~115.

쾌락과 상품의 소비를 통해 메우려고 하였고, 그와 동시에 소비사회의 문제점으로서의 파편화된 개인 및 고독 등을 '가짜 사랑'으로 상징되는 환상을 통해 메우려고 하는 경향성을 보여주기도 한다.

둘째, 2020년을 전후한 한국의 시티팝 소비자들 역시 이중적 감성을 지니지만, 이는 당대 일본 대중의 감성과 모종의 차이점이 존재한다. 80년대 일본 시티팝이 '댄스' 등 현실에 있어서의 즉흥적 유희를 추구하는 동시에 '플라스틱' 등과 같은 가상 및 환상을 표출하고 있는데 비해, 2020년 전후의 한국 시티팝 소비자들에게서는 즉흥적 유희와 소비에 대한 반응보다는, 오히려 풍요로웠던 과거와 같은 '인공적 이상'에 대한 동경 및 향수가 표출되고 있다[29].

셋째, 현대 한국의 시티팝 소비자들이 일본 시티팝에 투영하는 욕망(결론 2)은 현실에서의 도피 혹은 현실항의 소거 위에서 '인공적 이상' 혹은 가상-환상을 매개로 결핍된 현실을 충족하려는 것이라고 할 수 있다.

---

29) 이는 서브컬처에서 이세계물이 유행하는 이유와도 연결된다. 남유민(Yoomin Nam) 은 일본 웹소설을 분석하며 "이세계에서 새로운 인생을 제대로 산다"고 언급하는데, 이때 이세계는 일종의 현실의 대체재로서 가상=환상에 다름 아니다. - Yoomin Nam, A Study on 'Villainess' Japanese Web Novels Using Textmining Method, *Border Crossings: The Journal of Japanese-Language Literature Studies*, Vol.16, Korea University Institute for Global Japanese Studies, p.188.

[보충자료]

[자료 1] '시티팝(シティポップ)' 구글 트렌드 관심도 변화

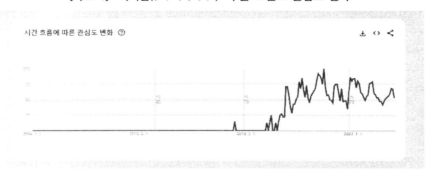

[자료 2] 시티팝 가사 분석 목록

순번	발표연도	제목	가수	순번	발표연도	제목	가수
1	1980	Daydream	山下達郎	41	1983	土曜の夜はパラダイス	EPO
2	1980	青い珊瑚礁	松田聖子	42	1983	I Wanna Be With You	国分友里恵
3	1980	Dream In The Street	池田典代	43	1983	Lady Sunshine	杏里
4	1980	パーティーを抜け出して	井田リエ & 42nd ストリート	44	1983	Summer Suspicion	杉山清貴&オメガトライブ
5	1980	あいつのブラウンシューズ	松原みき	45	1984	プラスティック・ラヴ	竹内まりや
6	1980	ハロートゥデイ	松原みき	46	1984	River's Island	杉山清貴&オメガトライブ
7	1980	Street Dancer	岩崎宏美	47	1984	If You	角松敏生
8	1981	telephone number	大橋純子	48	1984	I Love You So	大橋純子
9	1981	First Light	松下誠	49	1984	もう一度	竹内まりや
10	1981	Special Delivery ~特別航空便~	竹内まりや	50	1984	Slow Nights	亜蘭知子

11	1981	フライディ・チャイナタウン	泰葉	51	1984	Congratulation	岩崎良美
12	1981	君は天然色	大瀧詠一	52	1984	Rainy Harbor Light	オメガトライブ
13	1981	シルバーグレイの街	難波弘之	53	1984	Airport Lady	角松 敏生
14	1981	Cupid	松原みき	54	1985	ふたりの夏物語 NEVER ENDING SUMMER	杉山清貴&オメガトライブ
15	1982	Last Summer Whisper	杏里	55	1985	サイレンスがいっぱい	杉山清貴&オメガトライブ
16	1982	Fantasy	中原めいこ	56	1985	NOVEMBER BLUE	杉山清貴&オメガトライブ
17	1982	Blue Note	亜蘭知子	57	1985	IMAGINATION	八神純子
18	1982	Lady September	村田和人	58	1985	Summer Beach	岡田有希子
19	1982	No,No,Darling	キャンディ一浅田	59	1985	Cool	郷ひろみ
20	1982	街のドルフィン	濱田 金吾	60	1986	oh no, oh yes	中森明菜
21	1982	Passing Rain	H2O	61	1986	Mystical Composer	菊池桃子
22	1982	Juggler	黒住憲五	62	1986	Older Girl	オメガトライブ
23	1982	雨	石黒ケイ	63	1986	Night cruising	菊池桃子
24	1982	midnight cruisin'	濱田金吾	64	1986	Adventure	菊池桃子
25	1983	壊れたワイパー	Beers	65	1986	The Season In The Sun	TUBE
26	1983	Midnight Down Town	杉山清貴&オメガトライブ	66	1986	Christmas Calander	杏里
27	1983	remember summer days	杏里	67	1986	最後のHoly Night	杉山清貴
28	1983	黄昏のBay City	八神純子	68	1986	Dress Down	秋元薫
29	1983	悲しみがとまらない	杏里	69	1986	JINGI・愛してもらいます	中山美穂
30	1983	goodbye boogie dance	杏里	70	1987	サンセット・ロード	高橋玲子

31	1983	just a joke	国分 友里恵	71	1987	堤防	二名敦子
32	1983	shyness boy	杏里	72	1987	誕生日はマイナス1	和田加奈子
33	1983	windy summer	杏里	73	1988	愛が止まらない~Turn it into love~	wink
34	1983	Midnight Pretenders	亜蘭知子	74	1988	涙をみせないで~Boys Don't Cry~	wink
35	1983	I'm in Love	亜蘭知子	75	1988	Dance in the memories	中原めいこ
36	1983	Christmas Eve	山下達郎	76	1988	Sweet Soul Music	当山ひとみ
37	1983	ジェラシ	村松邦男	77	1988	Super Girl	岡村靖幸
38	1983	Orange Grove	伊勢正三	78	1988	プラスティックNight	鮎川麻弥
39	1983	Summer Breeze	PIPER	79	1989	Solid dance	Shambara
40	1983	一本の音楽	村田和人	80	1989	淋しい熱帯魚	wink

[자료 3] 시티팝 목록에 수록된 곡들의 토픽 모델링 결과

순번	제목	topic	순번	제목	topic
1	Daydream	3	41	土曜の夜はパラダイス	4
2	青い珊瑚礁	2	42	I Wanna Be With You	1
3	Dream In The Street	3	43	Lady Sunshine	3
4	パーティーを抜け出して	3	44	Summer Suspicion	1
5	あいつのブラウンシューズ	2	45	プラスティック・ラヴ	3
6	ハロートゥデイ	1	46	River's Island	4
7	Street Dancer	2	47	If You	1
8	telephone number	4	48	I Love You So	4
9	First Light	3	49	もう一度	4
10	Special Delivery ~特別航空便~	4	50	Slow Nights	4
11	フライディ・チャイナタウン	2	51	Congratulation	4
12	君は天然色	1	52	Rainy Harbor Light	3

13	シルバーグレイの街	1	53	Airport Lady	3
14	Cupid	2	54	ふたりの夏物語 NEVER ENDING SUMMER	4
15	Last Summer Whisper	3	55	サイレンスがいっぱい	1
16	Fantasy	3	56	NOVEMBER BLUE	3
17	Blue Note	3	57	IMAGINATION	3
18	Lady September	1	58	Summer Beach	4
19	No,No,Darling	4	59	Cool	3
20	街のドルフィン	1	60	oh no, oh yes	2
21	Passing Rain	1	61	Mystical Composer	4
22	Juggler	2	62	Older Girl	3
23	雨	1	63	Night cruising	1
24	midnight cruisin'	2	64	Adventure	3
25	壊れたワイパー	2	65	The Season In The Sun	3
26	Midnight Down Town	3	66	Christmas Calander	1
27	remember summer days	3	67	最後のHoly Night	2
28	黄昏のBay City	3	68	Dress Down	3
29	悲しみがとまらない	3	69	JINGI・愛してもらいます	3
30	goodbye boogie dance	1	70	サンセット・ロード	3
31	just a joke	4	71	堤防	3
32	shyness boy	4	72	誕生日はマイナス1	3
33	windy summer	4	73	愛が止まらない~ Turn it into love~	4
34	Midnight Pretenders	1	74	涙をみせないで~ Boys Don't Cry~	4
35	I'm in Love	3	75	Dance in the memories	1
36	Christmas Eve	2	76	Sweet Soul Music	1
37	ジェラシ	4	77	Super Girl	1
38	Orange Grove	2	78	プラスティックNight	3

39	Summer Breeze	4	79	Solid dance	3
40	一本の音楽	3	80	淋しい熱帯魚	3

[자료 4] 시티팝 가사의 명사 빈도수 분석

순위	명사	빈도수	순위	명사	빈도수
1	you	71	30	光	14
2	I	68	31	すべて	14
3	love	68	32	DREAM	14
4	今	48	33	今夜	13
5	夜	45	34	声	13
6	心	44	35	気	13
7	恋	41	36	手	13
8	愛	39	37	時間	13
9	二人	39	38	涙	12
10	夏	38	39	本当	12
11	人	32	40	波	12
12	Baby	29	41	最後	12
13	度	28	42	想い出	11
14	日	25	43	空	11
15	風	24	44	想い	11
16	海	23	45	友達	11
17	まま	22	46	DAY	11
18	夢	22	47	明日	10
19	dance	21	48	朝	10
20	night	20	49	頃	10
21	Summer	20	50	グラス	9
22	雨	19	51	顔	9
23	街	19	52	背中	9

24	It	19	53	肩	9
25	胸	18	54	男	9
26	瞳	18	55	今日	9
27	一人	18	56	色	9
28	中	15	57	翼	9
29	言葉	15	58	Blue	9

[자료 5] [자료 4]에서 사물 범주를 추가한 명사 빈도수 분석

순위	명사	빈도수	순위	명사	빈도수
1	you	71	34	光	14
2	I	68	35	すべて	14
3	love	68	36	DREAM	14
4	今	48	37	今夜	13
5	夜	45	38	声	13
6	心	44	39	気	13
7	恋	41	40	手	13
8	愛	39	41	時間	13
9	二人	39	42	涙	12
10	夏	38	43	本当	12
11	交通手段	37	44	波	12
12	余暇・消費生活(西洋)	34	45	最後	12
13	人	32	46	酒	12
14	メディア	30	47	想い出	11
15	Baby	29	48	空	11
16	度	28	49	想い	11
17	日	25	50	友達	11
18	服	25	51	DAY	11
19	風	24	52	アクセサリー・化粧品	11

20	海	23	53	人工的光	11
21	まま	22	54	明日	10
22	夢	22	55	朝	10
23	dance	21	56	頃	10
24	night	20	57	グラス	9
25	Summer	20	58	顔	9
26	雨	19	59	背中	9
27	街	19	60	肩	9
28	It	19	61	男	9
29	胸	18	62	今日	9
30	瞳	18	63	色	9
31	一人	18	64	翼	9
32	中	15	65	Blue	9
33	言葉	15	66	休養地用品(海・プール)	9
			67	鉱物	9

[자료 6] 「일본 시티팝」을 검색해서 추출한 한국 블로그 데이터(빈도수)

순위	키워드	빈도	순위	키워드	빈도	순위	키워드	빈도
1	시티팝	3787	36	일본 음악	190	71	데뷔	114
2	일본	2505	37	시작,	190	72	멜로디	113
3	음악	1361	38	시대	187	73	기분	113
4	일본 시티팝	1138	39	스타일	187	74	아이돌	110
5	노래	1031	40	당시	187	75	버전	109
6	곡	926	41	집	186	76	특유	107
7	앨범	620	42	YouTube	182	77	우리	107
8	장르	620	43	시절	180	78	생산	105
9	팝	531	44	일본 노래	179	79	국내	105
10	추천	504	45	해석	172	80	매력	104

11	감성	469	46	유키카	171	81	이름	103
12	느낌	382	47	사진	163	82	서울(seoul)	102
13	분위기	367	48	도쿄	156	83	특징	101
14	도시	349	49	펑크	155	84	싱어송라이터	101
15	가사	341	50	요즘	155	85	시티	101
16	한국	288	51	아티스트	153	86	윤종신	101
17	생각	277	52	최근	152	87	수입	101
18	유행	271	53	인기	151	88	커버	99
19	여름	251	54	일본어	146	89	시기	99
20	레트로	249	55	활동	144	90	그녀	98
21	재즈	243	56	미국	139	91	그룹	98
22	애니메이션	238	57	레코드	138	92	레코드	96
23	밴드	237	58	플레이리스트	137	93	다양	95
24	사람	236	59	작품	135	94	원곡	94
25	사운드	223	60	영상	135	95	마음	93
26	가수	216	61	한국 시티팝	135	96	후	93
27	다케우치 마리야(竹内まりや)	212	62	카페	131	97	발표	92
28	대표	206	63	영향	126	98	백예린	92
29	버블경제	205	64	인디	126	99	여성	91
30	야마시타 다쓰로(山下達郎)	204	65	오늘	125	100	세계	91
31	사랑	196	66	마쓰바라 미키(松原みき)	119			
32	밤	193	67	명곡	118			
33	발매	192	68	시간	118			
34	하나	192	69	소울(soul)	117			
35	소개	190	70	GIF	117			

[자료 7] 「일본 시티팝」을 검색해서 추출한 한국 블로그 데이터(N-gram)

순위	1-word	2-word	빈도	순위	1-word	2-word	빈도
1	일본	버블경제	118	29	일본	드라마	33
2	시티팝	추천	113	30	유빈	숙녀	32
3	가사	해석	111	31	일본어	공부	31
4	인디	팝	83	32	레트로	시티팝	31
5	일본	애니메이션	80	33	시티팝	스타일	30
6	일본	인디	79	34	여름	시티팝	30
7	시티팝	감성	75	35	버블시대	대표	30
8	재즈	펑크	71	36	유행	시티팝	29
9	일본	버블시대	55	37	일본	도쿄	28
10	추천	시티팝	54	38	배경	화면	27
11	일본 시티팝	추천	49	39	시티팝	유행	26
12	레트로	감성	48	40	시티팝	열풍	26
13	해석	독음	48	41	국내	시티팝	26
14	펑크	소울	43	42	펑크	디스코	25
15	스무드	재즈	43	43	시티팝	레트로	25
16	여름	밤	42	44	시티팝	분위기	24
17	감성	시티팝	41	45	가사	번역	24
18	일본 시티팝	감성	41	46	버블경제	시대	24
19	일본	경제	41	47	월간	윤종신	24
20	서울	여성	41	48	일본	특유	24
21	버블경제	시대	40	49	도시	밤	24
22	시티팝	플레이리스트	40	50	강력	자본력	24
23	당시	일본	38	51	애니메이션	GIF	24
24	시티팝	뉴	38	52	윤종신	호	23
25	도시	분위기	37	53	시티팝	매력	23
26	팝	스무드	35	54	퓨전	재즈	23
27	뉴	음악	35	55	유키카	네온	23
28	일본	대표	33				

제10장

문호 붐에 따른 문학관의 변용에 관한 고찰

문호 관련 데이터베이스와 디지털 지도의 구축을 통해

허은지·이연우·양성윤

1. 서론

2017년 전후로 일본에서는 문학관의 전시회나 강연회에 젊은 여성 관람객의 수가 증가하고, 널리 알려지지 않은 근대 문호에 대한 관심이 커지게 되었다. 이러한 현상의 배경에 「문호 스트레이독스(文豪ストレイドッグス)」와 「문호와 알케미스트(文豪とアルケミスト)」(이하, 「문스독」, 「문알」)가 자리하고 있다. 「문스독」은 잡지 『영에이스』의 2013년 1월 호부터 연재되기 시작한 판타지 장르의 만화로, 가상의 요코하마(横浜) 시를 배경으로 하여 서로 대립하는 조직에 속한 문호들이 실제 문호의 작품에서 차용한 '이능력(초능력)'을 구사하며 결투를 하는 것이 주된 내용이다. 「문알」은 2016년, DMM GAMES가 제작한 게임으로, 문학 작품이 '침식자'들에 의해 공격당하는 세계를 무대로 하여, 게임의 플레이어가 문호 캐릭터를 환생시켜 침식자들에 맞서 싸우는 배틀 게임이다. 「문알」은 2024년 현재까지 90인의 문호 캐릭터가 등장하고 있으며 판타지 만화인 「문스독」에 비해 캐릭터의 성격이나 외관, 인간관

계에 있어 실제 문호와의 관계가 잘 반영된 점이 특징이다.

이글에서는 「문스독」과 「문알」처럼 문학작품이나 문호를 소재로 하는 만화·게임 등의 콘텐츠를 '문호물'이라고 부르기로 한다. 이러한 문호물의 인기와 함께, 일본 근대 문호에 대한 비하인드 스토리 및 인물 사이의 관계에 초점을 맞춘 서적이 출판되거나, 문호물의 캐릭터를 표지로 한 문학 전집이 출간되는 등 소위 '문호 붐' 현상이 일어나고 있다. 핫토리 고노미(服部このみ)가 지적하듯이, '문호 붐' 현상은 2007년 이후 10년간 문학작품이나 작가에 관한 여러 '붐'이 기반으로서 역할을 했으나, 2015년부터 2020년 사이에 개별 작가에 관련된 책, 또는 문호와 관련된 에피소드를 다루는 책의 출판이 증가한 것에는 「문스독」과 「문알」과 같은 문호물이 큰 영향을 미쳤다.[1] 마쓰오카 유즈루(松岡讓, 1891~1969)의 작품 『우울한 애인(憂鬱な愛人)』이 약 90년 만에 복간 닷컴에서 「문알」 유저들의 요청으로 복간된 것[2]이나, 도쿠다 슈세이(德田秋声, 1872~1943)의 작품이 약 50년 만에 재간행 된 것도 그 일례라고 할 수 있다.[3] 즉, 문호물의 인기 상승과 함께, 문호물 팬들의 실제 문호와 작품을 향한 관심이 증가하고 있다. 이를

---

1) 服部このみ, 「文豪ブームの起源と変遷について」, 『金城日本語日本文化』 94, 金城学院大学日本語日本文化学会, 2018, pp.39~54.

2) 복간닷컴에서 「著者の松岡讓は, 夏目漱石の娘婿。近年は, 文学者たちを主人公とするゲーム「文豪とアルケミスト」の登場人物としても人気が高い」라고 언급하고 있는 것을 통해, 「문알」에 의해 마쓰오카 유즈루에 대한 관심이 증가하였음을 확인할 수 있다. 〈https://www.fukkan.com/fk/CartSearchDetail?i_no=68328301〉(접속일: 2024.10.17.)

3) 大木志門, 「コロナ禍の德田秋聲生誕一五〇年研究―「文豪とアルケミスト」から個人記念館と研究者の役割まで」, 『昭和文学研究』 84, 昭和文学会編集委員会, 2022, pp.286~287.

통해 문호물 콘텐츠가 단순히 문학과 관련되어 있다는 사실을 넘어 문학이나 문호에 대한 향유 방법에도 큰 영향을 끼치고 있다는 것을 알 수 있다.

그뿐만 아니라, 문학관이나 기념관에서 문호물과의 콜라보레이션 (이하, 콜라보) 전시회와 강연회가 진행되는 등, 문학관 측의 문호 붐에 대한 반응과 전시 기획 방침에도 변화가 확인된다.[4] 예컨대, 나카하라 주야(中原中也) 탄생 110주년 기념사업의 일환으로서, 나카하라 주야 기념관은 2017년 10월 4일부터 2018년 1월 21일까지 「코믹 속의 주야(コミックのなかの中也)」라는 제목으로 「문스독」과의 콜라보 전시를 진행하였다. 그 결과 18세 이하의 문학관 방문객이 작년 대비 약 8배 이상 증가하고 전체 입장객도 약 3배가 증가하는 등, 문호물이 계기가 되어 작가나 작품에 대한 흥미를 새로이 환기하고 있다.[5] 이처럼 문학관 역시 문호 붐에 발맞추어 젊은 층의 문학관 방문을 장려하기 위한 다양한 전시를 개최하고 있다. 작품 텍스트가 문학 감상의 중심 요소였던 과거와 달리 오늘날의 문학은 문호 붐과 더불어 문호물(만화나 게임), 그리고 문학관이라는 새로운 주체와 함께 소비되고 있다.

히비 요시타카(日比嘉高)는 "근대문학을 '자원'으로서 이용하는 주체는 궁극적으로 개인이지만, 그 과정에서 집단화된 인간—예컨대 문예서나 만화의 출판업계, 게임업계, 학계, 팬들 등—의 존재 방식이 개재한다. 이러한 집단 각각이 문학을 자원으로 이용하고 이를 관리

---

4) 今井瞳良, 「「文豪とアルケミスト」と文学館─川端康成文学館における「川端康成と横光利一」展示を例に」, 『横光利一研究』 17, 横光利一学会, 2019, pp.20~34.

5) 池田誠, 「「文豪ストレイドッグス」と文学館のコラボについて─中原中也記念館を例として」, 『昭和文学研究』 78, 昭和文学会編集委員会, 2019, pp.172~173.

하는 주체로서 '등장'한다"고 지적하며, 이른바 새로운 "문학 생태계" 중에서 "다양한 플랫폼을 가로지르는 콘텐츠"와 "문화에 뿌리 깊이 존재하는 '인간'에 대한 관심"에 주목할 필요가 있다고 제언하고 있다.[6] 문호 콘텐츠를 둘러싼 새로운 '주체'들 간에 다각화·다양화되는 상호 작용과 그 구체적 영위에 대해서는 앞으로 심층적인 고찰이 필요할 것이다.

지금까지 문호 콘텐츠와 관련된 선행 연구는 「문스독」이나 「문알」과 같이 문호를 캐릭터화한 콘텐츠에서 문호 간의 관계에 대한 흥미를 중심으로 주로 여성 소비자들에 의해 수용되는 양상에 대한 지적[7], 또는 「문알」에서 게임을 이끌어가는 기축이 되는 이야기의 부재가 게임 외부에서 정보를 찾고자 하는 소비자의 욕구를 자극하고 이것이 「문알」의 인기 요인으로 작용하고 있다는 지적[8] 등, 문호물 자체의 특징과 인기 요인에 초점을 맞춘 연구가 주를 이루어 왔다. 또한 '문학 산책(文学散歩)'을 즐기는 문호물 수용자의 감상 방식을 분석한 연구[9]도 있다. 이처럼 문호 콘텐츠 자체나 그 수용자에 초점을 맞춘 연구는 다수 진행되었으나, 문학 생태계 내의 문학관에 주목하여 '문화 자원'으로서 문호물의 등장이 문학관의 활동 및 자기 인식에 어떻게 반영되고 있는지에 대해서는 충분한 검토가 이루어지지 않고 있다.

---

6) 日比嘉高, 「文化資源とコンテンツを文学研究的に論じるための覚え書き-文豪・キャラ化・参加型文化」, 『横光利一研究』 17, 横光利一文学会, 2019, p.65.
7) 芳賀祥子, 「文豪コンテンツと女性の受容-『文豪ストレイドッグス』『文豪とアルケミスト』を中心に」, 『横光利一研究』 17, 横光利一学会, 2019, pp.3~19.
8) 大木志門, 「「文豪とアルケミスト」から考える現代の「文学散歩」: コンテンツツーリズムとフィクション論の観点から」, 『湘南文学』 59, 東海大学日本文学会, 2024, pp.25~40.
9) 앞의 주 3), pp.286~287.

이글에서는 문호 콘텐츠를 '문화자원'으로서 활용하는 문학관이 방문객과의 상호작용을 의식하면서 어떤 공공적 활동을 시도하고 있는지에 대해, 「문호물 데이터베이스」의 구축이라는 디지털 인문학적 방법을 통해 탐구하고자 한다. 특히, 다음과 같은 관점에서 분석을 시도할 것이다.

첫째, 필자가 구축한 「문호물 데이터베이스」를 활용하여 외모, 성격, 인간관계 등 실제 문호에 관한 정보가 「문스독」과 「문알」의 캐릭터에 어느 정도 반영되어 있는지를 제시하고, 두 문호물의 차이점 및 그러한 차이가 발생하는 이유를 검토한다. 또한, 이러한 문호물 간의 차이가 문학관의 콜라보 경향과 어떻게 관련되어 있는지 고찰할 것이다.

둘째, 「문학관 콜라보 디지털 지도」를 활용하여 문학관과 문호물의 콜라보 빈도 및 전시 경향에 대한 정보를 단서로 삼아, 문호물의 영향을 받으며 변모해가는 문학관의 영위와 자기 인식을 구체적으로 분석해 볼 것이다.

2. 「문호물 데이터베이스」를 통해 본 문호물 성격 차이

필자는 문호 콘텐츠에 의해 촉발된 문학관과 문호물, 그리고 문호물 향유자 간의 상호작용의 양상과 변화를 파악하기 위해 「문알」과 「문스독」을 대상으로 각각에 등장하는 캐릭터 정보, 문학관과의 콜라보 정보 및 해당 문학관의 위치정보가 포함된 「문호물 데이터베이스」 웹사이트(https://bungoubutsudata.imweb.me/index)를 구축하였다.[10]

[그림 1] 「문호물 데이터베이스」의 「문학관」 페이지 내 「사이타마 문학관」 항목[11]

　　논의 상의 편의를 위해 「문호물 데이터베이스」에 대해 좀 더 상세히 소개하겠다. 본 데이터베이스의 「문호」 페이지에는 문호물에 등장하는 캐릭터의 기반이 된 실제 문호의 생애, 성격, 작품 활동 등에 대한 정보

---

10) 웹사이트 제작은 웹사이트 제작 플랫폼 '아임웹'을 통해 진행하였고 콘텐츠는 문학관의 문호물 콜라보 지도, 콜라보 정보, 문호물 정보, 실제 문호의 정보로 구성하여 문호물 관련 정보 및 문학관 콜라보레이션 관련 자료를 집적하였다. 「문스독」은 『文豪ストレイドッグス公式ガイドブック開化録』(KADOKAWA, 2016)과 『文豪ストレイドッグス公式ガイドブック深化録』(KADOKAWA, 2017)을 바탕으로 캐릭터 관련 기본 정보와 다른 문호 캐릭터와의 관계 등과 같은 자료를 정리하였으며 「문알」의 경우 『文豪とアルケミストオフィシャルキャラクターブック』(一迅社、2017)를 참조하여 자료를 수집하였다.

11) https://bungoubutsudata.imweb.me/index#/map1353242

가 게재되어 있으며,[12] 「문스독」과 「문알」에 등장하는 캐릭터의 성격과 특징의 공통점과 차이점을 벤다이어그램으로 제시하여 두 문호물의 공통점과 차이점을 확인할 수 있다. 또 벤다이어그램과 함께 문호에 대한 문학사적 설명도 병기하여 실제 문호의 정보와 비교할 수 있도록 구성했다. 아래의 [그림 2]는 그 예시이다.

[그림 2] 「문호물 데이터베이스」의 「문호」 페이지 내 다자이 오사무(太宰治) 항목[13]

---

12) 문호의 정보는 『文豪ストレイドッグス公式国語便覧』(KADOKAWA, 2016)의 캐릭터 정보를 기반으로 『日本近代文学大辞書(全6巻)』(講談社、1977~1978)를 참조하여 문호의 생애와 대표작 등에 대해 정리하였다.

문학관의 문호물 콜라보에 관한 데이터는 각 문학관의 공식 웹사이트에 게시된 전시회 포스터와 소개 문구를 참고하였다. 특히, 새로운 문학 생태계의 주체들 간 상호 작용이 문학관 방문이나 '성지순례' 등의 관광적 요소와 함께 나타나는 점에 주목하여, 문학관과 문호물의 콜라보 정보를 반영한 지도를 제작하였다. 이 지도에 일본 전국 문학관 단체인 '전국 문학관 협의회(全国文学館協議会)'에 가입된 106개 문학관[14]의 위도·경도 좌표를 표시하고, 그중 문호물과 콜라보를 개최한 14개 문학관에 대해서는 콜라보 행사의 개최 빈도에 따라 분류하였다. 데이터베이스 내 검색 기능을 통해 전국의 문학관과 콜라보 행사의 개최 빈도를 확인할 수 있다. 이 데이터베이스를 통해 문학관의 지리적 위치와 문호물에 관한 정보를 동시에 검색할 수 있도록 함으로써, 문학관과 문호물이 서로 어떤 영향을 미치고 있는지를 이해할 수 있는 단초를 제공하는 것을 목표로 하였다.

우선, 문호물 데이터베이스의「문호」페이지에서 확인할 수 있는 정보로는,「문스독」보다는「문알」의 문호 캐릭터가 실제 문호의 정보를 적극적으로 반영하고 있으며, 실제 문호와의 연관성이 더 높다는 점을 들 수 있다. 이에 대해서는 기존의 개별 논문에서 단편적으로 언급되었고, 이를 전제로 한 연구도 다수 존재하였으나, 이글에서는 그 차이를 정량적으로 분석하고 객관적으로 입증하는 것을 목표로 하

13) https://bungoubutsudata.imweb.me/17/?q=YToyOntzOjEyOiJrZXl3b3JkX3R5cG
UiO3M6MzoiYWxsIjtzOjQ6InBhZ2UiO2k6Mjt9&bmode=view&idx=70353017&t=
board
14) 全国文学館協議, 会員館一覧.〈https://zenbunkyo.com/members〉(검색일: 2024.
10.17.)

였다. 캐릭터에 나타난 실제 문호의 반영 요소를 외관, 성격, 습관, 일화, 작품 반영, 좋아하는 것, 싫어하는 것, 다른 문호와의 관계라는 8개의 항목으로 세분화하고, 「문스독」과 「문알」에 공통으로 등장하는 문호 캐릭터를 대상으로 분석을 진행하였다. 『일본근대문학대사전(日本近代文学大辞典)』[15]의 정보를 기반으로, 캐릭터 설정과 실제 문호에 관한 문학사적 정보가 일치하는 경우를 1, 일치하지 않는 경우를 0으로 점수를 부여하여 두 문호물의 차이에 대한 정량화를 시도하였다.

[표 1] 「문스독」 반영요소

문호명	외관	성격	습관	일화	작품 반영	좋아하는 것	싫어하는 것	다른 문호와의 관계	합계
아쿠타가와 류노스케 (芥川龍之介)	0	1	0	0	1	1	1	0	4
다자이 오사무 (太宰治)	0	0	1	1	1	0	0	0	3
나카하라 주야 (中原中也)	1	1	0	1	1	1	0	1	6
이즈미 교카 (泉鏡花)	0	0	0	0	1	1	1	1	4
미야자와 겐지 (宮沢賢治)	0	0	0	1	1	0	0	0	2
다니자키 준이치로 (谷崎潤一郎)	0	0	0	0	1	0	0	0	1
모리 오가이 (森鷗外)	0	0	0	1	1	0	0	0	2

15) 『日本近代文学大事典(全6巻)』의 정보는 JapanKnowledge에 의거함. 〈https://japanknowledge.com〉(검색일: 2024.10.18.)

오자키 고요 (尾崎紅葉)	0	0	0	0	1	0	0	0	1
가지이 모토지로 (梶井基次郎)	0	0	0	0	1	0	0	0	1
에도가와 란포 (江戸川乱歩)	0	1	0	0	1	0	0	0	2
오다 사쿠노스케 (織田作之助)	0	0	0	0	1	0	0	0	1
나카지마 아쓰시 (中島敦)	0	0	0	1	1	0	0	0	2
구니키다 돗포 (国木田独歩)	0	1	0	1	1	0	0	1	4
유메노 규사쿠 (夢野久作)	0	0	0	0	1	0	0	0	1

[표 2] 「문알」 반영요소

문호명	외관	성격	습관	일화	작품반영	좋아하는 것	싫어하는 것	다른 문호와의 관계	합계
아쿠타가와 류노스케 (芥川龍之介)	0	1	1	1	1	1	1	1	7
다자이 오사무 (太宰治)	0	1	0	1	1	0	0	1	4
나카하라 주야 (中原中也)	1	1	0	1	1	1	0	1	5
이즈미 교카 (泉鏡花)	0	1	0	0	1	1	0	1	3
미야자와 겐지 (宮沢賢治)	0	0	0	1	1	1	0	1	3
다니자키 준이치로 (谷崎潤一郎)	0	1	0	1	1	1	0	1	4
모리 오가이 (森鴎外)	1	1	0	1	0	1	0	1	4

오자키 고요 (尾崎紅葉)	0	0	0	1	1	0	0	1	3
가지이 모토지로 (梶井基次郎)	0	1	0	0	1	1	0	1	3
에도가와 란포 (江戸川乱歩)	0	0	0	1	1	1	0	1	3
오다 사쿠노스케 (織田作之助)	0	1	0	1	1	1	0	1	4
나카지마 아쓰시 (中島敦)	1	0	0	1	1	1	0	1	4
구니키다 돗포 (国木田独歩)	0	0	0	0	1	0	1	1	2
유메노 규사쿠 (夢野久作)	0	1	0	1	1	0	0	1	4

위 표를 기반으로 스코어의 평균값을 산출한 결과, 「문스독」은 2.43점, 「문알」은 3.79점으로 나타났으며, 스코어가 낮을수록 실제 문호의 요소가 캐릭터에 반영되는 정도가 적음을 의미한다. 「문스독」은 판타지적 요소가 강하게 반영된 작품으로, 만화라는 매체 특성상 이야기를 전개하기 위해 「문스독」만의 독자적인 캐릭터 요소가 필요했을 것으로 보인다. 즉 「문스독」은 문호의 이름을 딴 캐릭터가 이능력(초능력)을 사용해 싸우는 판타지 만화이며, 문호 캐릭터의 이능력은 해당 문호의 대표작품을 모티프로 하고 있다. 이 때문에 「문스독」은 문호의 작품을 많은 부분 반영하고 있지만, 캐릭터의 성격이나 다른 문호와의 관계와 같이 이야기 전개에 큰 영향을 미치는 요소는 실제와 다르거나 허구적으로 구성된 부분이 많다.

반면, 「문알」에서는 실제 작가의 에피소드나 다른 문호와의 관계가 사실과 일치하며, 캐릭터의 의상에도 문호의 파벌을 상징하는 요소가 포함되는 등, 「문스독」에 비해 캐릭터에 실제 문호와 관련된 사실이 많이 반영되어 있다. 이는 「문알」이 게임이라는 장르로, 이야기를 이 끌어가는 서사에 공백이 존재하기 때문으로 해석할 수 있다. 「문알」의 프로듀서가 인터뷰에서 언급했듯이, "「문알」은 실제 문호들의 관계성 이 가진 재미를 느끼게 하고 싶어서 만든 게임"[16)이며, 플레이어가 자 유롭게 캐릭터의 외모, 성격, 캐릭터 간의 관계성과 같은 문호의 특징 을 발견하고 그 공백을 채워나가는 것이 「문알」의 인기 요인이라고 할 수 있다.

오키 시몬(大木志門)에 따르면, 「문알」은 메인 스토리의 공백을 플 레이어가 개별 문호에 대한 문학사적 정보를 포함해, 이른바 '데이터 베이스'적 정보를 활용하여 2차 창작적인 작은 이야기를 만들어가는 점에서 「문스독」과 명확한 차이가 있다.[17) 이야기의 틈을 메우는 것은 문호들 사이의 관계에 관한 정보들로, 이는 플레이어의 관심을 불러 일으키는 요소로서 작동하며 이 관계성을 지탱하는 것이 '데이터베이 스'적 정보를 수집하는 활동인 것이다.

그렇다면 문호물 데이터베이스의 캐릭터 설정 분석을 통해 산출된 스코어 지표에서 드러난 「문스독」과 「문알」의 성격 차이는, 문호 붐을 의식하고 콜라보 전시를 통해 문호물을 활용하는 문학관의 활동에도 반영되고 있는 것일까?

---

16) 新潮社, 『「文豪とアルケミスト」文学全集』刊行記念特集文豪×ゲーム×新潮社, 2017, 〈https://ebook.shinchosha.co.jp/nami/201712_15/〉(검색일: 2024.10.24.)
17) 大木志門, 「文豪に育成される読者: 「文豪とアルケミスト」から考える文学知の社会との 環流」, 『日本文学』73(4), 日本文学協会, 2024, p.16.

3. 문호물과 더불어 변화하는 문학관

「문스독」과 「문알」의 성격 차이가 문호 관련 콜라보 전시 양상의 차이와 관련된다면, 이는 문학관의 콜라보 전시에서 선정하는 작품에 대한 선호도에서 나타날 수 있다. 실제로, 가와바타 야스나리 문학관의 학예원인 이마이 도미요시(今井瞳良)는 「문알」이 실제 문학사적 정보와의 연관성이 높아 콜라보로서 가치가 높다는 전제를 바탕으로, 가와바타 야스나리와 요코미츠 리이치의 관계에 주목해 「문알」과의 콜라보 행사를 개최했다고 설명한다. 문학관의 관계자도 이러한 「문알」의 특징이 관람객 유치에 유리하다고 판단하고 있다. 그렇다면 실제로 문학관은 「문스독」에 비해 실제 문호와의 연관성이 높은 「문알」에서 문학적 가치를 발견하고 콜라보를 할 때 「문알」을 더욱 선호하는 경향이 있는 것일까?

[그림 3] 「문호물 데이터베이스」의 「콜라보」 게시판[18]

여기서 문학관이 문호물이라는 콘텐츠와 어떻게 관계를 맺고 있는 지 구체적으로 조사하기 위해 문학관이 진행하고 있는 콜라보 현황을 확인하겠다. 먼저 데이터베이스를 통해 문학관의 문호물 콜라보 이력 을 검색한다. [그림 3]의 화면은 문호물 데이터베이스에 접속하여 상 단의 '콜라보'를 클릭하면 볼 수 있는 게시판이다.

현재까지 문호물 데이터베이스 사이트에 등록된 문호물과의 콜라 보 건수는 총 43건이다. 그 중 「문알」과 진행된 콜라보는 18건, 「문스 독」과 진행된 콜라보는 25건으로 집계된다. 다음의 화면은, 데이터베 이스에 접속하여 상단의 '지도'를 클릭하면 표시되는 게시판이다.

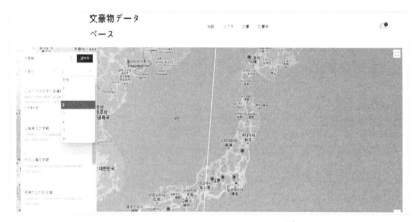

[그림 4] 「문호물 데이터베이스」 지도[19]

18) 콜라보 게시판에서는 콜라보 행사의 이름과 기간, 개최 날짜와 장소, 관련된 문호를 정리한 콜라보 게시글을 확인할 수 있으며, 작품에 따라 카테고리가 분류되어 있다. https://bungoubutsudata.imweb.me/18
19) 지도 게시판에서 검색기의 문학관 블록을 클릭하여 상세 정보를 확인하면 문학관의 이름과 위치, 진행한 콜라보 이력을 확인할 수 있으며, 콜라보 이력을 클릭하면 해당 콜라보 게시글로 이동한다. https://bungoubutsudata.imweb.me/index

위의 지도 게시판에서는 왼편의 검색 기능을 이용해 문학관 명칭을 검색하거나 콜라보 빈도에 따른 카테고리를 이용하여 문학관의 위치와 콜라보 빈도수를 쉽게 확인할 수 있다. 먼저 문호물과 한 번 콜라보한 문학관은 '고리야마 문학의 숲 자료관(こおりやま文学の森資料館)', '다이토 구립 이치요 기념관(台東区立一葉記念館)', '신주쿠 구립 하야시 후미코 기념관(新宿区立林芙美子記念館)', '가루이자와 고원 문고(軽井沢高原文庫)'의 네 곳이며, 두 번 콜라보한 문학관은 '야마나시 현립 문학관(山梨県立文学館)', '시립 오타루 문학관(市立小樽文学館)', '다바타 문인촌 기념관(田端文士村記念館)', '도손 기념관(藤村記念館)', '고치 현립 문학관(高知県立文学館)'의 다섯 곳이다. 세 번 콜라보한 문학관은 '요사노 아키코 기념관(与謝野晶子記念館)', '아시야시 다니자키 준이치로 기념관(芦屋市谷崎潤一郎記念館)'의 두 곳, 네 번의 콜라보를 진행한 '기쿠치 간 기념관(菊池寛記念館)'과 다섯 번 콜라보한 '사이타마 문학관(さいたま文学館)', 아홉 번 콜라보한 '현립 가나가와 근대 문학관(県立神奈川近代文学館)'이 있다. 그 중, 2회 이상 콜라보한 문학관의 명칭과 콜라보 대상 작품을 표로 정리하면 다음과 같다.

[표 3] 2회 이상 콜라보한 문학관과 대상 작품

문학관 명	「문스독」	「문호와 알케미스트」	총 콜라보 횟수
현립 가나가와 근대 문학관	7	2	9
사이타마 문학관	2	3	5
기쿠치 간 기념관	0	4	4
요사노 아키코 기념관	3	0	3
아시야시 다니자키 준이치로 기념관	3	0	3

야마나시 현립 문학관	2	0	2
시립 오타루 문학관	0	2	2
다바타 문인촌 기념관	1	1	2
도손 기념관	0	2	2
고치 현립 문학관	2	0	2
총합	20	14	34

가장 많은 콜라보를 진행한 '현립 가나가와 근대 문학관'에서는 「문스독」7건, 「문알」2건, 두 번째로 많은 총 5건의 콜라보를 진행한 '사이타마 문학관'에서는 「문스독」2건, 「문알」3건이 실시되었다. 그리고 '다바타 문인촌 기념관'에서는 「문스독」과 「문알」이 각각 1건으로, 총 2건의 콜라보가 진행되었다. 이를 제외한 2번 이상 콜라보를 진행한 문학관에 대해서는, 같은 작품과의 콜라보 실시 상황을 [표 3]에서 확인할 수 있다.

여기서 주목할 점은 한 문학관이 다양한 문호물 작품과 콜라보를 진행하는 것이 아니라 특정 작품과의 지속적인 콜라보를 전개하였다는 사실이다. 이러한 현상이 발생하게 된 배경에는 어떤 요인이 작용했을까? 또한, 지속적인 콜라보가 이뤄지고 있는 상황에서 콜라보 대상 작품 선정에 단순히 문학관과 관련된 문호나 그 문호의 문호물에 대한 관계자의 취향이 영향을 미치고 있는 것일까?

이 문제를 검토하기 위해서는 각 문학관의 공식 홈페이지에 게시된 콜라보 이벤트에 대한 공식 설명을 참고하여 문학관 측의 의도와 입장을 확인하기로 한다. 그 일례로 총 5번의 콜라보를 진행한 사이타마 문학관이 2017년도에 처음으로 진행한 「文豪ストレイドッグス×さいたま文学館」의 공식 설명문은 다음과 같다.

　　이 기획은 전시실과 도서실 안에 「문호 스트레이독스」 코너를 설치
함으로써, <u>젊은 층의 방문을 촉진하고 문학에 친숙해질 기회를 제공하
기 위한 것</u>으로, 해당 만화를 출판한 주식회사 KADOKAWA의 협력을
받아 진행되었습니다.(밑줄은 필자에 의함)[20]

　밑줄 친 바와 같이, 문학관이 문호물과 관련한 젊은 층의 수요를
인지하며 출판사와 긴밀히 협업하고 있다는 사실을 다시금 확인할 수
있다. 다만, 문호물 붐에 발맞추어 문학관이 추구하는 '문학에 친숙해
질 기회'를 제공하는 데에는 그 이면에 과제도 존재한다. 여기서, 4번
의 콜라보를 진행한 '기쿠치 간 기념관'의 콜라보 형식과 기념관장의
회의록 및 발표 자료를 참고하여 현장에서 실시되는 콜라보의 모습과
기념관의 입장을 확인하고자 한다. '기쿠치 간 기념관'은 「문알」과 지
속적인 콜라보를 통해 기쿠치 간, 아쿠타가와 류노스케, 쿠메 마사오,
나오키 산쥬고 4인의 캐릭터 판넬을 해당 캐릭터가 등장하지 않는 전
시에서도 계속 전시하는 등 동일한 콜라보 형식을 반복하고 있었다.
이러한 전시 형식의 시도에 대한 기념관장의 의견을 확인해 보고자
한다.
　여기서 소개하는 회의록과 발표 자료는 제2회 다카마쓰시 창조 도시
추진 간담회(高松市創造都市推進懇談会)및 제5회 다카마쓰시 창조 도시
추진 간담회에서 사용된 자료들이다.[21] 또 「제6기 U40 회의 사업개요

---

20) さいたま文学館, 過去の展覧会の情報, 【特集展示】文豪ストレイドッグス×さいたま文学
　　館,〈https://www.saitama-bungaku.jp/past_exhibits/36564/〉(검색일: 2024.9.5.)
21) 다카마쓰시 창조 도시 추진 간담회는 다카마쓰 시의 창조 도시 추진국과 산업경제부,
　　산업진흥과가 참여하여 2012년 9월부터 '본 시는 창의성을 살린 마을 만들기를 추진함
　　에 있어 각 분야에서 활약하고 있는 젊은 세대의 의견을 듣고자 함'이라는 목적을

설명 자료(第6期U40会議事業槪要説明資料)」는 문화재과에서 발표용으로 준비되었던 ppt 자료이다. 기념관장은 "과거에는 게임 『문호와 알케미스트』의 팬들이 전국에서 방문하는 등의 붐도 있어, 굿즈 판매도 진행하였다. (사용료가 과제)"라며 문호 붐과 콘텐츠 사용료의 문제를 언급했다.[22] 또한, 제5회 다카마쓰시 창조 도시 추진 간담회 회의록에서 기쿠치 간 기념관장은 문학관의 존속을 위해 젊은 층을 대상으로 할 필요가 있으며, 과거 「문알」과의 콜라보를 통해 젊은 층의 방문이 증가했으나 콜라보 비용에 관한 문제가 발생했음을 지적하고 있다.[23]

요컨대, 문학관은 문호물과의 콜라보가 젊은 층의 방문 촉진에 이바지한다는 것을 인식하고 있으며, 콜라보를 위한 작품 선택에 있어 단순히 문학관이 소장하고 있는 작품과의 연관성이나 문호에 대한 정보뿐만 아니라, 작품 사용료와 같은 경제적 요소도 영향을 끼치며 이를 과제 상황으로 인식하고 있다. 즉, 문학관과 문호물의 콜라보에는 단순히 문호물 작품에 대한 선호와 콜라보 의지, 문학관과 문호물과의 연관성 외에도 재정적인 문제가 중요하게 관여하고 있음을 알 수 있다. 기쿠치 간 기념관의 사례에서 볼 수 있듯이, 경제적 문제를 인식

가지고 시작되었다. 기쿠치 간 기념관은 다카마쓰시 창조도시추진국의 문화재과 산하에 있으며, 콜라보 행사의 대외 홍보가 다카마쓰 창조도시SNS 계정에 올라오기도 했다.

22) 「【資料1】 事業槪要説明資料(文化財課)」(『高松公式ホームページ』, 2023년 6월 13일). https://www.city.takamatsu.kagawa.jp/kurashi/shinotorikumi/johokokai/fuzoku/fuzoku/ruiji/sozotoshi/suishinkondan/syouko_up20230310.files/0602shiryou1-3.pdf.(검색일: 2024.9.9.)

23) 「第5回高松市創造都市推進懇談会」(『高松公式ホームページ』, 2024년 6월 10일). https://www.city.takamatsu.kagawa.jp/kurashi/shinotorikumi/johokokai/fuzoku/fuzoku/ruiji/sozotoshi/suishinkondan/syouko_up20230310.files/0605kaigiroku.pdf.(검색일: 2024.9.9.)

하면서도 콜라보를 진행함으로써 문학관은 문호물이라는 대중문화와 대응하고 다카마쓰 창조 도시라는 미래 도시계획의 일환으로 스스로의 기능을 부각하며, 새로운 문학 생태계 안에서 주체적인 존재로 자신을 정위시키고 있다.

그렇다면 문학관은 어떤 작품과 콜라보를 선호하며 지속하였을까? 문학관이 콜라보를 실시한 작품을 확인해 보자. 콜라보를 3~4번 진행한 '기쿠치 간 기념관', '요사노 아키코 기념관', '아시야시 다니자키 준이치로 기념관'에서는 각 기념관이 다루는 문호와 특정 문호물과의 콜라보를 지속하고 있으며, '기쿠치 간 기념관'과 같이 「문알」에만 등장하는 문호를 제외하고는 「문스독」과 콜라보를 진행하였다. 여기서 흥미로운 점은, 특히 「문알」에만 등장하는 문호가 기획전의 대상이 되는 경우를 제외하고는, 「문알」과 「문스독」에 모두 등장하는 문호에 대한 콜라보는 오로지 「문스독」과 이루어지고 있다는 점이다. 즉, 문학관이 콜라보할 문호물 작품을 선정할 때 「문알」보다 「문스독」을 선호하는 경향을 확인할 수 있다.

앞서 언급했듯이, 콜라보를 진행할 때 실제 문호와 연관성이 높은 「문알」이 「문스독」보다 선호될 것으로 예상했다. 그러나 실제로 문학관은 「문알」보다 허구성이 높은 「문스독」을 콜라보 대상 작품으로 선호했다. 왜 이런 차이가 발생하는 것일까?

이 점을 검토하기 위해 「문스독」과 「문알」이 가진 작품의 특성과 팬들의 향유 방법에 대해 자세히 살펴보고자 한다. 기쿠치 간 기념관의 사례에서 검토했듯이 문학관의 문호물 콜라보는 젊은 층의 관람객을 유치하기 위해 중요하지만, 사용료와 같은 비용의 문제가 발생하고 있다. 따라서 문학관은 해당 콜라보를 통해 일정 이상의 수익을 창출해야 하며, 이때 관람객의 수가 중요한 요소로 작용한다. 여기서 고려해야 할 점은, 「문스독」과의 콜라보가 「문알」보다 일찍 시작[24]되었으며, 첫 콜라보에서 약 2000명의 팬이 내관하며 '문호 여자(文豪女子)'라는 단어를 만들어 냈다[25]는 점, 즉 「문스독」 캐릭터 자체의 상업성과 「문스독」 팬들의 티켓 파워가 실적으로 입증되었다는 점이다. 즉 문학관은 「문스독」 캐릭터의 상업성과 과거 콜라보 실적을 보아 캐릭터를 전면에 내세워 콜라보를 진행하면 관람객 수를 어느 정도 확보할 수 있다고 판단한 것으로 보인다. 문학관이 콜라보 대상을 선정할 때 「문스독」를 우선순위에 둔 이유도 여기에 있다고 볼 수 있다. 동시에 문학관은 문호물 콜라보에서 단순한 전시에 그치지 않고, 관람객을 대상으로 한 특별 강좌 등 추가 콘텐츠를 제공하고 있다. 예를 들어, 다니자키 준이치로 기념관은 「문스독」과의 콜라보를 통해 문호들의 실제 인간관계에 대한 패널 전시와 강좌를 진행했다.[26] 이 강좌에서는 다니자키 준이치로뿐만 아니라 아쿠타가와 류노스케, 에도가와

---

24) 「문스독」의 첫 콜라보 행사는 가나가와 근대 문학관에서 2014년 4월 5일, 「문알」의 첫 콜라보 행사는 기쿠치 간 기념관에서 2017년 9월 16일이다.

25) 이는 1년 뒤 가나가와 근대 문학관이 2015년에 진행했던 「사후 50주년 다니자키 준이치로 전(展):현란한 이야기 세계(没後50年 谷崎潤一郎展 : 絢爛たる物語世界)」의 공식홈페이지 설명에서 "작년 「다자이 오사무 전」에서 콜라보 기획을 실시, 약 2,000명의 문스독 팬들이 방문하며 「문호 여자」라는 말이 생겨나는 등 예상을 뛰어넘는 반향이 있었습니다."라고 언급하고 있다.

26) 「문호스트레이독스×아시야시 다니자키 준이치로 기념관 제2탄(文豪ストレイドッグス×芦屋市谷崎潤一郎記念館第2弾)」과 「문호스트레이독스×아시야시 다니자키 준이치로 기념관 제3탄(文豪ストレイドッグス×芦屋市谷崎潤一郎記念館第3弾)」에서는 관련 강좌 「리얼 문호 이야기(リアル文豪語)」가 개최되었다. 강좌는 3회에 걸쳐 진행되며, 각 강연은 아쿠타가와, 란포, 나오미 등 「문스독」에 등장하는 인물과 다니자키 준이치로의 실제 관계에 대한 내용으로, 이 강좌는 「문스독」에 등장하는 문호들의 실상을 알기 쉽게 전달한다고 공식 홈페이지에 설명되어 있다.

란포 등 「문스독」에 함께 등장하는 문호들과의 관계와 일화를 다루면
서 다니자키에 관해 소개했다. 즉, 문학관은 관람객을 모아 수익을 창
출하고 운영을 시도하면서도, 콜라보 이벤트에 방문하는 문학 팬들에
게 문학적 지식을 전달하는 정보 발신자로서 역할도 명확히 고려하며
수행하고 있다는 것이다. 문학관은 「문스독」의 특성에 맞게 작품 속
캐릭터와 그 캐릭터들 간의 관계에 초점을 맞추어, 이를 바탕으로 실
제 문호들을 소개하는 강의 형식을 통해 작품과 작가에 관한 문학사적
지식과 특성을 제시하는 장을 마련함으로써 문호물 팬들과 교류하며
변화하고 있다.

이에 반해 「문알」의 경우, 팬들은 캐릭터와 관련된 요소를 스스로
탐구하고 해석하는 등 능동적인 소비를 즐긴다. 이러한 「문알」 팬의
성향에 맞춰 문학관은 콜라보를 진행할 때 단순히 캐릭터를 내세우는
것뿐만 아니라, 해당 전시와 캐릭터의 연관성, 콜라보가 가지는 문학
적 가치와 같이 캐릭터 외의 요소들을 콜라보 전시에 적극적으로 가미
할 필요가 있다. 일례로서 사이타마 문학관은 이러한 「문알」 팬의 요
구를 충족시키기 위해 2020년 다자이 오사무의 『인간실격(人間失格)』
의 「세 번째 수기(第三の手記)」 후반부와 「후기(あとがき)」의 집필에 사
용한 책상을 최초로 공개하는 전시회 「다자이 오사무와 사이타마의
문호전(太宰治と埼玉の文豪殿)」에서 「문알」과 최초로 콜라보를 진행했
을 때, 공식 홈페이지에서 다음과 같이 「문알」을 소개하였다.

> '문학'의 힘과 기억을 미래로 계승해 나가는 것을 테마로 한 DMM
> GAMES에서 출시한 게임 「문호와 알케미스트」와 처음으로 콜라보를
> 진행했습니다.[27]

사이타마 문학관은 작품이 가지는 문학적 의의를 강조하며 「문알」 팬들의 문학에 관한 관심이 방문으로 이어지도록 했다. 이러한 「문알」 에 대한 문학관의 견해는 이전의 「문알」의 신쵸사 콜라보 전집 발간을 기념하는 콜라보 회견 중 "콜라보의 경위에 대해 말씀드리자면, 이전부 터 신초사(新潮社) 측에서 콜라보 서적을 함께 출간하지 않겠냐는 제안 을 받아서 그 논의를 진행하던 중 새로운 발견 자료에 대한 이야기를 듣게 되었고, 문학사를 기반으로 게임을 개발하는 저희도 이 귀중한 기회에 꼭 참여하고 싶다는 생각이 들어 오늘에 이르게 되었습니다."[28] 라는 발언과 대응한다. 이렇듯 「문알」에 대해서는 캐릭터만을 내세워 콜라보하는 것이 아니라 「문알」이 가진 문학적 연관성과 그 의의를 강조하고, 해당 문학관이 소장하고 있는 자료를 바탕으로 문학관의 자율적인 가치와 의의를 내세우며 팬들의 방문을 유도하고 있었다.

이처럼 문학관은 자신의 존속을 위해서 새로운 관람객의 유입이 필 요했고, 젊은 층의 방문을 유도하기 위해 문학작품과의 콜라보를 진 행하게 되었다. 이 과정에서 발생하는 사용료와 같은 재정적 문제를 해결하기 위해 관람객 수와 수익성을 고려하여, 「문스독」과 「문알」의 팬층을 염두에 두면서 대중성과 구매력이 있는 「문스독」을 중심으로 콜라보를 진행하고 있었다. 더불어 문학관은 콜라보 행사에 방문한 문호물 팬들의 성향과 문호물 작품 특성을 참작하여 추가 콘텐츠를

---

27) さいたま文学館, 過去の展覧会の情報, 【企画展】太宰治と埼玉の文豪展, 〈https://www. saitama-bungaku.jp/past_exhibits/36596/〉(검색일: 2024.9.5.)

28) 「『文アル』文学全集や1周年キャンペーンの発表も！メイプル超合金、羽田圭介さんも登場 の記者会見レポ」(『ガルスタオンライン』, 2017년 10월 31일). 〈https://dengekionline. com/elem/000/001/620/1620927/〉(검색일: 2024.9.5.)

제공함으로써 정확한 문학 정보를 전달하는 역할도 하고 있다. 문학관은 문호물 팬과 문학의 중간자의 역할을 넘어 직접 팬들과 서로 영향을 주고받고 있다고 할 수 있다. 문호물과의 콜라보라는 활동을 통해 문학관은 새로운 생태계에 적응하며 변모하고 있다.

4. 지역적 특성에 따른 문학관과 문호물 팬의 상호 작용

문호물 데이터베이스의 지도 게시판을 참조하면 '현립 가나가와 근대 문학관'이 지금까지 가장 많은 콜라보를 진행하였음을 확인할 수 있다. 지도의 콜라보 상세 페이지[29)]의 정보에서 '현립 가나가와 근대 문학관'의 활동을 살펴보면, 2014년 「탄생 105주년 다자이 오사무 전(展)−말을 건네는 언어−(生誕105年 太宰治展−語りかける言葉−)」에서 문호 다자이 오사무의 사진을 따라한 「문스독」 일러스트 전시와 캔 뱃지 판매를 진행한 것을 시작으로 2015년 「사후 50주년 다니자키 준이치로 전(展)−현란한 이야기 세계−(没後50年 谷崎潤一郎展−絢爛たる物語世界−)」, 2018년 「탄생 140주년 요사노 아키코 전(展) 오늘밤 만나는 이들 모두 아름다워라(生誕140年 与謝野晶子展 こよひ逢ふ人みなうつくしき)」, 2019년 「나카지마 아쓰시 전(展)−매혹된 여행자의 짧은 생애(中島敦展−魅せられた旅人の短い生涯)」, 2021년 「영원히 '신청년'인 것−미스터리/패션/스포츠−(永遠に「新青年」なるもの−ミステリ・ファッ

ション·スポーツ一)」등의 기획전시 형태로 지속적으로 콜라보가 이뤄지고 있음을 알 수 있다. 또한, 2023년과 2024년에는 「문학의 숲으로: 가나가와 작가들 전(展) 제2부 아쿠타가와 류노스케에서 나카지마 아쓰시까지(文学の森へ 神奈川と作家たち展第2部 芥川龍之介から中島敦まで)」, 「문학의 숲으로: 가나가와 작가들 전(展) 제3부 다자이 오사무, 미시마 유키오에서 현대까지(文学の森へ 神奈川と作家たち展 第3部 太宰治、三島由紀夫から現代まで)」와 같은 상설 전시에서도 콜라보를 진행하는 등 현재도 「문스독」에 등장하는 다양한 캐릭터를 활용한 전시가 활발히 개최되고 있다.

한편, 현립 가나가와 근대 문학관과 「문알」의 콜라보는 총 2회에 그쳤다. 2022년 「사후 50주년 가와바타 야스나리 전(展) 무지개를 엮는 사람(没後50年川端康成展虹をつむぐ人)」과의 콜라보가 「문알」의 5주년을 기념하여 진행되었고, 2023년 「문알」 7주년을 맞아 전시회 『사후 30주년 이부세 마스지 전(展) 여기저기서 문학을 이야기하다(没後30年 井伏鱒二展 アチラコチラデブンガクカタル)』와의 콜라보가 진행되었다. 즉, 가나가와 근대 문학관에서는 「문스독」과는 지속적으로 콜라보를 진행한 것에 반해, 「문알」과는 5주년과 7주년을 맞이하는 이벤트에 그치고 있다. 이처럼 두 작품의 콜라보 빈도에 차이가 나는 이유는 무엇 때문일까?

2015년에 진행된 콜라보 전시 「사후 50주년 다니자키 준이치로 전(展)-현란한 이야기 세계-没後50年 谷崎潤一郎展-絢爛たる物語世界-」의 공식 홈페이지 소개문에는 "본 작품과 문학관은 요코하마가 작품의 무대이며 주인공 나카지마 아쓰시의 일대 컬렉션을 문학관이 소장하고 있다는 점에서 연관성을 가지기에 지난해 '다자이 오사무전'

에서 콜라보레이션 기획을 실시하였으며, 약 2000명의 「문스독」의 팬이 방문하고 '문호 여자'라는 단어가 탄생하는 등 예상을 뛰어넘는 반향을 불러일으켰습니다."[30]라고 기재되어 있다. 즉, 방문자 수가 약 2000명에 달했다는 구체적인 수치를 제시하면서 가나가와 근대 문학관이 「문스독」의 무대인 요코하마가 지리적으로 가깝다는 점도 언급하고 있다. 특히 주목할 만한 점으로 2023년의 상설전의 공식 홈페이지 소개문에서 "내관하실 때에는 「문호 스트레이독스」와 연관된 장소를 둘러보며 문학 산책도 함께 즐겨기 바랍니다."(강조점은 필자에 의함, 이하 동일)[31]라고 언급하고 있는 것에서 「문스독」의 배경지를 방문하는 행위, 이른바 성지순례를 언급하고 있는 점이 눈에 띈다. 즉 가나가와 근대 문학관의 콜라보 작품 선정에는 「문스독」의 배경지인 요코하마와 가깝다는 지리적 요인이 관여하고 있으며, 자신들의 입지가 이점이 될 수 있다는 것을 자각하고 그 점을 어필하면서 문호물 콜라보를 지속적으로 추진하고 있다. 문학관은 단순히 문학의 정보를 전하는 매개체뿐만 아니라 「문스독」이라는 작품을 통한 하나의 '성지'로서 새롭게 자리매김하려 하는 것이다.

그렇다면 가나가와 근대 문학관이 가지는 지리적 이점은 과연 해당 문학관에서만 독점적으로 주어지는가 하면, 반드시 그렇지는 않다. 이 점을 검토하기 위해, 필자가 구축한 디지털 지도를 통해 지리적

---

30) 神奈川近代文学館, 展覧会, これまでの展覧会, 【特別展】没後50年 谷崎潤一郎展－絢爛たる物語世界, 〈https://www.kanabun.or.jp/exhibition/209/〉(검색일: 2024.9.5.)
31) 神奈川近代文学館, 展覧会, これまでの展覧会, 文学の森へ神奈川と作家たち展第2部 芥川龍之介から中島敦までコーナー展示：夏目漱石特別コレクションから－漱石あて絵はがきを中心に－, 〈https://www.kanabun.or.jp/exhibition/17575/〉(검색일: 2024.9.5.)

분포와 콜라보 빈도를 함께 참고하고자 한다. 「문호물 데이터베이스」
에 구축된 디지털 지도를 통해 가나가와 근대 문학관의 위치를 확인하
였다.

[그림 5] 「문호물 데이터베이스」 지도 게시판[32)]

지도를 보면 알 수 있듯이 가나가와 근대 문학관은 「문스독」의 배경
지인 요코하마와 근처에 위치한다. 하지만 지도의 카테고리를 전체로
돌릴 경우, 가나가와 근대 문학관의 마커의 근처에는 다른 문학관의
마커가 있는 것을 확인할 수 있다. 이는 가마쿠라 문학관의 마커로,
위치상으로는 가나가와 근대 문학관과 비슷하게 요코하마의 가까이
에 위치하지만 문호물과의 콜라보 실적은 0건이다.

이 점에 대해서는 가마쿠라 문학관의 주변 환경, 전시의 기조와 정

---

32) https://bungoubutsudata.imweb.me/index 다음 화면은 해당 링크에 나오는 구글
지도에서 가나가와 근대 문학관과 가마쿠라 문학관의 위치를 확대한 것이다. 이는 지
도의 축소 확대를 통해 확인할 수 있다.

책 등도 고려해야 하겠지만, 여기서는 콘텐츠 관광의 관점에서 서브 컬처와 관광 요소에 의한 관광객 유입 경로를 염두에 두고 생각할 필요가 있다. 이를 위해 가마쿠라 문학관과 가나가와 문학관의 관광 요소의 차이가 문학관의 콜라보 빈도와 어떤 상관관계가 있는지 검토하고자 한다.

예를 들어, 가마쿠라 문학관이 제공하는 2019년 스탬프 투어 루트를 기존 관광 프로그램과 연계하여 살펴보면, ① 엔가쿠지(円覚寺) ② 겐초지(建長寺) ③ 쓰루가오카하치만구(鶴岡八幡宮) ④ 에노덴 가마쿠라역(江ノ電鎌倉駅) ⑤ 하세 데라(長谷寺) ⑥ 가마쿠라 문학관(鎌倉文学館)으로 가마쿠라 문학관에 이르기까지 가마쿠라 시내의 관광 프로그램과 밀접하게 연결되어 있다.[33] 스탬프 랠리에 포함된 에노덴 가마쿠라 역 외에도 가마쿠라 문학관의 인근에 위치한 에노덴의 유이가하마 역(由比ガ浜駅)에 대해서도 주목할 필요가 있다. 문학관이 사적지와 결합하여 추진하는 관광 코스와 관련해, 필자는 에노덴(江ノ電)을 콘텐츠 투어리즘 관점에서 고찰하며 가마쿠라에서의 콘텐츠 투어리즘 코스와 그 의의를 고찰한 적이 있다.[34] 요약하면, 에노덴의 가마쿠라 역은 만화 「슬램덩크」의 성지로 알려져 있으며, 그 인지도는 일본 국내외에 널리 알려져 있어 한국을 포함한 외국에서도 「슬램덩크」를 보기 위해 방문하는 관광객이 많다는 것을 알 수 있었다는 것이다. 이 두 가지 사실을

---

33) 권민혁, 「문학 프로그램으로 보는 문학관 관광지화: 〈가마쿠라 문학관〉의 문학 프로그램 연구」, 고려대학교 석사학위논문, 2020, pp.41~43.

34) 이연우·류정훈·유하영·허은지, 「텍스트 데이터 분석을 통해 본 한국인의 콘텐츠 투어리즘 소비: 〈슬램덩크〉 사례를 중심으로」, 『일본연구』 41, 한국일본학회, 2024, pp.333~366.

통해 가마쿠라 문학관은 스탬프 랠리를 통해 가마쿠라에 방문한 콘텐츠 투어리즘 방문객을 문학관 관람객으로 끌어들여 외부 관광객을 이미 확보하고 있다고 할 수 있다.

다시 말해, 가마쿠라 문학관은 문호물의 배경지와 가깝다는 지리적 이점을 가지고 있음에도 불구하고, 가마쿠라 지역 관광 및 콘텐츠 투어리즘을 통해 독자적인 방문객의 유인 기반을 구축하고 있어 방문객 유인책으로서 가나가와 근대 문학관보다 문호물과의 콜라보 필요성이 낮았다고 할 수 있다. 반면, 기존의 관광자원이 부족한 가나가와 근대 문학관과 같은 문학관은 문호물 팬들의 수요를 수용하는 형태로 문호물과의 콜라보를 진행하여, 문호물의 성지로서의 위상을 확립하고자 노력하고 있다.

이처럼 문학관은 방문객 유치라는 관점에서 '콘텐츠 투어리즘'이라는 또 하나의 상업적·경제적 기능을 유인 요소로 인식하여, 스스로를 콘텐츠 투어리즘의 장(場)으로 위치시키고 있다. 나아가 「문알」에 등장하는 캐릭터의 성우가 작품을 낭독하거나,[35] 레스토랑과 제휴하여 실제 문호를 이미지화한 요리를 제공하는 등[36]의 방식으로 문호물 팬

---

[35] 조후시 무샤노코지 사네아쓰 기념관(調布市武者小路実篤記念館)의 공식사이트의 전시 소개에서 "게임 내 캐릭터 무샤노코지 사네아쓰(武者小路実篤)의 목소리를 담당한 인기 성우 「KENN」이 이번 기획을 위해 새롭게 녹음한 무샤노코지 사네아쓰의 시 「進め、進め、」의 낭독 음성을 관내에서 방송"한다고 언급하고 있다. 「ゲーム「文豪とアルケミスト」とのコラボ企画を実施します」(調布市武者小路実篤記念館 公式ホームページ, 2017년 7월 24일). 〈https://www.mushakoji.org/info/info_064.html〉(검색일: 2024. 9.5.)

[36] 다자이 오사무(太宰治)·도쿠다 슈세이(徳田秋声)·시가 나오야(志賀直哉)·호리 다쓰오(堀辰雄)·사토 하루오(佐藤春夫)·다니자키 준이치로(谷崎潤一郎)·고바야시 다키지(小林多喜二)·오다 사쿠노스케(織田作之助)·나카노 시게하루(中野重治)를 대상으로 문호의 작품과 연관이 있거나 생전 문호가 좋아했던 음식 등으로 메뉴를 구성

들에게 새로운 감각과 체험을 제공하고 있다.

이러한 문학관의 문호물 콜라보 전시라는 시도를 계기로, 문호물 팬들이 문호물의 배경이 되는 장소나 관련된 작가의 연고지를 방문하며, 새로운 정보를 얻는 동시에 실제 문호가 느꼈을 감각을 간접적으로 체험할 수 있다는 점에서 만화나 게임이라는 콘텐츠의 틀을 넘어선 향유 공간의 확장이 이루어진다고 할 수 있다. 즉, 문학관은 문호물과 문호물팬의 성향에 조응하며 관광 상품화를 도모하면서도 문호물 팬들의 문학 이해와 향유 방법에 영향을 미치는, 문호물과 그 수용자 간의 순환적 기능을 의식하며 자율성을 담보하고자 노력하고 있다. 앞으로, 기존의 팬들에 의해 방문이 이루어지지 않았던 장소를 문호물에 등장하는 다른 문호의 연고지로 연계하여 편입하려는 시도가 이루어진다면, 지속 가능한 문학 향유자층의 형성과 지속으로 이어지는 선순환을 기대할 수 있을 것이다.

5. 결론

이글에서는 문호물을 둘러싼 새로운 문학 생태계 내 주체들 사이의 상호작용을 고찰하기 위한 기초작업으로서, 디지털 아카이브 및 디지털 지도화를 시도하여 「문호물 데이터베이스」를 구축하였다. 「문스독」과 「문알」에서 문호 캐릭터화에 보이는 공통 요소와 변형 요소 등,

---

하였다. 「7周年記念コラボ食堂「Grazie!」が11/25(土)より、イタリアンレストランCassolo (カッソーロ) にて開催！」(『文豪とアルケミスト公式ホームページ』, 2023년 11월 20일). 〈https://bungo.dmmgames.com/news/231120_01.html〉(검색일: 2024.10.19.)

문호물 간 특성의 비교 연구를 위한 기초데이터를 제공하는 동시에, 문학관 콜라보 행사를 통한 문학관의 변화를 지리 지표를 더해 살펴봄으로써 새로운 문학 생태계에서 주체로 자리 잡은 문학관의 모습과 문학관의 변화를 고찰하고, 문호물, 문학관, 문호물 팬 사이의 순환적 영향 관계를 파악하고자 했다.

먼저 「문스독」과 「문알」 두 작품의 차이점을 벤다이어그램과 함께 제시하고 문호에 대한 문학사적 사실이 두 작품에 어느 정도로 반영되어 있는지를 살펴봤다. 그 결과, 「문스독」보다 「문알」이 실제 문호와 관련성이 더 높은 것을 정량적 지표로 확인했다. 그런데 이는 문학관이 문호물과의 콜라보 대상을 선정할 때, 「문알」을 선호한다는 일반적 인식에 부합하지만, 문호물 데이터베이스의 콜라보 정보를 바탕으로 분석한 결과, 실제로 많은 문학관은 한 작품과 콜라보를 지속하는 경향이 두드러지고, 다름 아닌 「문스독」을 콜라보 대상으로 선호하는 경향이 뚜렷하다는 사실을 확인할 수 있었다. 동시에 문학관은 단순히 작품의 인기나 문학과의 연관성과 같은 작품 내의 요소뿐만 아니라 작품 사용료와 같이 운영과 관련된 재정 문제, 도시계획 속에서 문학관의 자기 위상에 대해 고민하며 활동하고 있다. 또한, 관람객 수와 수익성을 위해 문학관들은 「문스독」의 향유층과 「문알」의 향유층을 고려하여 대중성과 구매력을 가진 「문스독」과의 콜라보를 우선적으로 고려하고 동일 전시 형식을 반복함으로써 비용을 절감하고 있다. 더불어 문학관들은 「문스독」과 「문알」의 매체 특성과 소비자들이 보이는 향유 방법의 차이를 인지하고 그에 맞추어 해당 문학관의 문호물과 연관성을 어필하고 문호 관련 새로운 자료 공개를 적극적으로 시도하는 등, 문호물이라는 대중매체가 관여하는 새로운 문학 생태계에 적응하며 변화를 꾀하고 있었다.

특히 디지털 지도를 통해 문학관의 콜라보 개최 빈도와 지리적 특성을 고려하며, 「문스독」과 가장 활발히 콜라보를 진행해 온 가나가와 근대 문학관의 활동을 분석하였다. 인근에 있는 가마쿠라 문학관은 이미 확립된 관광 코스 및 다양한 문화적 자산을 통해 방문객을 확보하고 있었기 때문에, 「문스독」의 배경지인 요코하마에 가까운 지리적 이점을 가지고 있었음에도 문호 관련 콘텐츠와의 콜라보를 시도하지 않은 것으로 보인다. 이에 반해 가나가와 근대 문학관은 문학관의 위치를 '성지순례지'로서 의미를 부여하고자 문호 콘텐츠와의 콜라보를 적극적으로 추진해왔다. 이 점에 관해서는 향후 문호 콘텐츠 외의 콘텐츠 투어리즘 요소와의 복합적 관계에 대한 추가적인 고찰이 요구된다.

이 외에도 문학관은 문호 콘텐츠와의 콜라보를 목적으로 방문하는 팬들의 성향을 고려하여 패널 전시나 특별 강좌를 통해 정확한 문학사적 정보를 제공하며 자율성을 유지하고, 문호를 모티프로 한 요리를 제공하는 레스토랑과의 콜라보, 문호 캐릭터의 성우가 참여한 낭독 행사와 같은 새로운 경험을 제공함으로써 문호 콘텐츠 팬들의 문학 이해와 향유에 영향을 미치려는 활동을 시도하고 있다. 이러한 문학관의 노력은 문학관이 단순히 문학 전시 공간으로서 대중과 문학을 연결하는 매개체에 머무르지 않고, 급격히 변화하는 문학 생태계 속에서 문호 콘텐츠와의 콜라보를 통해 대중과 직접 상호작용하려는 능동적 주체임을 보여준다.

현재의 문호물 붐은 남성 중심적인 문호 이미지의 소비와 잘못된 문학 지식의 확산이라는 우려도 존재하지만, '문학 자원'으로서 문호물의 중요성은 점차 높아지고 있다. 향후 문학관의 정체성과 변화 양상을 이해하는 데 있어 중요한 것은, 문학관이 다양한 콘텐츠와 이를 둘러싼 생태계 속에서 자신의 위치를 어떻게 규정하고, 이를 문학관 방문으로 연계하며 활성화하려는 방안 및 운영 방식에 대한 보다 폭넓은 분석이다. 예컨대 문학관 협회에 등록되지 않은 문학관을 포함하여, 문호 콘텐츠와의 콜라보 횟수와 지리적 지표뿐만 아니라 문학관의 기본 정책과 전시 형식의 세부적 변화 등 더 폭넓은 정보를 대상으로 한 연구 과제가 설정될 수 있을 것이다.

디지털 인문학은 인문학의 지식 범위와 영향력을 확장하고, 더욱 풍부하고 다양한 학문적 교류와 실천을 촉진하는 '촉매제'로 기능하고 있다. 이 글이 문학관 운영에 관한 주목해야 할 논점을 제기할 수 있었던 것은 「문호물 데이터베이스」와 「문학관 콜라보 디지털 지도」의 구축 작업이 주요한 계기가 되었다. 끝으로, 「문호물 데이터베이스」에 대해 부연하고자 한다. 이 데이터베이스는 단순히 정보를 수집·보존하는 디지털 아카이브에 그치지 않고, 연구자뿐만 아니라 문호 콘텐츠 팬, 출판사, 게임 회사, 문학관 등 새로운 문학 생태계의 다양한 주체들이 참여하여 기존의 분산된 정보를 통합하고, 정보를 갱신 및 보완할 수 있는 '오픈 데이터베이스'를 지향하고 있다. 누구나 데이터베이스와 디지털 지도의 작성 권한을 가질 수 있고 수정할 수 있도록 설정하였고, 데이터 등록 및 활용 가능성을 폭넓게 개방하였다. 본 데이터베이스가 다양한 주체의 새로운 활동 기반이자 계기로 기능할 수 있기를 기대한다.

이 글은 「文豪ブームに伴う文学館の変容に関する考察—文豪物データベース·デジタル地図の構築を通して」(공저, 『跨境 日本語文学研究』 19, 2024, pp.153~178)를 본서의 취지에 맞추어 한국어로 옮기고 가필 수정한 것이다.

집필진 소개

【제1장】 전태희　고려대학교 인문사회디지털융합인재양성사업단 연구교수
「한국어 텍스트의 토큰화 방법에 관한 언어학적 연구: fastText 단어
임베딩을 이용하여」(『언어사실과 관점』 55, 2022), 「절의 통사 유형
에 따른 운율적 실현 양상」(공저, 『한국어학』 86, 2023)

【제2장】 한선아　고려대학교 언어학과 학부생
원종빈　고려대학교 언어학과 학부생
권은재　고려대학교 언어학과 학부생
송상헌　고려대학교 언어학과 교수

【제3장】 유현종　고려대학교 언어학과 학부생
김성빈　고려대학교 언어학과 학부생
육지완　고려대학교 언어학과 학부생
박연수　고려대학교 미디어학부 학부생
정유진　고려대학교 언어학과 부교수
「의미범주와 구성원 전형성의 명명 순서 기반 연구」(공저, 『언어』 47(1),
2022), 「A Study on Impolite Expressions Using Metaphor - Focusing
on Online News Article Comments」(공저, 『텍스트 언어학』 54,
2023)

【제4장】 박려정　고려대학교 인문사회 디지털융합인재양성사업단 연구교수
「한국어-외국어 병렬 망뭉치 구축」(국립국어원 발주, 2024), 「한양도
성 타임머신사업 빅데이터 아카이브 구축」(전 한국문화재청 발주,
2021-2022), 「목포 근대역사 문화공간 근대문화자산 아카이브 구축」
(목포시청 발주, 2021) 등의 프로젝트를 참여했다.

【제5장】 **장준혁**　고려대학교 국어국문학과 학부생

　　　　나해빈　고려대학교 영어영문학과 학부생

　　　　이태민　고려대학교 국어국문학과 학부생

　　　　김선우　고려대학교 미디어학부 학부생

【제6장】 **서민주**　고려대학교 대학원 역사학과 박사수료

　　　　「거대 언어 모델의 한국 이해도 평가를 위한 벤치마크 연구」(공저,

　　　　『컴퓨터교육학회 논문지』 27, 2024),「정조대(正祖代) 승지직(承旨

　　　　職) 운영과 승정원(承政院)의 정비」(『한국사연구』 194, 2021)

　　　　류호연　고려대학교 한국사학과 학부생

　　　　김의겸　고려대학교 한국사학과 학부생

　　　　최필중　고려대학교 한국사학과 학부생

　　　　손영신　고려대학교 한국사학과 학부생

　　　　김강훈　고려대학교 한국사학과 학부생

【제7장】 **정채연**　고려대학교 국어국문학과 학부생

　　　　김현진　고려대학교 국어국문학과 학부생

　　　　임민영　고려대학교 한문학과 학부생

【제8장】 **권민혁**　고려대학교 대학원 중일어문학과 박사과정

　　　　「일본의 문학관과 관광자원화 연구: 기노사키문예관과 일본 기노사키

　　　　지역의 관광프로그램 연계 사례를 중심으로」(『차세대융합기술학회논

　　　　문지』 8(2), 2024),「텍스트마이닝을 통한 국내 문학관의 관광적 활

　　　　용 양상 분석-코로나 이전 시기의 권역별 양상: 공기어 네트워크 분석

　　　　을 중심으로」(『민족문화연구』 98, 2023)

　　　　정유진　고려대학교 언어학과 부교수

　　　　「의미범주와 구성원 전형성의 명명 순서 기반 연구」(공저, 『언어』 47(1),

　　　　2022),「A Study on Impolite Expressions Using Metaphor - Focusing

　　　　on Online News Article Comments」(공저, 『텍스트 언어학』 54,

　　　　2023)

【제9장】 **강민정** 고려대학교 일어일문학과 학부생

　　　김지우 고려대학교 대학원 중일어문학과 석사과정
「텍스트 마이닝을 통한 신카이 마코토 애니메이션의 국내 관람객 감상 경험 분석: 〈너의 이름은.〉, 〈날씨의 아이〉, 〈스즈메의 문단속〉을 중심으로」(공저, 『일본연구』 41, 2024)

　　　신민경 고려대학교 일어일문학과 학부생
「텍스트 마이닝을 통하 신카이 마코토 애니메이션의 국내 관람객 감상 경험 분석: 〈너의 이름은.〉, 〈날씨의 아이〉, 〈스즈메의 문단속〉을 중심으로」(공저, 『일본연구』 41, 2024)

　　　유하영 고려대학교 일어일문학과 학부생
「텍스트 데이터 분석을 통해 본 한국인의 콘텐츠 투어리즘 소비: 〈슬램덩크〉 사례를 중심으로」(공저, 『일본연구』 41, 2024)

　　　이상혁 충남대학교 인문과학연구소 연구교수
「'이토 게이카쿠 이후'와 데이터베이스로서의 SF문학: 토비 히로타카 『자생의 꿈』」(『일본학보』 141, 2024), 「편지의 도착(불)가능성과 일본의 90년대: 이와이 슌지의 《러브레터》를 중심으로」(『일본문화연구』 92, 2024)

【제10장】 **허은지** 고려대학교 일어일문학과 학부생
「텍스트 데이터 분석을 통해 본 한국인의 콘텐츠 투어리즘 소비: 〈슬램덩크〉 사례를 중심으로」(공저, 『일본연구』 41, 2024), 「文豪ブームに伴う文学館の変容に関する考察—文豪物データベース・デジタル地図の構築を通して—」(공저, 『跨境 日本語文学研究』 19, 2024)

　　　이연우 고려대학교 일어일문학과 학부생
「텍스트 데이터 분석을 통해 본 한국인의 콘텐츠 투어리즘 소비: 〈슬램덩크〉 사례를 중심으로」(공저, 『일본연구』 41, 2024), 「文豪ブームに伴う文学館の変容に関する考察—文豪物データベース・デジタル地図の構築を通して—」(공저, 『跨境 日本語文学研究』 19, 2024)

　　　양성윤 고려대학교 인문사회 디지털융합인재양성사업단 연구교수
『西鶴奇談研究』(文学通信, 2023), 「일본 고전문학연구와 디지털 인문학의 과제: 근세 문예와 표현문화사 연구의 시좌를 중심으로」(『일어일문학연구』 130, 한국일어일문학회, 2024)

고려대 디지털인문융합연구원 디지털인문학총서 02

인문학의 데이터 분석과 디지털 콘텐츠

2025년 2월 25일 초판 1쇄 펴냄

편저자 고려대 D-HUSS사업단
발행인 김흥국
발행처 보고사

책임편집 이순민
표지디자인 김규범

등록 1990년 12월 13일 제6-0429호
주소 경기도 파주시 회동길 337-15 보고사
전화 031-955-9797 **팩스** 02-922-6990
메일 bogosabooks@naver.com
http://www.bogosabooks.co.kr

ISBN 979-11-6587-793-4 94300
      979-11-6587-791-0 (세트)
ⓒ 고려대 D-HUSS사업단, 2025

정가 26,000원

〈이 도서는 2024년 한국연구재단 인문사회 디지털 융합인재양성사업의
지원을 받아 수행되었음〉